사례로 본 EU시장
공략 노하우

본서는 Yonsei-SERI EU센터의 재정적 지원을 받아 출간되었습니다.

사례로 본 EU시장
공략 노하우

초판인쇄 2014년 2월 3일
초판발행 2014년 2월 3일

지은이 박영렬·신현길
펴낸이 채종준
기 획 이주은
편 집 한지은
디자인 윤지은
마케팅 송대호

펴낸곳 한국학술정보(주)
주 소 경기도 파주시 문발동 파주출판문화정보산업단지 513-5
전 화 031-908-3181(대표)
팩 스 031-908-3189
홈페이지 http://ebook.kstudy.com
E-mail 출판사업부 publish@kstudy.com
등 록 제일산-115호(2000. 6. 19)

ISBN 978-89-268-5463-1 03320

사례로 본 EU시장 공략 노하우

박영렬 · 신현길 지음

　1950년대부터 통합의 단계를 밟아온 유럽연합(이하 EU)은 현재 28개국이 회원국[*]

으로 가입해 있는 경제동맹체이다. 2011년 기준으로 EU는 세계 GDP의 26%에 해당

하는 GDP 규모($17.9조)에 교역액 $5.5조로 세계 1위, 인구 5.2억 명으로 세계 3위의

규모를 가지고 있는 세계 최대의 단일경제시장이다. 그럼에도 EU시장은 동질성과 다

양성이 공존하는 시장이다. 회원국 간 공통적인 역사적 배경을 갖고 있는 EU는 역내

교역 비중이 높고, 조직적 분업체제를 잘 갖추고 있는 것으로 평가되고 있다. 그러나

회원국 수만큼이나 많은 언어가 사용되고 있으며, 회원국 간 소득 수준과 소비자의

기호가 상당한 차이를 보여 다양성이 혼재된 시장이기도 하다.

　산업혁명을 주도해온 지역인 EU시장은 첨단기술을 많이 보유하고 있는 선진시장의

하나이다. EU시장은 요구되는 품질의 수준이 높고 안전 및 환경 등에 대한 규제가 강

하며, 소비자의 기대가 높아 새로운 시장에 진입하기 위해서는 많은 시간과 노력이 요

구된다.

　동질성과 다양성, 높은 시장진입 장벽의 존재와 같은 EU시장의 특성은 글로벌화

를 추구하는 기업에는 도전과 성공의 기회를 제공해 주고 있다. 글로벌 기업으로서

EU시장은 넘어야 하는 산이며, EU시장에 성공적으로 진입하는 경우에는 여타 시장

에 대한 진입이 보장될 수 있는 시장이 바로 EU시장인 것이다. 즉, 기업에 있어 EU시

장은 한편으론 글로벌화 추진의 테스트 시장으로, 다른 한편으론 성공적인 EU시장

---

[*]　EU 회원국은 크로아티아가 2013년 7월 1일부로 가입함에 따라 기존의 27개국에서 28개국으로 확대되었다. 본
　　연구에서 특정 연도의 데이터에 근거할 때에는 그 당시의 EU 회원국 수를 기준으로 서술하였다.

진입으로 세계적 경영을 할 수 있는 글로벌 경영역량을 갖추었음을 입증해 주는 지표로 평가될 수 있다.

기업의 글로벌화 추진에 따른 해외시장 진입 활동에는 많은 비용과 시간 등 유무형의 자원이 장기간에 걸쳐 투입되어야 하기 때문에 진입 실패에 따른 위험부담이 크다. 글로벌화를 위해 EU시장 진입은 꼭 필요한데 어떠한 시장진입 전략이 가장 효과적이며, 진입 위험은 어떻게 최소화할 수 있을 것인가?

이 책은 이러한 질문에 답하기 위하여 최근에 EU시장에 진입하여 활동하고 있는 국내 및 해외 기업의 사례를 요약적으로 정리하고 있다. 사례의 대상이 되는 기업은 미국·일본 등 선진국 기업은 물론, 중국·인도 등 개도국 기업과 한국기업을 포괄하고 있다. 아울러 대부분은 성공사례이지만 실패사례도 일부 포함하여 독자들이 다양한 사례를 접할 수 있도록 하였다. 마지막 부분에서는 수록된 기업들의 사례연구를 통해 도출한 EU시장 진출을 위한 십계명을 제시하였다. 이 책을 통해 EU시장이 독자 앞으로 성큼 다가서고, 글로벌화를 위한 방향을 수립하는 데 도움이 되기를 바란다.

이번 사례집이 나오기까지 재정적인 지원을 해 준 Yonsei-SERI EU센터, 그리고 아낌없는 도움을 준 연세대학교 박사과정의 변혜은, 석사과정의 김필수 학생에게 감사드린다.

2013년 12월
박영렬·신현길

EU 화원국 및 향후 확대 전망

(자료: Wikipedia)

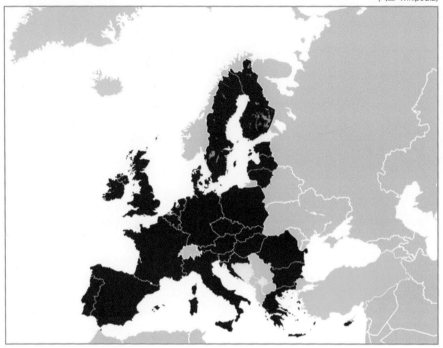

■ Member states
■ Candidates: Iceland, Macedonia, Montenegro, Serbia, and Turkey
■ Applicants: Albania
■ Potential candidates which have not yet applied for membership: Bosnia and Herzegovina and Kosovo

EU 회원국 일반 현황

(자료: Wikipedia)

국기	국가명	가입일	인구수(명)	면적(km²)	1인당 GDP (PPP in US$)	화폐	언어
	Austria	1995-01-01	8,443,000	83,855	42,409	euro	German
	Belgium	Founder	11,041,300	30,528	37,883	euro	Dutch, French, German
	Bulgaria	2007-01-01	7,327,200	110,994	14,312	lev	Bulgarian
	Croatia	2013-07-01	4,398,000	56,594	17,810	kuna	Croatian
	Cyprus	2004-05-01	862,000	9,251	27,086	euro	Greek, Turkish
	Czech	2004-05-01	10,505,400	78,866	27,191	koruna	Czech
	Denmark	1973-01-01	5,580,500	43,075	37,657	krone	Danish
	Estonia	2004-05-01	1,339,700	45,227	21,713	euro	Estonian
	Finland	1995-01-01	5,401,300	338,424	36,395	euro	Finnish Swedish
	France	Founder	65,397,900	674,843	35,548	euro	French
	Germany	Founder	81,843,700	357,021	39,028	euro	German
	Greece	1981-01-01	11,290,900	131,990	24,505	euro	Greek
	Hungary	2004-05-01	9,957,700	93,030	19,638	forint	Hungarian
	Ireland	1973-01-01	4,582,800	70,273	41,921	euro	Irish, English
	Italy	Founder	60,820,800	301,338	30,136	euro	Italian
	Latvia	2004-05-01	2,041,800	64,589	18,255	lats	Latvian
	Lithuania	2004-05-01	3,007,800	65,200	21,615	litas	Lithuanian
	Luxembourg	Founder	524,900	2,586.4	79,785	euro	French, German, Luxembourgish
	Malta	2004-05-01	416,100	316	27,022	euro	Maltese, English
	Netherlands	Founder	16,730,300	41,543	42,194	euro	Dutch
	Poland	2004-05-01	38,538,400	312,685	20,592	złoty	Polish
	Portugal	1986-01-01	10,541,800	92,390	23,385	euro	Portuguese
	Romania	2007-01-01	20,121,641	238,391	12,808	leu	Romanian
	Slovakia	2004-05-01	5,404,300	49,035	24,249	euro	Slovak
	Slovenia	2004-05-01	2,055,500	20,273	28,195	euro	Slovene
	Spain	1986-01-01	46,196,300	504,030	30,557	euro	Spanish
	Sweden	1995-01-01	9,482,900	449,964	41,191	krona	Swedish
	U.K.	1973-01-01	62,989,600	243,610	36,941	pound sterling	English
계 / 평균	-		508,077,900	4,381,376	33,800	euro	24 (official)

차 례

004   머리말

PART 01 EU시장의 **변화**

011   유럽연합시장 현황
017   FDI의 흐름 : 하락세(2008~2010)에서 회복세로 반전(2011)
020   유럽연합과 한국

PART 02 세계로 향하는 **한국 기업들의 도전**

023   오스템임플란트
031   아모레퍼시픽
042   삼성전자
050   엔씨소프트
058   넥슨
065   홍진HJC

PART 03 성공하는 **인도 기업**에는 **특별**한 것이 있다

077   위프로
086   타타 스틸
095   타타 티
102   타타 모터스

110	바라트 포지
117	란박시
123	ONGC
129	수즐론 에너지

PART 04 성공 또는 실패, EU시장은 만만하지 않다

137	하이얼 그룹
146	레노보 그룹
154	화웨이
159	중국석유화공
165	중국국제해운컨테이너그룹
171	P&G
179	ABB
196	다케다제약
202	토요타 모터스
209	TCL
215	월마트
221	월트디즈니

PART 05 EU시장 공략을 위한 십계명

| 231 | EU시장 공략을 위한 십계명 |

EU시장의
변화

유럽연합시장
현황

유럽연합(European Union)은 회원국 확대라는 측면에서 중대한 변화를 맞고 있다. 베르호프스타트(Guy Verhofstadt) 벨기에 수상은 "만일 우리가 변하지 않는다면 EU는 사회적, 경제적 박물관이 될 위험을 안게 될 것"이라 경고하면서 EU의 끊임없는 변신을 촉구하고 있다. EU의 회원국은 지속적으로 확대되어 왔다. 1957년 유럽경제공동체(EEC)의 창설 이후, 수차에 걸쳐 회원국을 확대해오던 EU는 2004년도에 사이프러스, 몰타, 슬로바키아 등 EU 가입을 희망해 오던 동구권 10개 국가를 가입시키고, 2007년에는 루마니아와 불가리아까지 편입시키고 2013년 7월에는 크로아티아까지 가입하여 회원국 수가 28개국에 이르고 있다. 서·남유럽에 치중해 있던 EU가 동유럽으로 영역을 확장한 후 EU의 인구는 2011년 현재 5억 명을 상회하고 있으며, 구매력 기준으로 세계경제에서 차지하는 비중은 20%에 이르고 있다. 교역액 $5.5조(2011)로 세계 최대의 무역규모를 자랑하는 EU시장에 있어 한국과의 교역액 비중은 3% 이하에 불과한 실정이다. 반면 EU시장은 한국 총 수출액의 약 1/7을 차지하고 있어 한국의 중요한 수출 대상 지역이 되고 있다.

EU 회원국 간에 체결된 유럽협정은 무역자유화나 여타 무역 관련 이슈뿐 아니라 정치·법률적 문제, 산업, 환경, 수송, 통관 등 제반 분야에서의 협력을 포괄한다. 특히 역내 무관세 교역에 따른 무역자유화를 이루고, 서비스 및 자본은 물론 노동의 역내 자유이동에 관한 규정도 포함하고 있다. 나아가 동 협정체결 상대국에 설립되어 영업행위를 하는 기업에 대해서는 내국민대우를 하도록 의무화하고 있다.

유럽은 부존자원이 빈약하고 대륙 내 거의 모든 국가들은 국가 특유의 우위를 가진 산업부문에 특화하고 있다. 또 다른 대륙에 비해 상대적으로 많은 선진경제들로 구성되었으며, 국가들 간 산업격차가 비교적 크지 않다.

EU 회원국들과 같이 대외무역의존도가 높은 경우, 국내 산업구조는 무역구조와 밀접한 연관을 갖는다. EU 경제통합의 중요한 취지는 역내 국가 간 경제장벽의 제거를 통해서 경쟁을 활성화하자는 데 있으며, 여기에 맞추어 국별·지역별로 산업구조조정이 활발하게 일어나게 된다. 이에 따라 원칙적으로 회원국별 무역구조의 변화는 국내 산업구조의 변화를 많이 반영한다.

EU는 인구 5억 명, GDP 규모 $17.9조로 세계경제의 26%를 차지하는 세계 제1의 거대 경제 통합체로 계속 진화하고 있는 가운데, 최근 EU는 리스본 조약에 따라 정상회의 상임의장(초대 EU 대통령)과 외무장관 임명에 합의함으로써 거대한 연방정부로의 체제 전환을 본격화하고 있다. 이로써 환경 관련 규제 등 주요 현안에 대한 신속한 의사결정, 예산 및 입법 분야에 있어 유럽의회의 권한 확대, 국제문제에 대한 EU 차원의 공조 강화 등이 가능해져 EU 경제통합의 심화 및 확대가 더욱 탄력을 받을 것으로 전망되고 있다. 특히 EU에 가입하는 국가들이 증가함에 따라 EU 28개국의 GDP규모는 현재 미국을 상회하고 있으며 일본과 비교해서도 3배에 가까운 매우 거대한 규모의 단일시장으로 성장하고 있어 EU 경제권과의 무역규모 증대를 도모하고 있는 한국에 있어서는 EU시장이 경제발전에 큰 기회요인으로 작용하고 있다. 한국의 총 무역규모에서 차지하는 비중이 다소 줄고 있는 미국과 일본시장을 고려하였을 때, 이러한 유럽 시장의 상대적 비중 증가는 무역다각화 관점에서 매우 유의미하며한-EU FTA 발효가 된 상황에서 의미를 더해 주고 있다.

EU는 한국에 대한 최대 직접투자국이기도 하다. 뿐만 아니라 세계 최대 시장인 EU는 한국의 시장 다변화 파트너로서 아주 적합한 상대이지만, 아직까지는 한국이 EU를 잘 활용하지 못하고 있는 실정이다. 그 이유는 미국 시장에서의 수출 감소분을 심리적으로 가까운 아시아에서 지역 시장에서 상호보완적인 수직적 무역 패턴으로 해결하려고 하기 때문일 것이다. 무역수지는 지리적거리에 의한 문화권과도 연계되어 있다. 실제로 본 연구를 진행하면서 무역수지나 외국인 직접투자 건수와 금액도 중국과 동남아시아, 일본이 대부분의 상위권을 차지하고 있음을 알 수 있다.

EU와 한국의 수출입 추이(2006~2011년)　　　　　　　　　　　　　　　　　　(million, EUR)

연도	수입	변량 (%, y-o-y)	총 EU 교역 대비 수입 (%)	수출	변량 (%, y-o-y)	총 EU 교역 대비 수입 (%)	수출 대비 수입량	총교역량
2006	40,817			22,864			−17,952	63,681
2007	41,339	1.3	2.9	24,709	8.1	2.0	−16,630	66,047
2008	39,537	−4.4	2.5	25,490	3.2	1.9	−14,047	65,027
2009	32,272	−18.4	2.7	21,586	−15.3	2.0	−10,686	53,858
2010	39,234	21.6	2.6	27,938	29.4	2.1	−11,296	67,171
2011	36,057	−8.1	2.1	32,419	16.0	2.1	−3,638	68,476

자료: eurostat

위의 표는 EU와 한국과의 최근 수출입 추이를 보여 주고 있다. EU와 한국간의 총 교역은 EU 기준으로 수출 대비 수입량이 큰 적자이다.

EU시장 교역 국가 순위(2011년)

순위	국가	유로(백만)	%
	EU 27	3,215,053.0	100.0
1	미국	444,708.0	13.8
2	중국	428,287.1	13.3
3	러시아	306,627.1	9.5
4	스위스	212,894.7	6.6
5	노르웨이	140,059.6	4.4
6	터키	120,176.0	3.7
7	일본	116,415.1	3.6
8	인도	79,676.2	2.5
9	브라질	73,481.3	2.3
10	한국	68,475.6	2.1
11	사우디아라비아	54,328.8	1.7
12	캐나다	52,459.6	1.6
13	싱가포르	46,068.8	1.4
14	알제리	44,739.0	1.4
15	남아프리카 공화국	43,412.9	1.4
16	호주	42,559.7	1.3
17	아랍에미리트	41,384.7	1.3
18	홍콩	40,322.4	1.3
19	타이완	40,124.2	1.2
20	멕시코	40,071.8	1.2

자료: eurostat

즉, 2000년도 후반 한국의 입장에서는 EU로부터의 수입 보다 EU로의 수출이 많은 출초 상태를 유지해 나가고 있다. 아울러, EU는 한국의 주요 수출국으로 국가 교역 순위에서도 10권 안에 드는 중요한 시장이다.

EU FDI 유출입량 상위 10개국 (billion, EUR)

	Outward				Inward			
	2008	2009	2010	Growth rate 2008~2010 (%)	2008	2009	2010	Growth rate 2008~2010 (%)
Extra EU-27	3,321.3	3,662.1	4,152.0	25.0	2,496.0	2,658.1	2,964.1	18.8
United States	1,079.2	1,130.9	1,195.0	10.7	1,005.4	1,060.1	1,201.4	19.5
Switzerland	463.3	513.5	562.8	21.5	303.5	331.0	365.4	20.4
Canada	141.9	160.4	197.4	39.1	112.7	125.4	143.1	26.9
Brazil	108.5	136.4	187.7	73.0	52.3	56.0	67.6	29.1
Singapore	90.7	99.4	122.3	34.8	41.1	50.4	67.3	63.9
Russia	89.1	96.5	120.0	34.7	30.0	39.0	42.0	40.2
Australia	76.3	78.8	112.9	48.0	21.7	30.0	29.6	36.4
Hong Kong	89.9	89.0	109.0	21.2	26.1	27.6	42.2	61.9
Japan	79.5	82.7	93.6	17.7	122.0	123.6	129.1	5.8
South Africa	54.9	77.6	92.2	67.8	7.0	6.1	7.4	5.5

자료: eurostat

미국이나 일본과 같은 역외 국가들은 EU의 단일시장 형성에 따른 상대적인 차별에 대응하고, 확대된 역내시장의 개발, 생산비용의 절감을 위해 EU 내 외국인직접투자(FDI)를 확대하여 왔다. 그러나 EU 내 FDI가 증대된 보다 근본적인 원인은 시장통합으로 인해 규모의 경제와 생산비용의 절감이 가능해짐에 따라 역내 기업 수의 증가와 시장 확보를 위해 EU 회원국들 간의 직접투자가 늘어났기 때문이다. 실제로 유럽연합 역내 총 외국인직접투자에서 역내 회원국으로부터 유입된 비중은 1984~1988년 53.0%에서 1988~1992년 55.6%, 1933~1966년 58.24%, 1997~2000년 75.5%로 크게 증가하였다.

(billion, EUR)

	Outward FDI flows					Inward FDI flows				
	2008	2009	2010	2011	Share in 2010 (%)	2008	2009	2010	2011	Share in 2010 (%)
Extra EU-27	383.5	316.5	145.6	369.9	100.0	177.7	233.6	103.9	225.3	100.0
Europe (non-EU, including ERTA), of which	100.3	91.0	37.8	:	26.0	46.9	64.9	29.0		27.9
Switzerland	32.5	43.1	0.9	31.8	0.6	12.6	27.0	8.9	34.3	8.6
Russia	28.0	8.4	7.9	-2.3	5.4	3.0	11.1	7.7	1.4	7.4
Croatia	2.4	2.5	-1.3	:	-0.9	-0.1	-0.1	-1.8	:	-1.7
Turkey	6.2	4.3	5.8	:	4.0	-0.3	1.5	0.8	:	0.8
Ukraine	5.0	2.7	4.5	:	3.1	0.8	0.2	0.3	:	0.3
Africa, of which	23.3	16.7	21.3	:	14.6	7.2	1.7	3.5	:	3.4
Egypt	10.8	-3.4	3.2	:	2.2	0.8	0.1	-0.2	:	-0.2
South Africa	3.2	8.6	7.1	:	4.9	2.4	0.5	1.1	:	1.1
North America, of which	132.9	85.9	19.9	:	13.7	54.1	105.3	68.8	:	66.2
Canada	6.4	3.7	-1.0	12.4	-0.7	19.1	12.9	23.9	6.8	23.0
United States	126.4	82.2	20.9	110.7	14.4	35.0	92.4	44.9	114.8	43.2
Central America, of which	6.6	72.7	-8.9	:	-6.1	-17.9	29.0	-39.9	:	-38.4
Mexico	7.0	4.6	10.1	:	6.9	0.9	2.9	2.0	:	1.9
South America, of which	20.2	9.2	25.9	:	17.8	12.3	1.0	9.2	:	8.9
Argentina	4.4	0.9	0.0	:	0.0	-0.4	-0.3	0.2	:	0.2
Brazil	8.9	10.6	21.5	27.9	14.8	10.3	1.1	7.2	4.7	6.9
Asia, of which	78.5	41.5	29.7	:	20.4	75.8	24.7	30.4	:	29.3
Arabian Gulf countries	19.7	6.6	4.6	:	3.2	51.1	11.7	5.7	:	5.5
China(excl. Hong kong)	6.5	6.5	7.1	17.5	4.9	-0.4	0.1	0.7	3.2	0.7
Hong Kong	4.9	4.1	6.1	8.0	4.2	3.1	1.3	14.3	6.5	13.8
Japan	2.9	1.0	-2.2	3.6	-1.5	4.1	5.1	-5.1	5.4	-4.9
India	3.4	3.3	4.7	12.0	3.2	3.6	0.8	0.5	1.9	0.5
Singapore	25.9	4.7	10.6	:	7.3	5.8	2.7	8.7	:	8.4
Oceania, of which	19.4	-0.8	15.8	:	10.9	-0.2	4.6	-1.9	:	-1.8
Australia	18.6	-2.2	14.9	:	10.2	-0.2	4.2	-1.9	:	-1.8
Offshore financial centres	46.6	103.0	5.3	58.9	3.6	19.1	45.1	-7.8	15.8	-7.5

자료: eurostat

FDI의 흐름 : 하락세(2008~2010)에서 회복세로 반전(2011)

2008년 촉발된 세계 금융 및 경제 위기 이후 2011년도 EU 27개국에 대한 FDI는 회복세로 전환되고 있다. FDI 유출은 4년 만에 처음으로 증가하여 2010년 대비 154% 증가하였다. 동시에 FDI 유입은 역시 전년 대비 2배 이상인 117% 상승하였다. 하지만 2011년 EU 27개국의 FDI 흐름이 증가하였음에도 불구하고 이러한 상승은 금융 및 경제위기 기간 중(2008~2010) 기록했던 하락분의 일부만을 회복했을 뿐이다. 그 결과 2011년도 EU 27개국의 역외 국가와의 FDI 흐름은 유출과 유입 모두에서 2007년의 최고기록을 밑돌고 있다.

2011년도 EU 27개국의 역외국가에 대한 투자는 증가하였고 이는 세계적 경기회복의 시작을 반영한 것이며, 특히 특수목적법인(SPE)을 경유한 FDI가 큰 역할을 한 것으로 분석되고 있다. 2009년도 EU 27개국의 FDI 유출은 주로 기타 자본의 감소로 인하여 17% 감소했다. 이러한 현상은 역외 국가에 투자한 자기자본의 가파른 감소의 결과로 더욱 심화되어 2010년도에는 추가로

54%나 하락했다.

2009년도의 미미한 회복에 이어 2010년도 EU 27개국에 대한 자본유입은 자본유출에서 기록된 손실에서 보여주듯 전년도에 비해 56%나 가파르게 하락했다. 2010년도 EU 27개국의 투자유입 및 유출에 대한 수익률은 전년대비 상승했지만 여전히 2007년 수준을 훨씬 밑돌고 있었다.

2008년에서 2010년의 기간 동안 EU 27개국의 FDI 흐름은 세계 금융 및 경제위기에 의해 크게 영향을 받았다. 2010년에는 FDI 유출 및 유입 공히 전년대비 50%나 줄었다. 2009년과 마찬가지로 EU 27개국의 해외투자 감소는 주로 EU 27개국의 주요 거래 당사국인 미국(75% 감소한 209억 유로) 및 스위스(9억 유로로 감소)와의 급격한 거래 감소에 기인한다. 2010년에는 역외금융센터(OFC)에 대한 FDI 유출 또한 부분적으로 일부 OFC가 위치한 중미에 대한 투자회수로 인해 53억 유로로 급격히 하락했다.

2010년도 EU 27개국에 대한 FDI 유입의 동향을 분석하면 3개의 거래당사자(미국, 스위스, OFCs)의 역할이 컸다. 미국과 스위스로부터의 흐름은 각각 51%와 67%가 감소하였으며, OFCs는 78억 유로의 투자회수를 기록했다.

반면 EU 27개국의 FDI에 있어 새로운 국가의 출현이 있었다. 2008년에서 2011년 사이 EU 27개국의 브라질에 대한 FDI 유출은 3배 증가하였고 2010년에 이르러 브라질은 미국을 제치고 EU 27개국의 대외적 FDI의 주요 목적지가 되었다.

2011년도의 잠정 집계에 의하면 EU 27개국이 23억 유로의 투자회수를 기록한 러시아를 제외하고 EU의 모든 주요 거래당사국에 대한 EU 27개국의 FDI 유출이 회복기미를 보였다. EU 27개국의 미국, 스위스 및 OFCs와의 해외 직접투자는 실질적으로 증가하여 2011년도 역외국가에 대한 FDI 전체 유출의 54%, 전체 유입의 73%를 차지했다.

캐나다에 대한 FDI 유출은 2010년에는 투자회수로 하락하였으나 124억 유로의 투자를 기록한 2011년에는 회복되었다. 2010년 캐나다는 EU 27개국에 대해 두 번째 큰 투자자(239억 유로)였으나 이 수치는 2011년에는 68억 유로로 하락한다.

EU 27개국의 동남아 국가와의 FDI 흐름은 금융 및 경제위기의 영향을 덜 받았다. 2010년도에는 EU 27개국의 FDI 유출 및 유입 공히 투자회수를 기록한 일본을 제외하고는 전체적으로 회복 기미가 있었다. 2011년도 잠정치에 의하면 EU 27개국의 동남아 국가에 대한 FDI 수준은 더욱 확대되었는데, FDI 유출에 있어서는 중국(175억 유로) 및 인도(120억 유로)가 주요 목적지가 되었고, FDI 유입에 있어서는 홍콩(65억 유로) 및 일본(54억 유로)이 주요 원천국이 되었다.

호주는 2010년에 EU 27개국 전체 해외투자의 10%(149억 유로)를 유치하였으나 EU 27개국이 19억 유로를 회수함으로써 2009년에 기록하였던 쌍방 외국인 직접투자 관계 유형을 반전시켰다.

FDI 흐름은 때때로 대규모 인수합병의 영향으로 연도별로 상당한 변화를 보일 수 있다. 룩셈부르크는 주로 특수목적법인을 중요시(룩셈부르크 총 직접투자의 거의 85%)한 결과로 EU 27개국의 FDI 유출 흐름에 큰 영향을 미쳤다 (36%, 2009년에서 2011년까지의 3년 평균). 특수목적법인은 일부 다른 EU 회원국가, 특히 네덜란드와 헝가리에서도 중요한 역할을 하였다.

비록 룩셈부르크가 여전히 비회원국에 대한 주도적인 EU 투자자이기는 하지만 룩셈부르크의 2010년도 대외적 FDI는 2009년의 1/2로 감소하였다. 버뮤다, 미국 및 스위스는 룩셈부르크 FDI의 3대 목적지로 이 나라에 있어 금융부문의 중요성을 보여 준다.

영국의 비회원국에 대한 FDI 투자는 급격한 감소를 기록했다. 2010년에는 비록 동남아, 호주 및 브라질에 대한 영국의 투자수준이 증가하였지만 미국 및 캐나다 같은 일부 전통적 거래당사국에 대한 투자회수가 있었다.

유럽연합과
한국

2009년 7월 한국과 EU의 자유무역협정 (FTA)이 타결, 발효(2011년 7월)됨으로써, 앞으로 EU와의 경제협력과 시장진출 전략방안을 살펴봐야 할 것이다. EU와의 FTA 타결로 인해 한국은 시장 개방을 통한 경쟁력 강화와 대외 신용도 상승, 교역 규모 확대를 도모할 수 있는 길을 마련했다. 2007년 4월 미국과 FTA를 타결한 한국은 이로써 세계 양대 거대경제권과 FTA를 체결한 유일한 국가가 되었다. 2011년 기준으로 한국과 EU 27개 회원국 사이의 교역 총액은 $995억에 이르고 있다. 이는 중국 $2,206억, 일본과 미국의 $1,000억 수준과 맞먹는 수치이다. 특히 한국의 대EU 무역 흑자 규모는 중국 다음으로 크다.

세계 최대의 거대경제권인 EU는 한국의 대외교역에 있어 중국에 이어 두 번째로 규모가 크며, 동시에 지속적인 무역 흑자를 거두고 있는 시장으로 FTA를 통한 수출 확대 및 교역 증진 효과가 가장 클 것으로 예상되는 중요한 시장이다. EU의 상품교역액($4.2조, 2008년 기준)도 전 세계 교역의 17.1%를 차지하고 있어 미국의 14.1%, 중국의 10.4%, 일본의 6.3%를 크게 앞서는 규모이다. 한국과 EU 간의 교역은 2008년 기준 약 $984억으로 전체 상품 교역액의 11.5%를 차지하고 있으며, 최근 10년간 평균 13%의 높은 성장률을 기록하고 있다.

EU집행위원회는 EU가 다른 시장에 비해 관세율이 높고 다양한 비관세 장벽이 존재하는 시장임을 감안할 때 2%대에 머물고 있는 한국의 EU시장 점유율이 한-EU FTA 발효 후에는 3.9% 수준으로 상승할 것으로 전망하였다. EU는 회원국 확대 추세로 시장성장 가능성이 크며, 러시아 및 CIS 국가 등 인근 지역과의 교류 확대를 위한 교두보로서 매우 중요한 시장으로 평가받고 있다. 한국으로의 투자유치 측면에 있어서도 1962년 최초 한국에 투자를 시작한 EU는 현재까지 최대 투자자 위치를 유지해오고 있으며, 최근 5년간의 투자실적은 한국 전체 FDI의 41%를 상회하고 있다.

그럼 EU시장은 여전히 매력적인 시장일까? 사실 EU시장으로 유입되는 FDI는 2001년 45%에서 2010년 23%로 지속적인 감소세를 보이고 있는 상황이다. FDI 유출량 역시 줄어들고 있다. EU 국가들의 경제 위기가 지속되는 가운데 EU시장 외의 다른 '이머징 마켓', 즉 중국과 인도 등의 급격한 성장이 FDI를 줄어들게 하고 있는 요인들이다. 이러한 이유들은 EU 국가들에 대한 시장진출 및 투자를 추진함에 있어 다음과 같은 의사결정 질문을 던지게 된다. 과연 시장진출 및 투자자에게 유럽 시장의 매력도는 어느 수준인가?

최근 대EU FDI가 감소 추세에 있지만 EU는 간소한 FDI 관련 법 규정과 높은 교육수준에 따른 질 좋은 노동시장, 수준 높은 제품에 대한 수요 등 외국인 투자자들에게 여전히 매력적인 시장으로 인식되고 있다. UN에서 조사한 사업 매력도 요소들 중 상위 3가지는 시장의 크기, 현지 시장의 성장률, 그리고 투자 환경의 안정성이다. EU시장은 이 요소들과 함께 서유럽을 중심으로 가장 많이 포함하고 있는 중요한 시장으로 다가오고 있다.

세계로 향하는
한국 기업들의
도전

회사 개요 및 현황

오스템임플란트(이하 '오스템'으로 약칭)는 치과의사 출신인 CEO 최규옥이 1997년 1월 설립하였다. 최 대표에 의하면 본인이 치과의사로서 시술에 따른 시행착오를 최소화하는 '지식 대기업'의 필요성을 절감하였다 한다. 초기에는 치과용 소프트웨어 개발 회사로 시작하였으나 현재는 임플란트를 주력 아이템으로 국내시장을 넘어 글로벌 치과용 의료기기업으로 도약해 나가고 있다. 2007년 초 코스닥에 상장한 오스템은 해외에 19개, 국내에 2개의 자회사를 보유한 기업으로 성장하여 2011년 현재 1,260명의 종업원에 1,704억 원의 매출을 기록하고 있다. 오스템의 회사 비전은 한국을 대표하는 초일류 의료기업, 세계치과 의료계의 일류기업이 되는 것이다.

오스템의 주요 고객은 치과병원으로 B2B 방식의 교육 마케팅 시스템을 체계적으로 시행하면서 고객과 건강한 파트너십(Win-Win)을 구축해 나가고 있다. 오스템은 매출액의 10% 이상을 연구개발에 투자하여 고객이 원하는 제품을 개발함은 물론, 고객의 수요를 창출하고 시장을 선도할 수 있는 제품을 개발해 나가고 있다. 오스템은 교육연수시스템인 AIC(Advanced Implant Education, Apsun Dental Implant Research & Education Center)를 통해 고객의 교육을 통한 수요창출이라는 선순환 마케팅 구조를 구축하여 시행해 나가고 있다.

오스템의 EU시장 진출 배경

오스템은 벤처기업으로 CEO의 기업가 정신이 성장동력으로 작용한 기업으로 분석된다. 최규옥 CEO는 치과의사로서 불편함을 해소하고자 치과용 교재로 사용되던 영문 원서를 번역하여 소개하는 한편, 치과병원용 소프트웨어인 "두 번에"를 개발하고, 스스로 영업맨이 되어 전국의 치과병원을 방문하여 판매하는 적극성을 보여 왔다.

최고의 기술과 열정으로 고객만족을 지향해 온 그는 좋은 것(good)은 더 좋은 것(better)의 적이라는 생각하에 끊임없이 제품 및 공정의 혁신(innovative)을 통해 신제품은 물론 인체 적합성 신물질을 개발하여 왔다. 그는 정밀한 금속가공과 표면처리 기술은 물론 생체 적합성을 요하기 때문에 철저한 임상시험이 필요한 임플란트 제품을 개발 및 적용하기 위한 기술개발과 신기술의 채택, 나아가 국내는 물론, 해외시장인 신시장을 개척하는 데 따른 위험을 능동적으로 감수(risk-taking)하여 왔다. 이와 같이 신기술을 통한 비용-우위의 제품개발, 그리고 교육 마케팅이라는 새로운 영업방식을 통해 시장의 변화에 선제적으로 대응해 오는 한편, 시장의 변화를 주도적으로 이끌어 왔다(proactive).

오스템은 세계 표준이 될 수 있는 기술과 제품을 개발해오면서 2001년에는 CE 인증획득 및 AIC 설립, 2002년에는 FDA 인증획득 및 오스템임플란트 연구소를 설립한 데 이어 2005년에는 통합 브랜드인 "Osstem Implant System"을 출범시켰다.

오스템의 영업은 임플란트 임상지식 습득과 시술을 지원하는 세계 최고 수준의 임플란트 임상교육기관인 AIC를 통해 이루어지고 있다. 오스템은 AIC를 통하여 체계적이고 다양한 임플란트 전문교육 프로그램을 상설 운영하면서 임플란트 임상지식 보급 및 시술능력 향상을 지원하기 위해 온라인 교육체계 구축 및 운영(implantall.com), 전문 학술지 발간 및 국내외 학술행사 개최는 물론 매년 OSSTEM Annual Meeting을 개최하며 현장 임플란트 시술을 시연(Live Surgery)하여 제품과 기술의 우수성을 고객에게 확인시켜 오고 있다. 오스템 측에 의하면 2006년의 경우 연차미팅에 전 세계에서 6,500명의 치과의사들이 참석하는 성황을 이루었다.

오스템은 글로벌시장에서 임플란트의 표준을 주도하는 기업으로 성장해 나감은 물론 치과의료 분야의 선도적 기업으로 성장해 나가는 비전을 다음과 같이 설정하고 있다.

오스템의 비전과 목표

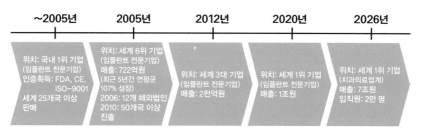

국내 1위의 시장선도업체인 오스템은 국내 임플란트 시장이 다소 정체되어 감에 따라 해외시장에서 돌파구를 찾아 나선다. 오스템은 2005년을 세계화의 원년으로 선포하고 글로벌시장 침투 및 확대전략을 과감히 추진해 나갔다.

오스템은 해외 임플란트 시장이 아직 미성숙 단계며, 상당한 성장 가능성을 갖고 있는 것으로 보고 있다. 오스템에 의하면 임플란트 시술이 가능한 치과의

사 비중은 현재 한국은 전체 치과의사의 80% 정도에 이르나 미국, 유럽은 약 20%, 중국은 1% 미만 정도에 불과한 수준이기 때문에 해외 임플란트 시장은 지속적인 성장이 예상되고 있다.

글로벌 임플란트 및 보철시장은 2011년 $67.8억 수준에서 2016년에는 $105.6억 규모로 연평균 9.3%의 성장이 예상되고 있다. 이러한 시장성장을 주도하는 요인으로는 소득수준 향상에 기인한 수요 및 구매력의 증가, 진보된 치과기술에 대한 수용자 확대와 함께 아직까지 선진국에서조차 임플란트의 식립 건수가 크지 않기 때문에 앞으로도 지속적인 성장세가 불가피하다는 것것을 들 수 있다. 유럽의 경우 임플란트 시장규모는 약 $17억으로 추정되며, 이는 글로벌 임플란트 시장의 41%를 차지하고 있는 중요한 시장으로 평가되고 있다.

기술력과 임상실험에 기반한 제품경쟁력, 지속적인 신제품 개발능력으로 무장한 오스템은 2005년부터 해외자회사 설립을 통한 글로벌 판매망 구축에 적극적으로 나서 왔다. 2005년 1월 대만에 최초의 자회사를 설립한 이후 2005년 12월에는 독일에 자회사를 설치하여 유럽 시장을 총괄하는 체제를 구축하였다. 2006년에는 러시아, 인도, 일본, 중국, 홍콩, 싱가포르, 말레이시아, 태국 등 아시아권역에 동시다발적으로 자회사를 설립하는 한편, 미국에는 제조공장(지분율 58.7%)을 운영하기에 이르렀다. 2007년에는 호주, 2011년에는 멕시코, 인도네시아, 카자흐스탄, 필리핀, 베트남, 방글라데시 및 캐나다 등 아시아, 중앙아시아 및 북미지역에 현지법인을 설립하여 운영해 오고 있다.

오스템은 2011년 1,704억 원의 매출을 달성했으며, 이 중 국내 매출액은 1,318억 원, 해외 매출은 682억 원으로 해외매출이 국내매출의 50% 수준에 이르고 있다. 그러나 2012년에는 연간 매출액이 2,000억 원 전후에 이르며, 해외 매출이 국내매출과 거의 비슷한 수준으로까지 성장할 것이라 예측되고 있다.

특히 해외법인의 영업은 그동안 적자를 보여 왔으나 2013년부터는 흑자로 전환될 것으로 예측되고 있는 가운데 오스템의 글로벌화는 더욱 가속화되어 향후 진출지역을 50여 개국으로 확대해 나가는 계획을 추진하고 있다.

오스템의 EU시장 진출 전략

오스템은 수년간에 걸친 연구개발과 임상시험을 거쳐 가격경쟁력과 품질력을 갖춘 임플란트 제품을 무기로 전형적인 본글로벌(Born-Global)* 방식의 국제화 전략을 시행하였다. 특히 글로벌 임플란트 시장의 41%를 점하고 있는 유럽 시장에 대해서는 오스템의 세계화 원년(2005)에 독일의 에쉬본(Eschborn, 프랑크푸르트 인근)에 현지 판매법인을 설치하는 적극성을 보였다.

오스템의 독일법인은 본사직원 3명에 현지직원 8명으로 구성된 작은 조직으로 매출액은 2011년 39억 원에서 2012년에는 50억 원으로 크게 확대되는 추세에 있다.

오스템의 유럽 시장 진출 전략은 크게 제품, 가격 및 마케팅의 세 가지로 구분할 수 있다. 우선 제품의 다양성과 호환성을 구비하여 수요자가 원하는 제품을 선택할 수 있는 폭을 넓혔다. 오스템은 인체에 따른 정밀한 맞춤형 디자인의 임플란트 제품을 네 종류(TS/GS/US/SS 모델)의 타입별로 길이, 크기 및 시술방법에 따라 400여 종류의 제품을 보유하고 있으며, 공급 가능 제품의 종류가 4천여 개에 이르고 있다. 이는 독일의 유명 임플란트 회사인 노벨(Nobel)이나 스트라우만(Straumann)이 100~150여 종류의 제품을 보유하고 있는 것과 크게 대비되는 것이다. 제품 관련 기술에 있어서도 오스템은 선진 업계와 대등

---

* 본 글로벌 기업은 "설립연도 혹은 바로 직후부터 해외시장에 진출하는 전략을 채택하는 기업" 또는 "설립부터 복수의 국가에서 자원의 사용을 통해 상당한 경쟁 우위를 도출하고, 산출물의 판매를 추구하는 기업" 등으로 정의된다.

이는 기존의 점진적 국제화론에 반하는 현상으로 본 글로벌 기업인지의 여부는 주로 국제화 속도, 해외시장에서의 매출액 및 진출국가의 수를 중심으로 1) 설립 후 2년~8년 이내에 수출이 이루어질 것, 2) 총매출 중 해외매출의 비율이 일정(25%) 수준 이상일 것, 3) 진출 국가의 수 등에 따라 판별한다.

한 표면처리기술을 확보하고 있음은 물론, 임플란트와 환자 치조골과의 골융합 속도를 높이기 위한 핵심기술을 개발하여 제품의 안전성을 높였다.

둘째, 가격 측면에서 오스템은 Nobel/Straumann의 공급가격 대비 30% 정도 저렴하게 공급하고 있어 월등한 가격경쟁력을 보유하고 있다. 저렴한 가격에도 불구하고 마진이 높은 임플란트 제품의 특성상 경쟁업체와의 출혈경쟁이 아닌 안정된 마진 확보가 가능한 것이 특징이다.

셋째, 마케팅 활동 측면에서는 고객 밀착 마케팅과 오스템 미팅을 통해 종합적, 체계적 시장 확대 및 브랜드 파워를 구축해 나가고 있다. 오스템은 제품의 마케팅 및 유통에 있어 현지 딜러를 거치는 전통적 방식에서 탈피하여 치과병원을 직접 방문하여 고객밀착 방식의 영업활동을 전개하고 있다. 특히 유럽의 임플란트 회사에서는 임플란트 제품 그 자체만을 판매하는 데 비해 오스템에서는 주 제품인 임플란트와 엑스레이, 소독기, 임플란트 도구 등 관련 의료기기를 패키지로 판매하는 방식을 채택하고 있다.

오스템은 국내에서 성공적으로 개최, 운영한 오스템 미팅의 경험을 바탕으로 해외에서도 유사한 성격의 학술강연회 및 연수 시스템을 도입하여 해외 AIC 미팅을 통해 제품 및 시술방법에 대한 홍보를 지속적으로 확대해 나가고 있다. 종합학술대회 성격의 행사를 통해 오스템은 현지 치과의사들을 대상으로 시술 시연(Live Surgery)을 비롯하여, 수년간의 임상실험 결과 발표, 신뢰성 연구 결과, 신제품의 사용법과 강의, 장단점 등에 대한 교육을 통해 제품 및 브랜드를 홍보해 왔다. 이러한 미팅의 개최로 오스템의 제품 및 기술 수준은 세계 최고 수준으로 인정받아가며 유럽 시장, 나아가 세계시장 내 임플란트의 표준을 주도해 나가는 기업으로 성장하고 있다.

결론적으로 오스템은 선진기업과의 제품경쟁에 뒤지지 않으며 기술력과 가격경쟁력을 갖추고 통합적, 체계적 교육 마케팅을 통해 기업의 브랜드 인지도를 높여 나가면서 글로벌시장 내 치과의료 기업으로 성장하는 전략으로 유럽 시장을 공략해 나가고 있다.

오스템의 성공요인

오스템의 유럽 시장 진출과 관련한 성공요인은 CEO의 투철한 기업가 정신, 신속한 시장 침투 및 확장, 표준화된 마케팅 활동의 세 가지를 들 수 있다.

기업가 정신이란 혁신으로 무장하여 새로운 사업을 과감히 추진함에 있어 발생할 수 있는 제반 위험을 감수하고 어려운 환경을 헤쳐 나가면서 시장변화를 선제적으로 제어하여 시장 주도권을 확보하고, 시장 내 새로운 게임의 법칙을 도입해 나가는 기업가의 의지라 할 수 있다. 오스템의 CEO는 끊임없는 기술혁신과 제품개발을 이루어 왔으며, 국내에서 축적된 경험과 노하우를 바탕으로 해외시장으로 사업영역을 신속히 확대해 나갔다. 11개국에 걸친 해외 영업망을 구축하는 데 걸린 기간은 2년에 불과하였으며, 2011년의 경우 7개국에 해외 자회사를 설립하여 해외시장을 침투하는 신속성을 보였다.

마케팅 활동에 있어서 오스템은 기술력을 바탕으로 자사의 제품을 유럽을 비롯한 세계시장에 표준화 제품으로 인지시켜 나가는 전략을 수행하였다. 고객과의 관계에 있어서도 국내에서 체득하고 그 효과성이 증명된 고객밀착 방식의 B2B 영업 전략과 함께, AIC 교육 시스템 방식을 그대로 해외에서 수행하여 성공적인 고객확보 및 관리에 임할 수 있었다. 아울러 현지법인에서 채용한 영업사원들에게 한국식 영업관리를 강조하여 고객 불만 시에는 언제든지 신속하게 해결하고, 고객이 원하는 바 역시 신속히 해결해 나감으로써 고객의 신임을 공고히 해나가고 있다.

시사점

　벤처기업인 오스템의 유럽 시장 및 글로벌시장 진출은 국제경영의 관점에서 전형적인 본글로벌(Born-Global) 기업의 국제화 방식을 택하고 있다. 이러한 전략을 가능케 한 요인은 축적된 기술력과 전문화되고 표준화된 마케팅 활동이라 할 것이다.

　기업가 정신의 구현체인 벤처기업에 있어 오스템의 사례는 기업에 있어 진정한 기업가 정신이 왜 필요하며, 기술 기반 산업분야에 있어 제품과 마케팅 활동의 표준화를 왜 추구해야 하는지를 잘 제시하고 있다.

참고문헌

오스템임플란트 회사 소개자료(2010. 1Q).

오스템임플란트 Annual Report(2007) 및 홈페이지(http://www.osstem.com).

오스템임플란트 분기 보고서(제15기), 2011년 1분기.

중기청(2006), 벤처캐피탈 투자 우수사례.

중소기업정보화경영원(2005), "중소기업 e-프로세스 혁신을 위한 정보화 활용전략".

KOTRA 해외비즈니스정보포털 http://www.globalwindow.org

기타 주요 증권회사의 기업 보고서.

AMORE PACIFIC

회사 개요 및 현황

아모레퍼시픽은 1945년 9월 5일 서울 중구 남창동 남대문 시장 근처에 태평양 화학공업사라는 상호로 창립되었다. 광복 후 고급 용기와 라벨을 사용한 "메로디크림"은 아모레퍼시픽 최초의 히트 상품이었으며 이로 인해 순조로운 출발을 할 수 있었다. 그러던 중 1951년 아모레퍼시픽은 'All Best Cosmetics'란 의미를 내포하고 있는 "ABC" 브랜드를 발매하게 되었는데 이것이 오늘날 아모레퍼시픽이 있게 만든 모태가 된 제품이었다.

한국이 1997년 말에 외환위기를 겪으면서 주력 사업인 화장품의 매출 부진과 자금압박 등의 영향으로 회사 전체가 위기를 겪었다. 그러나 강력한 구조조정과 자구 노력으로 한때 추락했던 주가를 4배 가까이나 끌어올렸고 "설화수", "헤라" 등의 고수익 중심의 방문판매 제품의 매출에 힘입어 2000년 15.9%, 2001년 22.5%의 외형 성장률을 기록하였다. 이후 아모레퍼시픽은 외국계 화장품업계와의 경쟁에도 불구하고 "헤라", "설화수", "아이오페", "라네즈" 등 매출 1,000억 이상의 브랜드 4개를 보유하는 기업으로 성장하였다.

아모레퍼시픽의 유럽시장 진출 배경

아모레퍼시픽은 국내 굴지의 화장품 업체로 수십 년간 쌓아온 제품력과 마케팅력으로 국내시장을 지배해 오고 있고, 유럽을 비롯하여 북미, 아시아 지역 등을 총괄하는 판매법인을 설립하여 운영해 오고 있다. 아모레퍼시픽은 기초제품에서의 기술력은 인정을 받았으나 향수와 색조화장품에서는 선진국들에 비해 취약한 실정으로 기초 화장품만을 통한 판매는 한계가 있어 기업의 성장을 위해 향수와 색조화장품의 세계시장 진출이 요구되었다. 특히, 향수에서의 국가적 명성을 획득해야 제품의 성가도 올라가기 때문에 유럽으로의 투자를 결정하게 되었다.

화장품은 여타의 제품과는 달리 품질도 중요하지만 회사나 국가의 이미지에 따라 소비자의 선호도가 좌우되는 산업이다. 프랑스는 전통적으로 화장품을 포함한 패션 산업 등 문화, 예술에 관련된 거의 모든 분야에서 선두를 달리며 세계시장을 이끌고 있고, 특히 화장품에 관한 글로벌 스탠더드를 확보하고 있어 세계적인 화장품 회사들이 최고의 인프라를 바탕으로 치열한 경쟁을 벌이고 있다. 이러한 화장품의 본고장에 진출하여 입지를 구축하는 것은 아시아 기업으로서의 경쟁상 약점을 보완하는 동시에 EU라는 거대시장 공략과 세계시장 진출의 근거지를 마련한다는 점에서 대단히 중요한 전략적 의미를 지닌다. 따라서 프랑스에서의 성공이 글로벌화의 지름길이 될 수 있는 것이다. 또한 프랑스인의 창의력과 감성력을 최대한 활용해서 원산지 효과, 즉 'Made in Korea'로 인해 얻는 부정적 이미지를 극복하고 'Out of Korea', 'Out of Amore' 전략을 효과적으로 구사하려는 의도도 있었다.

아모레퍼시픽의 진출 전략

아모레퍼시픽이 프랑스 시장에 처음 진출한 것은 1988년 대리점을 통한 기초화장품 "순(SOON)"의 수출이지만 프랑스와의 인연은 1959년 9월로 거슬러 올라간다. 당시 아모레퍼시픽은 프랑스 코티사와의 기술제휴를 통해 코티분백을 생산, 판매하기 시작했으며, 이는 아모레퍼시픽의 초창기 성장에 커다란 기여를 한 것으로 알려지고 있다. "순" 브랜드 수출 이후의 프랑스 진출은 우리나라 제조업체의 일반적인 국제화 패턴과는 다른 양상을 보여 준다. '기술 도입 및 내수 지향-수출-현지생산'이라는 외형적 과정은 유사하지만 현지생산의 전략적 동기나 목표, 내용 등에 있어 독특한 모습을 보여 주고 있는 것이다. 이것은 제품의 기본적 품질과는 별도로 원산지 효과가 크게 작용하는 화장품 산업의 특성과 'Made in Korea' 혹은 아시아 제품이 갖는 이미지의 한계를 극복해야 하는 아모레퍼시픽의 과제를 일부 반영하는 것이라 할 수 있다.

아모레퍼시픽은 프랑스에 공장을 신설하는 방법을 검토했으나 시간절약의 측면에서 현지의 적당한 공장을 매입하기로 하였다. 이에 따라 주위에 화장품 관련업체들이 다수 위치하고 있어서 필요한 원료나 제품을 손쉽게 조달할 수 있고 무엇보다 물류 면에서도 편리한 파리 근교에 위치한 파베르제(Faberge) 공장을 1991년에 총 25만 프랑을 투자하여 매입하였다. 그러나 파리 근교는 유럽지역 개발기금 지원대상이 아니었기 때문에 프랑스 지역개발팀에서 제공하는 투자인센티브 외에는 특별한 혜택을 받을 수 없었다. 프랑스 지역개발팀은 3년간 세제혜택과 이용 장려금을 지원해 주었다. 그런데 이러한 투자인센티브도 처음에는 공여하지 않으려 하여, 아모레퍼시픽이 다른 곳으로 투자하겠다며 지역개발팀과 협상 끝에 어렵게 얻어낸 것이다. 자금 조달은 본사에서 30%, 산업은행의 장기해외투자금융의 명목의 대출 30%, 나머지는 현지에서 한국계 은행으로부터 차입했다. 이러한 준비단계를 거쳐 1992년 중반부터 본격적인 생산에 들어갔다.

아모레퍼시픽이 "롤리타 렘피카(Lolita Lempicka)"의 론칭 과정에서 시도한 진출 전략은 크게 세 가지, 즉 '현지화'와 'Make-up 전략', 기존 향수 제품과의 '차별화'였다.

아모레퍼시픽의 프랑스 현지법인인 파퓸 롤리타 렘피카(Parfums Lolita Lempicka; PPL)의 사장직에는 프랑스의 대표적 화장품 기업인 크리스티앙 디오르(Christian Dior)에서 향수 마케팅 디렉터로 오랜 경험을 쌓은 카트린 도팽(Catherine Dauphin)을 임명하고 마케팅, 제품개발, 디자인 등 전반에 걸쳐 우수한 현지인을 채용하기 위해 노력했다. 또한 한국 본사에서는 사업에 대해 불필요한 간섭을 최대한 줄이고 제품의 개발단계에서부터 판매까지 모두 프랑스 현지법인에 일임했으며 한국에서는 1~2명의 재무관리자와 생산관리자만을 파견했다. 프랑스 현지법인은 프랑스인 직원과 한국인 직원 사이의 보이지 않는 문화 장벽과 대화 단절, 불화 등을 우려해 회사 안에서 모든 행사를 한국인과 프랑스인이 공동으로 참여하도록 하고 프랑스인만의 공식행사를 모두 금지시켜 조직 융화에 힘썼다. 이로써 아모레퍼시픽은 롤리타 렘피카의 개발에서부터 판매까지 프랑스 현지법인에게 모든 권한을 위임하는 철저한 현지화 전략을 취하게 되었다.

또한 아모레퍼시픽은 조직 관리에서의 현지화뿐만 아니라 제품 개발에서부터 마케팅까지 모두 메이크업(make-up) 전략, 즉 한국이라는 국가 이미지가 화장품 산업에서 갖는 부정적인 이미지의 한계를 극복하기 위한 전략을 도입했다. 우선 아모레퍼시픽의 프랑스 현지법인은 세계 4위의 화장품 업체인 일본의 '시세이도(Shiseido)'가 'Made in Japan'의 벽을 뛰어넘지 못하고 결국 국적과 기업명을 포기하기로 결정한 것을 지켜보며 한국의 국가 이미지로는 향수라는 브랜드 이미지 사업에서 성공할 수 없다는 판단하였다. 롤리타 렘피카가 한국의 아모레퍼시픽 제품이라는 것이 언론에 노출되는 것을 극도로 꺼렸고

내용물 및 재료 생산, 마케팅 등에서 프랑스 최고의 업체들과 제휴로 이어졌다. 이 밖에 프랑스 현지법인은 롤리타 렘피카가 프랑스 향수 시장 내에서 2001년까지 2.5%의 시장점유율을 달성할 수 있도록 다각도의 마케팅 전략을 펼쳤다. 이를 위해 롤리타 렘피카가 내세운 전략은 '차별화'였다. 롤리타 렘피카가 출시되기 전 프랑스 향수시장은 "캘빈클라인(Calvin Klein)" 등 유니섹스(uni-sex)가 분위기를 주도하고 있었기 때문에 향수에 있어서도 남녀의 구분이 없는 것이 일반적이었다. 이러한 가운데 롤리타 렘피카가 여성성과 동화의 이미지를 강조하면서 시장에 출시되자 기존의 향수시장에 새로운 반향을 일으키게 된다.

● 제품 차별화

롤리타 렘피카의 성공의 핵심은 무엇보다도 제품 자체에 있다. 우선 전반적인 유니섹스 분위기 속에서 '여성적 가치로의 복귀'를 원하는 소비자 집단이 있음을 인식하고 이 미충족 욕구를 충족시켜 주기 위한 아이덴티티, 콘셉트, 제품개발에 주력하였다. 그리고 이러한 독창적 가치가 고급 브랜드 이미지 속에서 유지될 수 있도록 모든 마케팅 전략에 일관성을 유지하고자 하였다. 현대적 여성성을 기조로 하는 창의성과 지속적이며 일관적인 상품화 노력이 적절하게 조화될 수 있도록 한 것이다. 이를 위해 디자이너인 롤리타 렘피카(Lolita Lempicka)도 참여하는 가운데 전체적인 조정이 이루어질 수 있도록 하였다.

사실 전반적인 조류를 무시하고 창의성을 추구하는 것에는 언제나 위험이 따른다. 그러한 독창적 가치와 이미지를 선호하거나 수용해줄 만한 적정 규모 이상의 틈새시장이 정말로 존재하느냐 하는 것도 확실치 않을 뿐 아니라, 애초에 의도한 이미지를 제품과 광고 등에 적절히, 그리고 일관되게 구현할 수 있느냐 하는 것도 보통 문제가 아니기 때문이다.

젊고, 현대적이고 순수한 여성성을 추구한 당초의 의도대로 롤리타 렘피카의 주 고객층은 젊은 여성들이다. 현재 24세 이하 여성시장이 전체의 50% 이상을 차지하고 있다. 물론 특정 연령 그룹 자체를 목표시장으로 한 것은 아니었으며, 연령과 상관없이 현대적인 여성적 아름다움과 동화적 이미지를 추구하는 소비자를 목표시장으로 삼은 것이었다.

롤리타 렘피카의 향은 피르메니히의 애닉 메나르도에 의해 조향되었다. 아니스 꽃과 바이올렛, 아이리스 꽃과 바닐라, 통카콩 등을 기초로 하였는데, 기존 향수와 차별되는 강한 향을 내면서도 어린 시절 추억을 되살리는 달콤한 감초 꽃 향과 성숙하고 관능적인 이미지의 오리엔탈 플로랄이 조화를 이루도록 했다고 한다. 용기 디자인과 제작에도 제품 콘셉트와 독창적 아이디어를 담기 위해 많은 노력을 기울였다. 디자인은 "장 폴 고티에", "에르메스" 등 유명 브랜드의 향수용기를 디자인한 알랭 드 무르그, 제조는 프랑스 제1 용기생산업체로 평가받고 있는 푸세 드 쿠벌에게 맡기는 등 철저하게 최고의 현지 업체를 활용했다. '여성성과 동화세계'를 지향한다는 콘셉트에 맞추기 위해 보편적인 사각 용기를 과감히 탈피하고, 매혹적인 금단의 사과를 형상화하여 사과형 용기와 함께 기술적으로 쉽지 않았던 사과 꼭지 분사방식을 채택하였다. 자주색 바탕에 금도금의 하얀 에나멜 잎 모양으로 장식된 롤리타 렘피카의 용기는 향수를 다 쓰고 나서도 버리고 싶은 마음이 들지 않을 정도로 독특하고 아름다운 모양이 되도록 했다. 패키지의 디자인은 동화 〈이상한 나라의 앨리스〉를 참고해 꿈의 세계로 들어가는 문을 상징하는 디자이너로 롤리타 렘피카의 부티크 거울을 이미지로 연출, 동화적인 분위기를 강조하였다. 아울러, 바로크 장식을 그려 넣음으로써 여성적인 분위기를 살렸다. 롤리타 렘피카의 향도 기존의 향수와는 차별되는 강한 향을 내도록 만들었고, 어린아이를 상징하는 사탕의 향과 성숙한 여인의 상징인 꽃의 향을 혼합함으로써 제품의 콘셉트에 일치시켰다.

● 아모레퍼시픽의 성공요인

그렇다면 롤리타 렘피카가 향수 업계의 각축장인 프랑스 시장에서 비교적 단기간 내에 어떻게 그런 성공을 거둘 수 있었을까? 롤리타 렘피카의 성공요인은 다양한 각도에서 분석해 볼 수 있지만 종합해 본다면 시장의 흐름과 디자이너 롤리타 렘피카라는 외부적 상황과 경영철학 및 역량이라는 내부적 조건이 잘 맞아떨어진 데 있다고 볼 수 있다. 또한 이와 함께 일관된 콘셉트하에 마케팅 전략을 추진해 왔다는 점도 중요하게 관심을 가져야 할 대목이다.

우선 외부적 상황을 살펴보자. 전반적인 유니섹스 모드 분위기 속에서 일기 시작한 여성적 아름다움에 대한 동경의 움직임이다. 디자이너 롤리타 렘피카를 선택하고 그녀의 이미지를 제품화한 것이 시의적절했다는 것이다.

자신의 이름을 라이선싱하여 제품화할 통로를 찾고 있던 롤리타 렘피카로서도 아모레퍼시픽 및 카트린 도팽과의 만남은 타이밍상으로 적절한 것이었다. 아모레퍼시픽(혹은 프랑스 법인)과 디자이너 롤리타 렘피카의 이러한 상호 필요성은 우호적이고 실질적인 협력관계와 업계 평균에 비해 다소 낮은 로열티 비율 합의의 배경이 된 것으로 보인다. 이와 함께 독창적인 패션 디자이너 브랜드 향수 론칭의 잇단 성공, 특히 같은 아시아권의 시세이도가 이세이 미야케(Issey Miyake) 및 장 폴 고티에(Jean Paul Gaultier) 등을 도입하여 성공을 거둔 사실도 아모레퍼시픽이 보다 확신을 가지고 향수 사업을 추진할 수 있었던 배경이 되었을 것이다.

또 하나의 중요한 성공요인은 현지 경영자의 역량과 이를 충분히 발휘할 수 있도록 분위기를 형성해준 서경배 사장의 경영철학과 역할이다. 여기에는 '한국 기업' 혹은 '한국 경영자가 경영하고 있는 것으로 인식되는 기업'에 의해 생산되고 판매된 "순"과 "리리코스"가 프랑스 시장에서 성공을 거두지 못했다는 경험도 크게 작용했다. 아모레퍼시픽과 PLL의 관계는 과거에 아모레퍼시픽이 가졌던 본사-자회사 관계, 혹은 일반적인 본사-자회사 관계와는 사뭇 다르다. 아모레퍼시픽의 서경배 사장과 PLL의 카트린 도팽 사장의 말은 이를 잘 대변해 준다.

롤리타 렘피카의 시장점유 현황(2006)

1 4.4%		·ANGEL ·Thierry Mugler ·클라란스
2 3.9%		·CHANEL No.5 ·Chanel ·샤넬
3 3.2%		·J´ADORE ·Christian Dior ·로레알
4 2.8%		·LOLITA LEMPICKA ·Lolita Lempicka ·태평양 프랑스법인
5 2.7%		·FLOWER ·Kenzo ·LVMH
6 2.3%		·SHALIMAR ·Guerlain ·LVMH
7 2.1%		·PARIS ·Yves Saint Laurent ·Sanofi Beaute ·(구찌 계열사)
8 2.0%		·TRESOR ·Lancome ·로레알
8 2.0%		·OPIUM ·Yves Saint Laurent ·Sanofi Beaute
10 1.9%		·COCO MADEMOISELLE ·Chanel ·샤넬

자료: SECODIP(시장조사 전문기관),
제품명, 브랜드명, 법인명.

"우리는 스킨케어 제품에서 상당한 경쟁력을 가지고 있다고 자부합니다만, 동시에 우리의 한계도 잘 알고 있습니다. 유럽, 특히 향수시장에서 성공하려면 현지의 전문가들이 필요하다는 점을 인식하고 있지요. 따라서 PLL이 추진한 롤리타 렘피카 프로젝트에 있어 본사 경영자로서보다는 투자자로서의 역할을 충실히 수행하고 있습니다. 아모레퍼시픽의 CEO가 매우 개방적인 태도를 견지하면서 우리에게 자율권을 주고 있어요. 본사의 최고경영층과 이곳 프랑스 법인 경영자들이 기본적인 전략 방향이나 가치관을 공유하면서 서로 존중해 주는 관계를 유지하고 있지요."

실제로 제품의 개발이나 디자인, 마케팅 등 롤리타 렘피카와 관련된 거의 모든 사업은 PLL에서 독립적으로 수행되었다. 아모레퍼시픽 본사는 투자와 재무 부문만 관리하고 불필요한 참견을 배제함으로써 권한을 대폭적으로 위임했다. 이러한 본사의 권한위임과 PLL의 크지 않은 규모는 신속하게 의사결정을 할 수 있는 배경이 되었다. 또한 용기 디자인 및 제조, 조향, 패키징, 광고대행, PR 등 각 분야에서 현지 최고의 전문가들은 적절하게 활용하고 이들의 작업을 현지에서 조정할 수 있는 여지도 만들어 주었다. 도팽 사장은 이렇게 말을 잇는다. "롤리타 렘피카가 그렇게 빠른 시간 안에 문턱 높은 프랑스 향수시장에 진입할 수 있었던 비결은 아모레퍼시픽 본사가 불필요한 간섭을 하지 않고 우리를 믿고 기다려 줬기 때문입니다. 제 능력을 신뢰해 주면서 현지에서 빠르게 결정할 수 있도록 권한을 위임해 준 것이지요. 그래서 기존의 향수와 차별화되는 이미지와 다소 강한 향을 선택하는 도전이 가능했습니다."

롤리타 렘피카 프로젝트가 시작되기 전만 해도 아모레퍼시픽 본사와 프랑스 법인과의 관계는 지금과 같은 분위기가 아니었다. 거의 모든 핵심 요직은 본사에서 파견한 주재원들로 채워졌고, 현지 채용인들은 수동적인 입장에서 설 수밖에 없는 상황이었다. 이러한 상황을 반전시킨 데에는 서경배 사장의 결단과 1997년 지사장으로 발탁된 전인수 현지법인장의 역할이 컸다. 전인수 지사장은 10여 년의 파리 유학생활 중 1993년에 현지에서 입사하여 프랑스 언어와 문화에 대한 이해가 컸을 뿐 아니라 현지 업계 관련자들의 통역을 담당하면서 업계의 동향을 파악하고 관계를 형성할 수 있는 기회를 가질 수 있었다. 1997년에 취임한 전인수 지사장은 한국과 프랑스 직원 사이의 보이지 않는 벽을 허무는 데 많은 노력을 기울였다. 한국인과 프랑스인들이 별도로 가지는 모든 공식행사도 금지했다. 주재원의 수도 점차 줄여 나가 현재는 생산직을 포함한 200여 명의 직원 중에서 한국인은 지사장을 포함하여 2명에 불과하며, 마케팅 법인장은 물론 제품기획 등 핵심요직을 프랑스 현지인들이 맡고 있다.

이러한 '현지인에 의한 철저한 현지경영'의 중심에는 PLL과 태평양의 프랑스 현지법인 사장을 맡고 있는 카트린 도팽이 있다. 그녀는 1995년 아모레퍼시픽 프랑스 법인 입사 당시 크리스티앙 디오르 국제마케팅 담당 이사로 재직 중이었다. 1974년 이브 생 로랑에 입사한 후 유니레버, 이브 로셰에서 10년간 해외영업 이사로 근무하는 동안 이 회사를 프랑스 최대 화장품 생산·유통 업체로 키우는 데 공헌하는 등 화장품 업계에서는 예술가적 기질과 사업가적 능력을 겸비한 마케팅 전문가로 알려져 있다. 사실 아무리 업계에서 알아주는 전문가라 하더라도 아모레퍼시픽이 거의 전권을 주면서 도팽을 PLL의 사장으로 선임한 것이나, 그녀가 한국 업체로부터 이런 제의를 수락한 것은 어찌 보면 모두 모험이라 할 수 있을 것이다. 도팽의 사업신조는 과감한 도전이다. 결국 여성 향수 롤리타 렘피카의 성공은 '한국의 대기업(CEO의 경영철학)+현지의 업계 전문 경영인+디자이너 롤리타 렘피카'의 결합이 조화롭게 빚어낸 시너지 효과의 산물이라 할 것이다.

시사점

롤리타 렘피카가 프랑스 시장에서 거둔 가장 귀중한 성과 중 하나는 세계시장에서 통할 수 있는 글로벌 브랜드를 가지게 되었다는 점이다. 향수 부문에 국한되고 아직은 프랑스 시장 위주지만, 화장품 선진국에서 입지를 구축한 이상 세계시장 확산의 관문을 통과했다고 보아도 무방할 것이다.

또한 이를 통해 축적된 자신감과 경험도 귀중한 전략적 자산이라 할 수 있다. 1998년 "순(SOON)" 수출을 통한 프랑스 시장 진입 이후 이렇다 할 성공을 거두지 못하고 있던 아모레퍼시픽으로서는 여성 향수 롤리타 렘피카의 성공이 프랑스 향수시장뿐만 아니라 전체 화장품시장 더 나아가서 글로벌시장에서 세계적인 기업으로 도약할 수 있다는 상당한 자신감을 가져다주었다. 이미 이러한 성공을 바탕으로 2000년 4월에 출시한 동명의 남성용 향수도 꾸준한 성장세를 보이면서 2002년 실적 기준 점유율 1.1%로 25위에 올라 있다. 이와 함께 가장 경쟁이 치열하고 까다로운 소비자들을 가지고 있는 프랑스 시장에서 직간접적으로 얻은 경험과 지식, 즉 소비자 욕구 및 제품 동향, 경쟁자 및 시장 추세, 유통망과의 관계 및 각종 마케팅 프로그램 경험 등은 아모레퍼시픽이 프랑스 및 유럽 전략, 더 나아가 글로벌 전략을 추진하는 데 있어 귀중한 자산이 될 것으로 보인다. 아모레퍼시픽 및 PLL에 대한 관련 업계의 관심이 증가한 것도 커다란 성과이다. 이는 향후 아모레퍼시픽이 제휴전략이나 네트워크 형성을 추진할 때 큰 자산이 될 수 있을 것이다.

참고문헌

김주헌(2003), "(주)태평양의 글로벌 전략: 프랑스 진출 전략을 중심으로", 국제경영연구, 14(2), pp.55~82.

매일경제, "[창조적 기업] 태평양, 글로벌 브랜드로 키운다", 2005.03.23.

머니투데이, "태평양, 현장경영으로 성장발판", 2005.01.20.

서울경제, "[웰빙포트폴리오/5월호] 태평양", 2005.05.02.

이은엽(2004), 화장품 산업의 현황과 전망, emars.

장세진(2004), 한국기업의 글로벌경영사례집2, "사례8. 태평양 프랑스 향수시장 진출", pp.287~316, 박영사.

아모레퍼시픽 홈페이지 http://www.amorepacific.co.kr/main.jsp

삼성전자 • Samsung Electronics

회사 개요 및 현황

1969년에 설립된 삼성전자는 크게 선택과 집중을 통한 대량 생산체제, 외국 기업과의 기술협력, 차세대 시장선도 전략, 그리고 정부의 지원이라는 4가지의 주요 전략을 바탕으로 설립 초기부터 꾸준히 발전하여 현재는 한국을 대표하는 글로벌 기업으로 성장해 왔다.

반도체 이후 새로운 차세대 성장동력 분야를 모색하던 삼성전자는 1991년 TFT LCD 사업을 시작으로 평판 디스플레이 사업에 뛰어든다. 초기에 소형 노트북 모니터용 LCD를 생산하던 삼성전자는 1990년대 중반부터 데스크톱 PC 모니터용 LCD를 공급하게 된다. 2002년부터 TV용 LCD 생산에 집중하던 삼성전자는 2003년 TV 등 대형 모니터용 LCD 패널을 생산하기 위해 충남 탕정에 대규모 생산단지 투자를 하기에 이른다.

2005년경 디스플레이 산업은 기존의 CRT 모니터에서 평판 디스플레이(Flat Panel Display: PDP, LCD 등)로 수요 이동이 진행되었다. 현재 평판 디스플레이의 최대 수요 제품은 TV인데, 이는 공간을 절약하고 실감나는 영상을 구현해 낼 수 있기 때문에 소비자의 선호가 급격히 높아졌기 때문이다. 2008년부터는 평판 디스플레이 TV 비율이 CRT TV 비율을 앞서기 시작하였다. 특히 2009년에 영화 〈아바타〉의 흥행성공으로 3D 영상에 대한 관심과 수요가 폭발적으로 증가하면서 평판 디스플레이가 본격적으로 일반화되는 계기를 맞이하였으며, 디지털 방송의 보급으로 평판 디스플레이 TV의 교체 수요가 증가하고 있다.

10인치대의 노트북용 LCD 패널에서 시작한 삼성전자의 제품 개발은 TV용 70인치 패널을 양산하는 단계로 발전되어 왔다. 삼성전자는 미래를 예측하는 개발전략의 성공에 힘입어 LCD 업계에서 세계 1위의 자리를 고수해 오고 있다.

삼성전자의 EU시장 진출 배경

LCD 패널은 소형 모바일, 게임기기에서 대형 TV에 이르기까지 그 활용 범위가 큰 것이 특징이다. PDP에 비해 에너지 절약적이며 선명한 화질을 자랑하는 LCD는 세계적으로 생산량의 90%가 컴퓨터를 포함한 각종 모니터와 TV에 장착되고 있으며, 특히 평판 디스플레이 TV에서 LCD의 사용비율이 지속적으로 빠르게 확대되어 2012년에는 60%에 이를 것으로 추정되고 있다. 현재 LCD 패널의 가장 큰 수요처는 TV이다.

LCD 산업은 복잡하고 정밀한 공정을 요구하는 기술집약적 산업이면서 대규모 투자가 수반되는 장치산업의 특성을 갖고 있다. 초기 투자비용을 상쇄하기 위해서는 규모의 경제효과를 발생시킬 수 있는 정도의 투자가 이루어져야 하며, 이는 경쟁기업 간 생산량 증대를 위한 과당경쟁으로 이어져 LCD 시장의 호·불황이 반복적으로 촉발되는 원인이 되고 있다.[*] 이러한 경쟁구조 속에서 LCD 산업은 생산규모 확장과 함께 제품의 개발 및 고급화 등 차별화 전략을 통한 경쟁력 확보가 무엇보다 중요한 산업으로 간주되고 있다.

LCD 패널은 완제품에서 차지하는 부품의 비율이 65% 이상 되는 제품으로 LCD 생산업체는 부품공급업체(후방산업)와 TV 완성품 LCD 패널 수요업체(전방산업)와의 유기적이고 긴밀한 관계의 유지가 필수적이다. 이에 따라 LCD 패널 생산기업의 경우 효과적 공급사슬관리와 생산라인 운영, 대형 수요처의 유지 및 발굴이 수익에 중요한 요소가 되고 있다.

유럽의 LCD TV시장은 2005년 이후 32인치 이상 대형 TV를 중심으로 연평균 20%의 성장을 보이고 있는 세계 최대의 시장으로 자리 잡고 있다. 세계 1위의 LCD 생산·공급 기업인 삼성전자는 동유럽 32.1% 및 서유럽 31.1% 등의 시장점유율을 확보해 오고 있다(2009). 그러나 유럽의 LCD 패널시장은 시장이 세분화, 다기화되어 감에 따라 시장을 선점하기 위한 경쟁기업 간 경쟁이 점점 더 치열해지고 있는 시장이기도 하다.

삼성전자는 10개월여의 검토와 준비기간을 거쳐 2006년 말 슬로바키아에 약 1.17억 유로를 투입하여 LCD 모듈 공장을 건설하고, 향후 총 3.2억 유로까지 투자를 확대해 나간다는 계획을 확정하였다. 2008년 1월부터 일부 제품의 생산을 시작한 삼성전자는 같은 해 10월 연간 6백만 대의 LCD 패널 생산공장 준공식을 가졌다.

삼성전자는 유럽 내 투자진출 대상지를 선정함에 있어 LCD 산업의 특성을 고려하여 진출목적의 충족 여부(원가경쟁력 확보, 관세회피, 기존 거래선 근접지원), 시장잠재력(LCD TV 성장 잠재력, 1인당 국민소득), 사업의 용이성과 적합성(공급

---

[*] 약 3년 주기로 호황과 불황이 반복되는 크리스털 사이클(Crystal Cycle)을 칭함. 2004년까지만 해도 크리스털 사이클이 명확히 나타났으나, 2004년 이후부터는 과거에 비해 크리스털 사이클이 많이 변형되어 계절성 효과(Seasonality Effect)가 강하게 나타나고 있다.

망 관리 편이성, 인적자원 조달, 기술수준), 전략시장으로의 발전 가능성(향후 사업 확장 가능성, 주변의 LCD TV 완성품 기업의 포진 여부), 투자 위험 및 불확실성(정부 규제 및 제도, 주요 경쟁자의 반응) 등을 종합적으로 검토하여 잠재적 투자 대상지로 구 동유럽 국가 6개국을 선정하였다. 이후 태스크포스팀을 구성하여 10개월여의 조사 및 현지 실사를 거쳐 종합적 검토를 수행한 결과 최종 투자 대상지를 슬로바키아로 정하였다.

진출방식을 정함에 있어서는 삼성전자가 관련 기술에 대해 독점적 지위를 보유하고 있어 기술 지배력과 상황 통제력 등이 가능한 반면, LG나 Sharp 등이 유럽 내 직접투자를 계획하고 있음을 고려하여 직접투자 방식을 택하게 되었다. 라이선스 방식의 진출은 삼성전자의 과거 경험에 비추어 기술유출의 위험 및 통제력 상실 등의 이유로 제외되었고, 합작투자의 경우 유럽 내에 LCD 패널 제조업체가 전무하기 때문에 현실적으로 불가능한 대안이었다. 특히 삼성전자가 유럽 시장 진출 이유가 현지생산을 통한 시장 확대, 원가경쟁력 확보 및 경쟁사에 대한 효과적 대응이었기 때문에 직접투자가 최선의 진출방식으로 선정되었다.

진출 규모의 선정에 있어서는 두 가지 요소를 검토하였다. 투자규모가 큰 경우, 투입비용의 과다로 인해 경우에 따라서는 원가절감과 투자비용 회수에 장기간이 소요되어 사업추진에 따른 경영상의 부담이 가중될 수 있으며, 소규모 투자의 경우 거래선에 대한 적기 대응이 불가능할 수 있으며 시장 선점이라는 전략적 목표의 달성에 차질이 빚어질 가능성이 크다는 점이다. 이에 따라 삼성전자는 투자규모는 비교적 적게 하면서 조립공정에 해당하는 모듈공정만 유럽으로 이전하여 LCD 패널을 생산하는 계획을 수립하여 시행하게 되었다.

삼성전자는 경영관리, 신기술 등의 이전 이외에 제품의 판매나 생산관리 등 현지 투자공장의 사업 전반에 대한 사항을 현지법인에 위임하는 철저한 현지화 전략을 추진해 나가고 있다.

삼성전자의 진출 전략

삼성전자의 유럽진출은 다음과 같은 외부적 환경 요인과 삼성전자의 경쟁전략을 종합적으로 검토하여 시행되었다.

첫째, 삼성전자는 2003년 실시한 유럽 시장 조사에서 소비자들이 슬림 디자인에 대한 선호도가 높다는 것을 발견하였다. 특히, 평판 디스플레이의 경우 벽걸이 기능과 공간절약 기능은 물론, 우수한 화질에 현대적이며, 디자인이 뛰어나 가장 구입하고 싶은 첨단제품으로 조사되었다. 2005년부터는 평판 디스플레이 중 규모의 경제효과를 통한 가격경쟁력을 확립한 LCD TV가 우위에 서게 되었다. 2006년 독일 월드컵, 유럽 주요 국가들의 디지털 방송 전환 계획(2010~2012년) 등에 따른 TV 수요 증가, Windows 신버전 출시에 따른 PC 수요 증가 등 LCD 패널에 대한 수요가 급증할 것으로 전망되었다. 특히 유럽은 LCD TV의 최대 수요지역으로 2006년 이후 매년 약 22%의 성장이 예상되는 시장이었다. 이에 따라 유럽 시장 내 지배력을 확보하기 위해서는 단순 수출보다는 일본, 대만 등 경쟁국가보다 먼저 직접투자 진출 등의 선제적인 유럽 시장 대응이 필요했다. 즉, 유럽은 세계 최대의 LCD TV 시장으로 삼성전자는 유럽 시장 내 시장지배력 강화가 필수적이었다.

둘째, 중간재인 LCD 패널을 공급하는 삼성전자로서는 유럽에 경쟁적으로 진출하고 있는 LCD TV 완성품 기업들인 핵심 거래선에 대해 근접 거리에서의 지원체제를 구축함이 요청되었다. LCD 패널의 거래에 있어 교섭력은 TV 등 완성품 기업이 더 크게 가지고 있기 때문에 핵심 거래선인 이들 완성품 기업이 삼성전자의 경쟁기업으로 이탈되지 않도록 유지, 확보하는 것이 중요하게 된다. 당시 경쟁업체인 대만의 AUO는 유럽지역 거래선 다변화 전략을 통한 판매확대 계획을 발표하는 등 삼성전자로서는 기존 거래선의 이탈을 저지하고 추가 거래선을 확보하기 위해 최적의 고객 대응방안에 대한 특단의 조치가 필요한 상황이었다. 삼성전자의 유럽 시장에 대한 직접투자를 통한 진출은 이러한 고객대응 전략의 일환으로 추진되었다.

셋째, 유럽 내 생산거점을 구축함으로써 한국 등 제3국에서 생산한 제품을 유럽으로 수출할 시 부담하게 되는 관세를 회피하여 이를 통해 원가경쟁력을 확보코자 하였다. 2006년에는 EU(슬로바키아의 EU 가입연도: 2004년)의 LCD 패널에 대해 세번(Tax code) 변경 추진으로 삼성전자의 경우 5%의 추가 관세를 부담해야 하는 상황이 예상되었다. 이는 삼성전자 LCD 패널에 대한 가격경쟁력을 약화시키는 요인으로 이에 대한 적극적 대응이 필요한 시점이었다. 아울러 당시 급성장하고 있는 유럽의 LCD TV 시장은 Sony(슬로바키아), Panasonic(체크), Phillips(폴란드) 등 완성품 기업의 유럽, 특히 동유럽 진출을 가속화시켰다. 삼성전자는 이들 핵심 고객에 대해 수출만으로는 운송비 부담, 중국 및 대만 기업과의 경쟁 등으로 원가경쟁력에서 밀릴 수밖에 없는 상황이었다. 가격경쟁력을 확보하고 유럽 내 완성품 기업과의 장기적이고 안정적인 공급계약 유지를 위해서는 유럽 내 생산거점 확보가 절실한 상황이었다.

넷째, LG 및 Sharp 등 삼성전자의 최대 경쟁사들이 유럽에 진출하는 데 대한 대응전략이 절실하였다. 2006년에 들어서며 LCD TV 완성품 기업은 물론, LCD 패널 제조기업인 LG(폴란드), Sharp(폴란드) 등이 유럽 내에 생산공장을 건설하기 시작하였다. 삼성전자가 이들 경쟁기업과의 경쟁에 맞대응하기 위해서는 유럽 내 생산거점 진출이 불가피한 상황이었다.

삼성전자의 성공요인

삼성전자는 EU시장 진출을 위한 슬로바키아 투자에 있어 기술과 경험을 보유한 다국적 기업으로서의 조직역량을 장기간 투입하여 투자 타당성 검토를 진행한 후, 최종적인 투자 대상지, 진입 방식 및 투자 규모 등을 확정지었다. 슬로바키아 투자와 관련하여 삼성전자는 별도의 태스크포스팀을 구성하여 시장 현황 및 전망, 경쟁사의 동향, 투자위험 분석 등은 물론, 투자국으로부터 취할 수 있는 인센티브 등을 면밀히 조사하고, 협상을 진행하여 최선의 투자조건을 도출해 내었다.

특히 삼성전자는 슬로바키아 투자와 관련하여 EU 규정에 의거한 65백만 유로(약 1천억 원)의 투자 인센티브를 받아내는 한편, 1,700억 원 규모의 자금은 현지국에서의 금융으로 충당하여 본사 차원의 자금 부담을 총 투자 예정 금액의 43% 수준으로 최소화하였다.

삼성전자는 시장 확대와 최적의 고객지원의 목적을 달성하기 위하여 모기업 특유우위의 일부 요소를 제외한 사항은 현지 투자공장에 위임하여 현지 실정에 가장 적합하고 고객의 요구에 부응하는 생산 및 판매 체제를 가동하는 철저한 현지화 전략을 시행하였다. 국제경영에서 모기업과 해외자회사 간에는 조정과 통제의 문제와 함께 현지 시장에의 적응과 대응이라는 현지화가 주요한 문제로 다루어지고 있는데 삼성전자의 경우 현지화 전략을 통해 현지투자가 성공적으로 운영될 수 있는 기반을 마련했다.

시사점

삼성전자의 슬로바키아 직접투자 사례는 글로벌 다국적기업의 해외 직접투자 시 취하는 조직적 차원에서의 조사와 검토, 그를 위한 인력 및 비용의 투입, 현지국 정부와의 협상을 통한 인센티브 확보 및 투자위험 해소 등의 과정을 밟아서 이루어졌다. 이러한 유럽 내 직접투자 사례는 향후 유사한 투자를 진행하려는 중견기업 이상의 한국 기업에 대해 하나의 지침이 될 수 있을 것으로 보인다.

그러나 조직역량이 아직은 미약하고, 자금력에 문제가 있는 중소기업의 입장에서는 국내의 정부기관이나 경제 관련 유관기관의 협조를 받아 삼성전자가 진행한 투자진출 진행 프로세스를 참고하여 필요한 사항들을 검토해 나가는 하나의 지침으로 활용이 가능할 것이다.

참고문헌

류주한(2011), "삼성전자 해외시장 진출 전략: 삼성전자 LCD 사업부 동부유럽 진출 사례를 중심
으로", KBR, 15(3), pp.71~111.

박남규 · 한재훈 · 김효정(2008), "삼성전자 LCD 사업부의 불확실한 LCD 산업주기 변동에 따른
시장우위전략 사례", 『국제경영연구』, 19, pp.55~91.

이지은(2011), "신시장 창출을 위한 혁신제품개발과 마케팅전략: 삼성전자의 'Slim CRT' TV 사
례", KBR, 4(3), pp.281~302.

최정덕(2008), "LCD 경기 2010년이 기로다", 『LG Business Insight』, 5(28), pp.19~31.

한영수(2009), "LCD 중장기 수급 전망", 『LG Business Insight』, 6(10), pp.19~32.

위키피디아 http://en.wikipedia.org

삼성전자의 Annual Report(2011) 및 홈페이지 http://www.samsung.com/sec

엔씨소프트 ● NC Soft

기업 개요 및 현황

1997년 창립 이후 엔씨소프트는 〈리니지〉라는 게임을 가지고 시장에 등장하여 온라인게임 시장을 개척하고 본격적인 온라인게임 대중화 시대를 주도하였다. 국내에서의 성공을 기반으로 하여 엔씨소프트는 자신의 핵심역량을 가지고 미국, 일본, 중국, 대만, 태국, 유럽에 글로벌 네트워크를 확보하여 세계시장에 진출하고 있다.

지난 1998년 국내 서비스를 시작해 전 세계적으로 동시 접속자 수 30만 명이상을 기록하고 있는 〈리니지〉는 단일 게임 누적매출이 1조 6천억 원에 달하고 있으며 후속작인 〈리니지2〉는 현재 한국에서 동접속자 11만 명, 회원 수200만 명 이상을 기록하며 세계시장 진출에 성공하였다. 이뿐만 아니라 미국및 여러 국가에 게임 개발 스튜디오를 운영하여 세계적인 게임 개발 및 퍼블리싱 기업으로 성장하기 위해 노력하고 있다.

〈리니지〉는 기획단계에서부터 세계화를 목표로 다중언어 지원이 가능하도록 개발되어 해외시장으로의 진출이 용이하다는 장점을 갖고 있다.

엔씨소프트는 2000년 7월, 감마니아(Gamania Digital Entertainment Co., Ltd)를 통해 대만 〈리니지〉(대만 서비스명은 〈天堂〉) 서비스를 시작했으며 성공적인 진출에 고무되어 해외시장 진출에 한층 더 박차를 가하고 있다. 7개월간의 시범 서비스를 마치고 미국 현지법인인 엔씨인터랙티브(NC Interactive)를 통해 리니지 상용서비스를 시작한 바 있으며 홍콩, 일본, 유럽 시장으로의 진출을 마무리할 계획이다.

엔씨소프트는 해외 진출이 순조롭게 진행될 경우 해외에서만 100억 원의 수익을 올릴 수 있을 것으로 전망하며 〈리니지〉가 대표적인 수출 효자상품으로 자리 잡을 수 있을 것으로 기대하고 있다.

이 외에도 엔씨소프트는 미국의 게임 개발업체인 아티팩트 엔터테인먼트社(Artifact Entertainment Corp.)와 전략적 제휴를 체결하고 2002년 출시한 MMORPG(Massive Multiplayer Online Role Playing Game) 〈호라이즌(HORIZONS)〉을 아시아와 북미지역에 동시 서비스할 예정이다. 엔씨소프트는 향후에도 국내외 경쟁력 있는 업체들과 제휴하거나 우수게임에 대한 자금지원 및 공동개발을 통해 세계 최고의 게임회사가 되겠다는 목표에 더욱 바짝 다가갈 계획이다.

한국의 온라인게임 기술력은 다른 나라에 비해 상대적으로 뛰어나고, 해외 온라인게임 시장이 이제 막 형성되고 있는 단계이기 때문에 해외시장은 엄청난 잠재력을 갖고 있는 것으로 평가되고 있다. 엔씨소프트는 〈리니지〉 등 우리나라의 뛰어난 온라인게임이 세계시장에서 선방할 때까지 최선을 다하자는 것이 경영이념이다.

엔씨소프트의 주요 온라인게임 사업은 〈리니지〉 시리즈다. 1998년 9월 상용화를 시작한 〈리니지〉는 전 세계적으로 가장 성공한 인터넷 콘텐츠로 꼽히고 있다. 최초로 시도된 공성전 기반의 그래픽 머드(MUD, Multiple User Dialogue)

게임으로 전략 시뮬레이션 게임의 경쟁구도와 롤플레잉 게임의 자아성장개념을 적절히 조화시켜 실감나는 가상현실을 구현한다. 〈리니지Ⅱ〉는 기존 〈리니지〉의 장점과 세계관을 그대로 수용하면서도 한층 강화된 커뮤니티 기능을 더해 MMORPG의 새로운 방향을 제시하고 있다. 여기에 완성도 높은 3D 그래픽은 게임의 즐거움을 한층 배가시키고 있다.

온라인게임 산업의 특징

온라인게임 산업은 외관상으로는 자유경쟁이나 시장점유율 면에서는 기술력 있는 기업의 과점시장이라고 볼 수 있다. 온라인게임 개발비와 마케팅비가 점점 증가하면서 자본 소요량이 점차 증가하고 있는 추세로, 규모의 경제를 나타내는 산업 중 하나이다. 개발 시기에는 자본집약적이나 수익이 장기간 발생하고 일정 고객 수 이상이면 고객 한 명을 더 서비스하는 데 드는 추가비용이 거의 제로에 가깝기 때문이다. 그러나 기존 업체가 신규업체보다 반드시 비용 우위를 갖는다고는 볼 수 없다. 왜냐하면 평균 게임 제작비가 평균 5억 원에 달하고 평균 제작기간이 1년 6개월 정도 걸리기 때문이다. 더욱이 정부는 온라인게임 산업을 차세대 문화콘텐츠 산업으로 육성하고자 국가적으로 지원하고 있는 상황이다. 게임이 성공하기 위해서 필요한 요건은 뛰어난 기술력보다는 고객의 선호도가 우선이므로 전체적으로 볼 때 잠재적 진입자에 의한 위험은 높다고 볼 수 있다.

온라인게임의 특성은 다섯 가지로 정리된다. 첫째, 디지털 상품의 특성을 지닌다. 상품을 판매하는 것이 아닌 서비스를 제공하는 형태이다. 그렇기 때문에 한 단위를 더 생산하는 데 들어가는 비용이 제로에 가깝다. 온라인게임 서비스 제공업자는 서버 운영에 드는 고정비만 부담하면 되기 때문에, 고객 수 증가가 수익과 정비례한다고 말할 수 있다. 또한 유통상의 복잡함이 없고, 불법복제에 대한 우려가 없다. 왜냐하면 〈스타크래프트(starcraft)〉와 같은 PC게임과는 달리 게임을 하기 위해 CD가 필요 없고 직접 온라인으로 제품을 서비스하기 때문이다. 그렇기 때문에 온라인게임 업체들은 고객 확보가 가장 중점이 되는 관건이다.

둘째, 온라인게임 자체의 특성이 독특하다. 가상세계에 대한 재현과 사용자들 간의 상호작용으로 일반적으로 몰입성과 중독성이 강하다(심지어 80시간 동안 온라인게임을 하다가 이코노미 증후군과 비슷한 증상으로 사망한 사람이 발생할 정도이다). 게임 내에서 형성된 일종의 가상 공동체에 속해 있다는 소속감을 부여하며 PC게임과는 달리 게임의 패턴을 갖기 힘들며 불확실성에 의해 재미가 부가된다.

셋째, 온라인게임의 고객은 비교 제품군에 비해 높은 충성도를 보인다. 스위칭 코스트(전환비용)는 낮으나 아바타나 랭킹 등에 매몰된 시간과 비용이 많아 충성도 높은 고정고객을 확보할 수 있다. 또한 온라인게임은 다른 플랫폼 게임과 다르게 게임의 끝이 존재하지 않고 조금씩 키워나가는 성장이 바탕이 되므로 제품의 수명주기가 길다(엔씨소프트의 경우 〈리니지〉의 수명이 5년 이상이 되는 것으로 추정됨). 급격하게 변하는 온라인 환경에서 서비스의 수명주기가 길다는 것은 눈여겨볼 만한 이슈이다.

넷째, 수익 확보를 위해 일정 수준 이상의 회원 수가 필요하다. 하나의 온라인게임으로 수익 확보에 필요한 회원 수는 1만 명 이상이 되고 성공적인 포지셔닝을 위해 필요한 동시접속자 수는 1천 명 정도가 된다. 이러한 회원 수가 유지되어야만 온라인게임 업체들이 안정적으로 회사 운영을 해나갈 수 있다. 그런데 다른 서비스와 제품과는 달리 대부분 현금결제이므로 적정수준 이상의 이용자로 초과 이익을 낼 수 있다는 장점이 있다.

다섯째, 자본조달과 수익창출에서 온라인게임만의 특성이 있다. 높은 고정비 부담으로 초기에 많은 자본이 필요하다. 많은 회사들이 초기에는 게임 제작사

보다는 게임의 퍼블리셔로 시작하는 것이 이러한 이유이다. 그렇기 때문에 온라인게임 업체는 초기 투자 자본을 어떻게 조달할지가 관건이라고 할 수 있다. 그런데 베타 서비스 후 유료화에 성공하면 대부분 현금결제이므로 안정적인 현금흐름을 기대할 수 있다.

엔씨소프트의 해외진출 배경

1990년대 후반 PC방의 급격한 증가와 맞물려 국내 온라인게임 시장 또한 폭발적인 성장을 이루었다. 그 성장의 가장 큰 주역이 엔씨소프트의 〈리니지〉였다. 하지만 2000년 이후 온라인시장의 급격한 성장에 자극받아 많은 기업들이 우후죽순처럼 시장에 진입하여 새로운 게임을 선보였고 게임시장은 치열한 경쟁 국면에 돌입하였다. 엔씨소프트는 96% 이상의 매출이 〈리니지〉라는 단일 제품에 의해 이루어졌기 때문에 국내의 이러한 상황은 기업성장을 매우 불안정하게 만들었으며 다양한 수익구조를 통해 경쟁력이 급격히 떨어지는 것을 막을 필요가 있었다. 또한 개인컴퓨터의 보급과 인터넷보급률의 증가로 PC방이 사양의 길로 접어들면서 PC방게임 이용료가 전체 매출의 68%를 차지(2000년도 기준)하는 엔씨소프트는 국내시장에만 안주할 수 없게 되었다.

엔씨소프트의 초기 해외진출은 이와 같은 국내 온라인시장의 치열한 경쟁과 수익구조의 불안에 기인한 바 크다. 한편 해외진출 후반기에 가서는 특정 지역에서의 수익구조를 탈피하고 위험을 감소하기 위해 포트폴리오의 다양화 측면에서 해외진출 확대를 추진하였다. 그리고 막대한 자금력과 기술력으로 무장한 해외 메이저 게임업체와의 승부에서 경쟁력을 확보하기 위해 시장을 넓힐 수밖에 없었다.

뿐만 아니라 장기적으로 엔씨소프트는 해외진출 과정을 통해 현지화에 맞는 게임개발 능력 및 인력 확보, 마케팅 및 유통측면에서의 퍼블리싱 능력배양 등 부족한 기업역량을 키움으로써 글로벌시장에서 더 큰 성공을 하기 위해 해외진출을 지속적으로 추진하였다.

엔씨소프트의 유럽진출 전략

엔씨소프트는 온라인게임 산업의 특성을 고려하여 크게 아시아시장과 미국 및 유럽 시장으로 구분하여 글로벌 전략을 펼치고 있다. 우선 전략지역(미국, 일본, 중국)에 게임개발 스튜디오를 두고 현지에 맞는 다양한 게임을 개발하고 있다. 아시아 지역에서는 문화적·지리적 유사성을 바탕으로 김택진 사장이 총괄하여 의사결정을 내리고 있으며 마케팅 부분은 경영진을 따로 두어 기능을 분리하고 있다. 또한 미국 자회사는 현지인을 CEO 및 개발자로 채용하여 권한과 책임을 부여하고 있다. 이처럼 자회사의 핵심역량이 뛰어날 경우 자율권을 부여하는 것이 효과적일 수 있지만 본사와 자회사 간의 통합이 어려울 수 있으며 각 기능 간에 전략적인 일관성을 유지하고 의사결정을 내리는 데 어려움이 있을 수 있다.

특히나 게임산업이 국제화될 수 있기 위해서는 규모의 경제가 실현되어야 하며 이를 위해서는 전 세계 수요자가 어느 정도 동질하다는 전제가 있어야 한다. 온라인게임의 경우 수요가 동질하다고 말하기는 힘들다. 미국 블리자드사의 〈월드 오브 워크래프트(World of Warcraft, 이하 WOW)〉 같은 예외적인 경우 기존 시리즈를 통한 사용자의 공통된 세계관이 형성되어 동일한 상품이 전 세계 수요자들에게 판매가 되었지만 기본적으로 지역적이고 문화적인 특성에 맞추어 차별화된 제품을 생산해야 한다. 따라서 온라인게임은 각 국가별로 개발센터를 두어 자체적으로 게임개발을 할 필요가 있다.

유럽 시장은 각 국가별로 보았을 때 한국이나 미국만큼의 큰 규모를 자랑하진 않지만 수많은 국가들이 모여 있고, 국가 간의 교류가 매우 높은 하나의 집단국가로 보았을 때 그 가능성은 매우 크다고 할 수 있다. 실제로 독일, 영국 등을 필두로 하여 브로드밴드 보급률이 높은 국가들이 다수 존재하고 이들 국가의 게임산업 규모도 괄목할 만하기 때문에 온라인게임 시장의 지속적인 성장이 기대되고 있었다.

세계 온라인게임 시장규모 연도별 추이

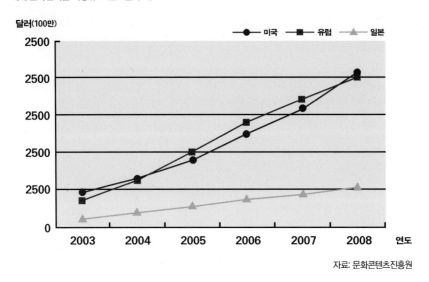

자료: 문화콘텐츠진흥원

그림에서 볼 수 있듯이, 2003년 현재 이미 유럽 시장은 미국 다음으로 큰 제2의 규모를 보이고 있었고, 성장성 역시 미국 시장만큼 높은 수준을 보였기 때문에 엔씨소프트의 진출 고려 대상군 중 하나였다.

엔씨소프트의 유럽 시장 진입방법은 미국 시장 전략과 유사하다. 2004년 7월에 유럽 현지법인 엔씨소프트 유럽(NCsoft Europe)을 설립했다. 이후 11월에 〈리니지Ⅱ〉의 유럽 서버를 오픈하면서 연속적으로 기타 북미판 게임들을 오픈하였다. 2년이 지난 2006년 11월에 〈리니지Ⅱ〉의 북미·유럽 시장의 액티브 유저가 10만 명을 돌파하게 되었다.

시사점

유럽 시장을 대하는 엔씨소프트의 태도는 기본적으로 미국 시장에서 그들이 펼치는 전략과 크게 다르지 않다. 그들은 유럽 유저들 역시 미국 유저들처럼 한국 유저들과 다른 문화 및 선호를 가지고 있다고 전제하고 미국에서 성공했던 콘텐츠들을 연속적으로 오픈해 나갔다. 이미 이 전략이 미국 시장에서 성공적으로 진행되는 것을 확인한 엔씨소프트는 자신감을 가지고 똑같은 방식으로 추진해 나아갔다. 그 결과 급속도로 성장하고 있는 유럽 온라인게임 시장의 트렌드에 편승하여 엔씨소프트 역시 좋은 성적을 거두고 있는 것으로 보인다. 하지만 유럽 시장은 아직 포화되지 않은 상태이므로 시장이 더욱 성숙해 가는 과정에서 엔씨소프트는 더욱 많은 포션(Portion)을 점할 수 있도록 최선을 다해야 할 것이다.

참고문헌

문화관광부, 『2005 대한민국 게임백서-한국게임 산업개발원』.

문화콘텐츠진흥원.

엔씨소프트 홈페이지 http://www.ncsoft.com

게임조선 http://game.chosun.com.

게임스팟코리아 http://gamespot.zdnet.co.kr.

해커즈뉴스 http://www.hackersnews.org.

한국게임산업개발원 http://www.gameinfinity.or.kr.

기업 개요 및 현황

1994년 12월, 김정주씨가 창립한 넥슨코리아는 "온라인게임의 개발과 퍼블리싱을 기반으로 한 미디어와 콘텐츠를 고객에게 제공하고, 고객과 넥슨 구성원들이 꿈을 실현할 수 있는 틀이 되는 회사를 지향한다"는 비전을 가지고 1995년 5월 초고속통신사업기술개발 사업자로 선정되면서 그 역사를 시작한다. 1996년 4월에 세계 최초의 인터넷 머그게임(Multi User Graphic Game)으로 그래픽 MMORPG(다중접속역할수행게임, Massive Multiplayer Online Role Playing Game)이자 최장수 상용화 인터넷게임인 "바람의 나라"를 개발한 후 이후, 다양한 장르에 걸친 여러 가지 온라인게임들을 개발하여 출시하였고, 빠른 속도의 성장을 지속하여 국내 정상 수준의 온라인게임 제작 및 배급사의 반열에 올랐다. 활발한 기업 인수 및 합병을 진행하여 다수의 게임 개발사들을 자회사로 편입시켰고, 그중 일부는 모기업의 매출액 성장에 많은 기여를 하고 있다.

당시는 온라인게임의 개념조차 없던 시기로, 넥슨은 해외시장까지 진출해왔다. 1997년 7월 미국 실리콘밸리에 현지법인을 설립하면서 해외진출의 첫발을 내디뎠으며, 이어서 1999년 11월 일본 현지법인을, 2000년 8월엔 싱가포르에 동남아 시장 진출의 포석으로 넥슨 아시아를 설립했다. 미국에선 법인 설립 1년 만에 상용 서비스에 돌입해 연간 60만 달러의 매출을 올리고 있으며, 일본과 싱가포르에서도 그해 각각 120만 달러와 5만 달러의 매출을 달성했다. 또한 2001년 인디게임 페스티벌(IGF)에서 온라인 전쟁시뮬레이션 "택티컬 커맨더스"가 국내 게임 사상 최초로 총 6개 부문 중 4개 부문을 석권하며 IGF 사상 최다 부문 수상작으로 기록되기도 하였다.

온라인게임 "비앤비"의 접속자 수 20만을 돌파한 넥슨은 현재 국내 업계 3위로 중국과 "비앤비"에 관한 라이선스를 체결하며 미국-일본-싱가포르-인도네시아-말레이시아-대만에 이어 7번째로 중국에 온라인게임 사업을 진출시켰다. 넥슨이 해외에서 일궈낸 이러한 성과는 우리나라 온라인게임 사업의 해외에서의 가능성을 보여 주는 획기적인 계기가 되었으며, 넥슨은 이러한 공로를 인정받아 2001년 중소기업청에서 수여하는 최고 영예의 벤처기업대상인 석탑산업훈장을 수상하고, 2002년 정보통신부 디지털콘텐츠대상, 2002년 종합심사 온라인게임부문 '은상'과 정보통신부 디지털콘텐츠대상 2분기 온라인게임부문 '우수작-아스가르드'를 수상했으며, 2003년 한국정보통신산업협회 주관 '개인정보보호 우수업체'로 선정되어 개인정보보호 우수사이트 인증마크(ePRIVACY마크)를 획득하기에 이른다.

2007년 유럽에서는 처음으로 런던에 현지법인을 설립한 넥슨은 유럽 시장에 "메이플스토리", "컴뱃암즈", "빈딕터스(한국명: 마비노기영웅전)" 등 한국의 온라인게임을 서비스하며 꾸준한 성장을 기록해왔다. 진출 첫해 3억 원에 불과했던 매출은 4년이 채 안 된 2011년 100배에 가까운 287억 원을 기록했다. 이는 전년 136억 원에 비해서도 111% 증가한 성과다.

넥슨은 2007년 유럽 법인인 넥슨 유럽을 설립한 이후 유럽 포털사이트를 오픈하고 "메이플스토리", "컴뱃암즈", "아틀란티카", "빈딕터스(마비노기영웅전)", "데카론", "워록" 등 총 6종의 게임을 서비스하고 있다.

설립 첫해였던 2007년 39만 명에 불과했던 회원은 2012년 6월을 기준으로 1,000만 명을 돌파했으며, 매출 역시 첫해 3억 5천만 원에서 2011년 286억 원을 넘을 정도로 고속성장을 거듭하고 있다. 지난 2010년에는 유럽에서 IT 인프라가 가장 발달한 국가인 룩셈부르크로 본사를 이전하기도 했다.

유럽 전체의 게임시장 규모는 약 20조 원, 이 중 온라인게임 시장 규모만 4조 5천억 원으로 추정된다.

유럽 시장의 가장 큰 특징은 단일시장이 아니라는 점이다. 중국이나 일본, 미국 등 지금까지의 주요한 수출 대상이었던 곳은 단일 국가시장이었지만, 유럽의 경우 유럽연합(EU)만 보더라도 28개국에 24개의 언어에 달할 정도로 국가별로 문화적 차이가 큰 시장이다. 따라서 유럽이라는 하나의 틀로 설명하기에는 커다란 편차가 존재한다.

유럽 시장에서 가장 중요한 3개 국가는 독일, 영국, 프랑스로 유럽 대륙에서의 경제력 규모에 비례한다. 각 국가마다 게임시장 규모가 수조 원대에 달하며, 마찬가지로 유럽서비스에서 가장 중요한 언어도 독일어, 영어, 프랑스어이다.

그다음으로 규모가 큰 시장은 스페인과 이탈리아로 이 역시 EU 내에서의 경제력 규모에 비례한다. 여기에 더해 러시아, 그리고 최근 뜨고 있는 신흥시장으로 터키가 주목받고 있다. 특히 터키의 경우, 한국과 유사한 PC방 문화를 가지고 있는 곳으로 아직 5천억 원대의 시장규모이지만 성장속도가 놀라워 새로운 개척지로 각광받고 있기도 하다.

넥슨 유럽은 2010년 GC에 B2B 부스로 처음 참가한 이후, 2011년에는 "빈딕투스(마비노기영웅전)"를 B2C 부스를 통해 선보였으며, 2012년에는 "쉐도우컴퍼니"와 "네이비필드2"라는 두 개의 신작을 들고 나왔다. "쉐도우컴퍼니"
는 두빅게임스튜디오(대표 임준혁)가 언리얼엔진3로 개발한 FPS(First-Person
Shooter) 게임이며, "네이비필드2"는 에스디인터넷(대표 김학용)에서 제1차 및
제2차 세계대전을 배경으로 개발한 3D 해전 RTS(Real Time Simulation) 게임
이다.

넥슨의 진출 전략

넥슨 유럽의 김성진 대표는 "지난해 유럽연합 27개국 기준으로 가정의 인터
넷 보급률이 73.2%에 달하며, 매해 보급률이 높아지고 그에 따라 온라인게임
도 동반성장하고 있다"면서, "유럽 온라인게임 시장은 가능성이 무한한 시장이
다. 철저한 유럽 현지화 작업을 통해 까다로운 유럽 게이머들의 입맛에 맞는 서
비스를 제공해 넥슨의 브랜드를 유럽뿐 아니라 글로벌시장에 알리는 데 주력
하겠다"고 밝혔다.

미국 시장과 유럽 시장은 프랜차이즈에 큰 영향을 받으며, 잘 만든 게임에
대해 관대하다는 공통점이 있다. 두 시장의 큰 차이라면 게임을 즐기는 유저의
인종적 구성에 대한 것을 들 수 있다. 미국의 경우 아시아권 유저가 많은 편이
며, 이들은 동양게임에 대해 관대한 편이고 유저의 한 축을 이루고 있다. 그런
데 유럽의 경우 예를 들어 망가가 과연 유럽에서 어느 정도의 시장을 만들 수
있을까를 생각해 보면 한편으로는 비슷하지만, 반대로 그만큼의 문화적 차이
가 있다고 보면 된다.

단적으로 보면 아직은 프리투플레이(free-to-play) 게임(부분유료화 모델의 게
임) 시장의 퍼블리셔를 모두 합쳐도 PC 패키지 시장보다 작은 편이다.

● 소비자 니즈에 맞는 제품전략

유럽은 밀리터리물 게임들이 많은 실정이다. 따라서 이러한 트렌드를 반영하여 신작으로 두 개 게임 모두 밀리터리 관련 게임들이다. 특히 "쉐도우컴퍼니", "네이비필드2"라는 2개가 좋은 게임이라는, 즉 양질의 콘텐츠로 받아드려지고 있다. "쉐도우컴퍼니"는 기존의 카운터스트라이크에 기반을 둔 FPS게임과는 달리 2010년 이후의 새로운 트렌드를 반영한 FPS라고 판단되어 서비스를 결정한 것이다. 그리고 "네이비필드2"의 경우 게임시스템이 매우 잘 되어 있는데 이번 작품을 통해 그래픽이 나아졌고 게임도 쉬워졌으며 타격감도 상향되었다.

특히 기존에 전작이 이미 서비스되고 있던 상황이라 같은 IP의 후속작이라는 점을 이용하면 충분히 성장 가능성이 높아 서비스를 하게 되었다.

● 시장잠재력을 고려한 투자

상위 5개국은 게임시장이 많이 성장한 상태이지만, 플랫폼의 변화는 지속적으로 발생하고 있는 상황이다. 동유럽까지 포함하여 유럽 전체로 본다면 계속 성장할 것이고, 오히려 경제위기가 온라인게임 시장의 성장에 도움이 될 수도 있을 것이다. 앞으로 몇 년 안에 넥슨 유럽이 주요한 퍼블리셔가 될 것이라고 판단했다.

영국은 플랫폼 이동에 보수적인 스타일이라 콘솔과 모바일에 형성된 시장이 PC 온라인으로 쉽게 옮겨지지 않는 편이다. 프랑스는 브라우저게임이나 소셜게임이 강세를 보이고 있고 다채로운 것들을 선호하는 편이라 온라인게임 시장이 진입하기에 여의치 않은 곳이다. 독일은 가장 집중해야 하는 국가로 판단하고 있다. 유럽의 유명 퍼블리싱 업체들이 다 독일 회사라는 것만 보아도 쉽게 알 수 있을 것이다.

넥슨은 동유럽 시장을 주요 관심 지역으로 평가하였다. 루마니아는 2007년 이후 IT 인프라에 대대적인 투자를 진행 중이며, 통계상 인터넷 속도가 한국에 근접할 정도로 빠른 국가이기도 하다. 폴란드, 헝가리, 루마니아 등에 집중하려고 구상 중이다.

넥슨 유럽의 가입자 수

연도	가입자 수	연도	매출액
2007	39만 명	2007	3.5억 원
2008	92만 명	2008	27.0억 원
2009	284만 명	2009	79.8억 원
2010	578만 명	2010	135.7억 원
2011	900만 명	2011	286.7억 원
2012	1,067만 명		

자료: www.inven.co.kr

시사점

넥슨 유럽은 2010년 유럽연합 27개국 기준으로 가정의 인터넷 보급률이 73.2%에 달하며, 매해 보급률이 높아지고 있고 그에 따라 온라인게임 시장도 동반 성장하고 있다고 분석, 유럽의 온라인게임 시장은 앞으로 성장 가능성이 무한한 시장으로 판단하였다. 또한 유럽은 45개국이 넘는 다국가, 다문화, 다언어 시장이기에 현지화가 성공의 관건이라는 결론으로, 유럽 소비자의 니즈에 맞춘 철저한 유럽 현지화 작업을 통해 까다로운 유럽 게이머들의 입맛에 맞는 서비스를 제공하고 있다. 또한 선불카드, 신용카드, 이-핀(E-PIN) 등 30개가 넘는 다양한 결제수단을 제공하고 터키 등 신흥시장에도 현지화 마케팅을 강화하여 시장 공략에 박차를 가하면서 글로벌 기업으로의 도약을 준비하고 있다.

온라인게임 산업의 리더 기업인 넥슨은 앞으로 성장잠재력이 큰 유럽 시장에 대한 철저한 시장분석과 현지화, 다양한 마케팅 전략을 통해 시장을 확대해 나가고 있다.

참고문헌

데일리게임, "넥슨 유럽진출 4년 만에 100배 성장".

Inven, "[GC2012] 천만 회원 돌파! 넥슨의 유럽공략은 시작됐다", 2012.08.16. http://blog.naver.com/vega2x/10145343533

넥슨 홈페이지 http://www.nexon.co.kr

회사 개요 및 현황

홍진HJC(구 홍진 크라운)는 대부분의 사람들에게 낯선 기업이다. 그러나 국내외 오토바이 마니아들에게 'HJC'는 명품 헬멧 브랜드로 통한다. 1970년대 한국의 헬멧시장은 한일, 평화, 빅토리, 고려, 서울헬멧 등 10여 개의 업체가 경쟁을 하고 있는 상황이었다. 홍진HJC는 1971년 10월 홍진기업이라는 회사로 출발하여 오토바이 헬멧용 내피 생산을 시작하였으며, 1974년 서울헬멧을 인수한 이후 본격적으로 오토바이 헬멧을 생산하였다. 홍진HJC는 헬멧 제조 및 판매를 시작한 지 6년 만인 1980년 국내시장 점유율 1위(약 40%)로 부상하였으며, 20여 년이 지난 1992년 12월에 주요 수출국인 북미시장에서 시장점유율 1위 자리에 올라선 이후 줄곧 선두자리를 고수하고 있다. 연 매출 1,000억여 원에 직원이 300여 명 남짓한 중소기업임에도 현재 세계 헬멧시장의 18% 이상을 장악하고, 전체 매출액의 90% 이상을 해외시장에서 벌어들이고 있으며, 전세계 40여 개 국가로 수출하는 글로벌 강소기업으로 우뚝 서 있다.

오토바이 헬멧은 생명을 보호하는 장치이다. 오토바이 사고에서 운전자가 뇌를 다치면 치명적이니만큼 헬멧은 그야말로 '생명존중의 사상'으로 만들어야 한다. 좋은 헬멧을 만드는 관건은 '셸'이라고 부르는 외피의 강도를 높이는 데에 있다. 그렇다고 강하게 만들기 위해 무거운 소재를 사용하면 착용자가 불편하다. 홍진HJC는 이러한 헬멧의 요건을 갖추기 위해 단단하되 가벼운 신소재를 개발하였으며, 충격을 흡수하는 스티로폼과 내장재에 대한 연구에 심혈을 기울였다. 또한 사고가 났을 때 헬멧이 벗겨지지 않도록 강도를 조절하는 실험을 수없이 시도하기도 하였다. 제품 품질의 지속적 향상을 위해 지금도 전체 매출액의 약 10%를 연구개발에 투자하고 있으며, 300여 명의 직원 가운데 연구개발 인력이 40여 명에 달한다. 생산직 근로자가 많은 제조업체라는 것을 감안하면 연구 인력 비중이 매우 높다는 사실을 알 수 있다. 홍진HJC는 자체 브랜드와 관련해 특허 26건, 실용신안 31건, 의장 45건, 상표 76건을 보유할 정도로 기술개발에 전력하고 있으며, SNELL, ECE, JIS 등 세계의 유명한 안전규격을 대부분 획득하여 품질 면에서도 타사에 대해 경쟁우위를 가지고 있다.

1980년대 중반 이후 홍진HJC는 해외시장에 대한 수출을 적극 추진하였다. 이는 1980년 국내 헬멧시장에서 점유율 1위 업체로 부상하고 나서, 회사의 미래를 위해서는 더 큰 해외시장을 개척해야 한다는 최고경영진의 판단에서 비롯되었다. 특히 국내시장에 비해 시장규모가 10배 이상 큰 시장에 대한 진출을 적극 도모하였다. 이를 위해 홍진HJC는 1987년 미국에 현지법인을 설립하였다. 미국 법인을 통하여 본사와 바이어 사이의 업무를 지원하고 소비자에 대한 A/S와 제품개발 등을 도모하였다. 미국 시장을 중심으로 해외수출을 적극 추진한 결과, 1992년 12월에는 미국시장에서 최대 시장점유율을 차지하게 되었다. 그 이후 홍진HJC는 미국을 비롯한 북미시장에서 시장점유율 1위를 고수하고 있다. 1997년에는 중국의 북경에 생산법인을 설립하였다. 이를 통해 생산거점을 국내 공장과 중국의 공장으로 이원화하였다. 2004년에는 중국의 공장을 증축하여 확장하였고, 2007년에는 베트남과 중국에 공장을 추가로 설립하였다. 중국 위안화의 강세와 인건비 상승 등으로 중국에서의 경영환경이 악화됨에 따라 제3의 생산체계를 추진한 것이다. 한편 유럽 시장에 대한 수출 확대와 효과적인 관리를 위해 2001년에 유럽법인을 프랑스에 설립하였다. 또한 2005년에는 독일에 지사를 설립하여 유럽 시장에 대한 진출 노력을 강화하고 있다.

홍진HJC의 유럽 진출 배경

홍진HJC의 글로벌시장 진출은 우선적으로 다른 여러 기업들의 해외진출 동인과 마찬가지로 국내시장의 한계, 포화에서 비롯되었다. 당시 우리나라는 오토바이의 수 자체도 적었을뿐더러 헬멧을 필수적으로 착용하는 사람은 더더욱 적었다. 때문에 기본적인 시장의 크기가 너무 작았다. 여기에 더해 헬멧을 쓰는 것은 멋도 없고 불편하기만 하다는 인식이 강하여 시장 환경을 더욱더 열악하게 만들었다. 헬멧 업체들도 그리 크기가 크지 않은 20여 개의 군소 업체들이 작은 시장을 서로 나눠 가진 상태라서 수익을 내기에 쉬운 상황도 아니었기 때문에 홍진HJC는 이러한 상황을 극복하기 위해 해외진출이라는 전략을 선택하게 된다.

홍진HJC의 해외법인 현황

법인명	진출 국가	설립 일자	주요 기능
HJC America	미국	1987년 1월	개발, A/S, 본사-바이어 간 업무지원 등
HJC China	중국	1997년 1월	생산
HJC Europe	프랑스	2001년 4월	판매, 본사-바이어 간 업무지원 등

자료: 산업연구원(2007)

유럽 시장은 미국 다음으로 큰 시장규모를 가지고 있고 그 안에 공존하고 있는 다양한 선호와 문화는 유럽 오토바이 헬멧 시장을 다양하게 발달시켜 왔다. 또한 유럽국가들 대부분이 오토바이 헬멧 사용이 의무화되어 있기 때문에 헬멧 시장의 수요는 미국시장 못지않게 크고 안정적이다. 이러한 유럽 시장만의 특성과 함께 홍진HJC에 있어 유럽 시장 진출이 매력적이었던 이유는 미국 시장에서의 성공을 통해 축적된 글로벌 역량, 즉 해외규격기준심사를 통한 품질증명, 유통망 개설 노하우, 해외광고방식에 대한 경험, 그리고 축적된 브랜드 이미지가 뒷받침되어 있었기 때문에 시장 발달 수준이 비슷한 유럽 시장은 미국 진출과 유사한 형태로 진출하기에 좋은 시장이라는 점이었다. 그러나 미국 시장과는 다른 유럽 시장만의 큰 특징이 있어 미국 진출 시와 같은 전략은 홍진HJC에 있어서 큰 효과를 가져다주지 못하였다. 진출 당시 유럽 시장에는 미국 시장 진출 때와 마찬가지로 세계점유율 2위였던 이탈리아의 Nolan과 Agv 등의 유럽 브랜드와 일본의 Arai와 Shoei 등이 시장을 선점하고 있었다. 그러나 미국시장과는 다른 한 가지 특이한 현상은 유럽 라이더들의 기호가 다양하고 마니아층을 형성하는 대형 브랜드뿐 아니라 특정지역 내의 소비자들을 위한 군소업체들 또한 많이 형성되어 있다는 점이다.

홍진HJC의 진출 전략

홍진HJC는 2001년, 프랑스 스트라스부르(Strasbourg)에 판매법인과 물류센터를 설립하면서 유럽 시장 직접수출의 발판을 마련하였다. 동사가 거점으로 삼은 스트라스부르는 프랑스 소비자들의 구매력이 높은 지역이라는 점도 매력적이었지만 유럽의 중심부로서 전 유럽을 전략적으로 공략할 수 있는 최적의 장소였다. 따라서 홍진HJC는 이곳을 중심으로 먼저 프랑스에 진입하고 독일로 확장하는 정책을 펴게 된다.

홍진HJC는 유럽 시장 진입방식으로 미국에서와 같은 현지 딜러를 통한 수출방식이 아닌 해외 판매법인을 설립하여 직접수출을 하는 직판체제를 택한다. 이를 위해 프랑스와 독일, 이탈리아에 현지법인과 물류창고를 설립했고 나라별로 세일즈 그룹을 두어 각 국가에 설립된 판매 대리점을 통하여 해당 국가에서 판매를 담당하도록 하고 있다. 동사는 이러한 유통전략과 더불어 기술규격 획득을 통해 품질 경쟁력을 확보하게 된다. 1990년 프랑스와 스위스의 공업 안전규격 승인을 받은 것을 시작으로 2001년 ECE R22(유럽 공동체 규격), 2002년 TUV ISO9001/TUV RTL(유럽 도로교통법) 인증을 획득하는 등 영국, 독일, 스페인, 이탈리아 등의 시험기관에서 행해지는 모든 안전규격 및 각종 인증을 획득하였다. 프랑스를 거점으로 유럽 시장에 진출한 HJC는 기술규격까지 획득하여 품질경쟁력을 갖춘 후 미국 진출 때와 마찬가지로 유럽의 중저가 시장을 겨냥하게 된다. 그리고 시장점유율 향상을 위해 독일, 이탈리아, 프랑스 등에서 매년 개최되는 모터쇼에 지속적으로 제품을 출품하고, 테스트 장비도 배치해 직접 안전도 시연을 하는 등의 프로모션 활동을 계속해왔으며 모터사이클 레이싱과 X게임에 대한 지원을 통해 지속적인 브랜드 인지도 향상을 위해 노력해왔다.

홍진HJC는 유통전략, 기술규격 획득을 통한 품질경쟁력, 다양한 프로모션 전략을 통하여 유럽 시장에서의 성공을 꾀하였다. 이러한 유통, 기술규격획득, 다양한 프로모션 전략에도 불구하고 유럽 시장에서 이렇다 할 만한 성과를 내지 못하고 있다. 그 원인에는 유럽 시장만의 특이한 문화와 이로 인해 나타나는 시장의 특성을 생각하지 못하고 미국과 같은 방식과 전략으로 진출한 데에 있다. 따라서 유럽 시장 중에서도 진출의 중심이 되었던 프랑스 시장의 특징을 살펴봄으로써 유럽 시장에는 미국과는 다른 어떠한 특성이 있는지에 대해 살펴본다.

표에서 볼 수 있듯이 헬멧 수요에 직접적인 영향을 미치는 모터사이클 판매량이 매년 꾸준히 증가하고 있다. 소형 모터사이클의 판매증가율보다 일반 오토바이의 판매증가율이 높아지고 있으며 2002년 최초로 일반 오토바이의 시장점유율이 소형 모터사이클의 시장점유율을 상회한 후 2005년에는 56.14%를 차지했다. 이로 인해 도로주행용 오토바이 헬멧 시장이 점차 커지고 있다. 여기에 정부 차원에서는 라이더들의 헬멧 착용을 의무화하도록 규정하고 있다. 즉, 2006년 이전에는 배기량 50cc 미만의 소형 모터사이클은 만 14세부터 운전면허증 없이 운전할 수는 있으나 2006년부터는 헬멧 고정끈이 부착된 헬멧 착용이 의무화되어 헬멧 수요 증가의 요인으로 작용하고 있다.

모터사이클 판매 현황   (단위 : 대)

연도	50cc 미만 소형 모터사이클	오토바이	전체
2001	184,666	179,590	364,256
2002	166,124	168,754	334,878
2003	166,127	176,149	342,276
2004	166,003	183,811	349,814
2005	153,606	196,618	350,224
2006	153,503	200,312	353,815
2007	153,302	201,400	354,702
2008	150,783	203,891	354,674
2009	150,648	204,403	355,051

자료: 프랑스 오토바이 조합(CSNM: Chambre syndicale nationale du Motocycle)

● 독특한 소비자 성향(독창성과 창의성 있는 제품)

프랑스는 소비자의 독특한 특성이 두드러진 시장으로 대부분의 소비자들이 많은 업체들에게서 비슷하게 나타나는 품질적 측면보다는 디자인과 색상 등 독특한 자신만의 헬멧을 찾는 것을 더 우선시하고 있다.

프랑스 소비자는 기본적으로 개성이 강하여 제품 선택 시 제품의 독창성과 창의성을 중요시한다. 따라서 상품의 라이프사이클이 단기화되는 경향이 있다. 또한 저가와 최고급품 시장 구분이 뚜렷하다. 하지만 고가품은 고소득층, 저가품은 저소득층이라는 구매 고정관념은 거의 사라져 있는 상태이다.

따라서 독창성과 창의성이 돋보이는 제품이라면 전 소득층을 대상으로 판매가 가능하다는 의미이다. 특히 색상 면에서 중요시할 것은 다양한 색상을 선호하지만 검정은 피해야 한다는 점이다. 검정 색상은 프랑스 소비자들의 선호도가 가장 낮은 색상이고 무채색이라면 은색계통을 가장 선호한다. 또한 프랑스 업체들은 아직까지 인터넷 홈페이지를 검색하는 것보다는 사진이나 카탈로그와 같은 시각적인 자료를 선호하는 점은 다른 나라와 다른 프랑스만의 특징이다.

프랑스 시장 안에서는 이제 어떤 헬멧이 더 안전할까를 생각하기보다는 더 예쁘고 독창적이며 창의적인 디자인의 헬멧이 선호되고 있다. 정작 유명 헬멧 브랜드들의 제품들을 살펴보면 하나같이 날카로운 데칼과 화려한 색상에 집착하고 있다.

예를 들어 "아라이(Arai)", "쇼에이(Shoei)", "OGK" 등의 유명 브랜드들은 레이서들, 즉 스포츠 장르에서의 헬멧 수요층을 표적으로 하고 있기 때문에 좀 더 안정적인 품질과 화려한 색상에 치중하고 있다. 그러나 프랑스 헬멧 수요층의 대부분을 차지하고 있는 디자인을 중시하는 소비자층들은 이러한 독창적인, 즉 단순한 화려함이

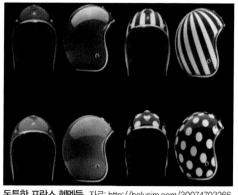

독특한 프랑스 헬멧들 자료: http://holysjm.com/30074703266

아닌 또 다른 감성을 요구하고 있다. 이러한 헬멧들은 이미 규격화되어 버린 품질 경쟁만으로는 유럽 시장에서의 점유율을 더 이상 상상하기 어려움을 보여 주는 좋은 예이다.

홍진HJC의 실패 요인

홍진HJC는 미국에서 놀라운 성과를 거두었으며, 이를 바탕으로 유럽과 중국으로의 진출을 모색하였다. 그러나 유럽과 중국에서의 실적을 기대에 미치지 못하고 있는 것이 현실이다. 이와 같은 실적 부진이 시사한 바는 무엇일까. 홍진HJC가 미국에 진출하면서 성공했던 전략이 그 후 유럽과 중국에서 통하지 않았다는 것은, 진출시기의 차이와 진출대상 시장의 차이에서 기인한 것으로 보인다. 다시 말해, 초기 미국 시장에 진출했을 때와 비교하여 현격한 차이를 보이는 외부환경의 변화와 미국 시장과 다른 각 대상 시장의 특성을 충분히 고려하지 못한 점이 바로 홍진HJC의 실패요인이란 것이다.

● 국제시장 환경의 변화와 중국 경쟁기업의 대두

우선 시간의 흐름에 따른 국제시장의 변화를 살펴보면, 1980년대 이후 중국이 급부상했다는 점을 언급할 필요가 있다. 중국 기업이 제조업에 있어 두각을 드러내기 시작하면서, 한국 기업들은 상대적으로 가격경쟁력을 상실하게 되었다. 이에 더 이상 중저가 시장에서 압도적인 우위를 보여 주기는 어려운 게 오늘날의 현실이다. 물론 한국 기업의 제품이 품질이 더 나을 수는 있으나, 중저가 시장에서는 가격 역시 무시하기 어려운 경쟁요소이기 때문에 품질의 차이가 현격하게 나지 않는다면 제품의 차별화가 어렵다.

이런 상황에서 홍진HJC는 유럽 시장이나 중국 시장에서 중국 제품과의 뚜렷한 차별화에 성공하지 못하였으며, 이에 고전을 면치 못하고 있다. 또한 프리미엄 브랜드를 구축하지 못하여 고가 시장으로의 진입조차 만만치 않은 상황이다. 다시 말해 미국 시장에 진출할 때는 중국 기업에 의한 추격이 없었던 시기였기 때문에 손쉽게 중저가 시장에 진입하여 우위를 점할 수 있었지만, 지금은 중국 기업에 의한 추격으로 이러한 전략을 쉽게 구사할 수 없게 된 것이다.

● 시장의 문화적 차이

미국, 유럽, 중국의 헬멧시장은 뚜렷한 문화적 차이를 보이고 있다. 이러한 문화적 차이를 충분히 고려하지 못한 홍진HJC의 시장 접근은 일종의 문화적 근시안의 발로였던 셈이다.[*]

가령 헬멧에 대한 소비자의 요구를 파악해 보면, 프랑스에서는 주로 착용하기 편리하고 안락하며 통풍이 잘 되고 안경(선글라스 등)을 착용하고서도 쓸 수 있고, 바람소리 등 방음성이 양호하면서 스크린을 걷어 올릴 때 손가락을 넣을 수 있는 홈이 있고 턱 끈에 안감이 부착되어 목이 아프지 않는 헬멧을 선호하고 있다. 그러나 미국 소비자의 경우에는 헬멧 구매에 있어 안정성을 제일 중요하게 평가하여, 안정성을 담보할 수 있는 각종 기술마크 획득을 최우선시하고 있으며, 조금 불편하더라도 얼굴을 완전히 보호할 수 있는 풀페이스 헬

• 미국   • 유럽   • 중국

상이한 문화와 욕구를 가진 미국·유럽·중국의 바이커

---

[*]   한 가지 문화적인 해석 틀에 다른 문화를 끼워 맞추는 것. Mahbubani, K.(2010), Beyond the universal: the cultural myopia of US social science, Harvard International Review, Jan 2010 참조.

멧을 선호하고 있다. 홍진HJC는 유럽 진출에 있어 이러한 차이를 충분히 인지하지 못하고 시장에 진입한 결과, 좋은 실적을 올릴 수 없었다. 또한 디자인의 측면에 있어도 미국과 유럽, 그리고 중국에서 선호하는 무늬나 색상이 다름에도 불구하고, 유럽이나 중국에서 출시한 제품라인에 별다른 차별화를 두지 않은 것도 문제이다.

시사점

이상의 이유로 홍진HJC의 유럽, 중국 진출은 기대한 만큼의 성과를 올리지 못하였다. 이는 기본적으로 국제화와 글로벌화의 차이점을 극명히 보여 주는 하나의 사례라고 하겠다. 즉, 한 국가로의 진출에서 성공한 전략이 다른 국가로의 진출에서는 별다른 실적을 내지 못할 수 있으며, 진정한 글로벌화를 추구하려면 그에 걸맞은 전략수립이 필수적이다. 그러나 홍진HJC는 미국에서의 성공에 지나치게 심취한 나머지, 충분한 준비 없이 유럽과 중국 시장으로 진출한 것으로 보인다.

홍진HJC의 사례는 비단 홍진HJC라는 한 회사만의 문제가 아니라, 현재 대부분의 한국 기업들이 처해 있는 현실을 보여 주는 대표적인 사례라 하겠다. 홍진HJC의 사례는 흔히 샌드위치로 대변되는 대부분의 한국 기업에게 중요한 시사점을 제공하리라 본다. 위기의 시점에서 다시금 자신과 상대를 돌아보고, 이를 통해 새로운 돌파구를 마련할 수 있다는 오래된 교훈이 오늘날에도 유효하지 않을까. 홍진HJC의 귀추가 주목된다.

참고문헌

김영수(2005), "중소기업의 국내생산 거점을 통한 글로벌 경쟁력 확보방안에 관한 고찰: 홍진 HJC 중심으로", 『사회과학논총』 제8집, 숭실대학교 사회과학연구원 논총.

김주태(2006), "홍진HJC의 세계시장에서의 성장과정", 『국제경영리뷰』 10(3).

『이코노미스트』 통권 1014호, "폭주족에 헬멧 씌운 괴짜 CEO 홍수기 HJC 회장: 소매상 경영으로 지구촌에 헬멧 뿌리다: 미국 시장 점유율 18년째 1위 고수 …… 미국 폭주족 만나 마케팅", 2009.12.01.

유럽의 모터사이클 택시서비스

http://blog.naver.com/mescortRedirect=Log&logNo=40094173875

이탈리아 헬멧 시장규모와 수출입현황

http://blog.naver.com/kcyber17?Redirect=Log&logNo=300017509

헬멧을 착용한 사무라이가 유럽을 공격한다

http://blog.naver.com/byullbam?Redirect=Log&logNo=300102488

홍진HJC 홈페이지 http://www.hjc-helmet.com

성공하는
인도 기업에는
특별한 것이 있다

회사 개요 및 현황

인도 기업인 위프로(Wipro)는 1945년 말 여러 종류의 식용유를 제조하는 소비재 기업으로 설립되었다(기업명: Western India Products Limited). 이후 1970년대 말까지 비누, 포장용기, 수압 실린더 제조 등으로 사업을 다각화해 왔다. 1977년 인도 정부의 압력으로 IBM이 인도에서 철수하게 되자 위프로는 1980년에 인도 내에서는 아직 초보 단계인 IT와 컴퓨터라는 신사업 기회에 뛰어들었다. 1982년에는 기업명을 Wipro Limited로 변경하였으며, 캐논, 시스코, 앱손, HP 등의 제품을 조립하여 판매하기 시작하였다.

인도 정부의 외국인 투자 규제 완화 정책으로 컴팩(Compaq), HP 등의 선진 기업이 인도에 진출하기 시작하면서 위프로는 하드웨어 제조에서 소프트웨어 서비스 기업으로 전환하게 된다. 이후 위프로는 인도 기업으로서는 최초로 뉴욕 증권시장 상장기업이 되었다(2000).

위프로는 정보통신 기술, 컨설팅 및 아웃소싱을 주요 사업 분야로 하여 연

매출 $73억에 54개국에 걸쳐 13만 6천 명을 고용(2012)하고 있는 IT 서비스 분야의 세계적 다국적 기업으로 성장하였다. IT 부문 매출의 95%는 반복 구매에 의해 발생하고 있을 정도로 위프로는 확고한 고정고객을 확보하고 있다.

위프로는 현재 정보통신 서비스와 함께 비즈니스 프로세스 아웃소싱, 제품 개발에 대한 아웃소싱은 물론 통합시스템 서비스를 민간부문과 공공부문의 글로벌 고객에 제공하고 있다. 35개국에 걸쳐 71개의 해외자회사를 운영(2008)하고 있는 위프로는 IT 서비스 분야 기업으로 여러 가지의 기념비적 기록을 세워나가고 있는데 주요 사항은 다음과 같다.

- 세계 최대의 독립적 R&D 서비스 제공자
- 6시스마를 도입한 세계 최초의 IT 서비스 기업(1997)
- 세계 최초 SEI CMM/CMMI Level 5 적용 IT 서비스 기업(2002)
- 최초의 BS15000 인증 기업
- 세계 3대 해외(Offshore) BPO(Business Process Outsourcing) 서비스 제공자
- IT 서비스 분야에 'Lean Manufacturing Techniques' 도입 선구자
- 세계 10대 혁신기업 중 5개사와 전략적 파트너 관계를 맺고 있는 기업

Wipro의 EU시장 진출

위프로는 2006~2010년 기간 중 매출액 기준으로 연평균 성장률(CAGR) 29%로 지속적인 성장세를 이어 왔다. 총매출액 중 IT 서비스 부문이 차지하는 비중은 75%에 이르고 있으며, 컴퓨터 등 IT 관련 제품의 매출을 감안 시 IT 분야의 매출은 총매출의 88%를 점하고 있다. 특히 영업이익 관점에서 볼 때 IT 서비스 부문의 비중은 93%, IT 제품 부문은 3%의 영업이익을 담당하고 있어

IT 관련 분야의 영영이익은 총 영업이익의 96%에 달하고 있다(2012). 인도 내 제3위의 IT 서비스 및 소프트웨어 기업인 위프로는 IT 분야 $10억 매출기업에 편입되었으며(2008), 세계 최고의 아웃소싱 서비스 제공 100대 기업 중 9위에 올라 있다(2009).

보잘것없는 기업이었던 위프로의 이러한 성장이 단숨에 이루어진 것은 아니다. 위프로는 1980년대 초 PC 사업을 시작하면서 IBM이 독점적 지위를 활용하여 애프터서비스를 하지 않았으며, 관련 인도 직원들 역시 비즈니스 스킬이 부족함을 간파하고 기술적 역량과 사후 서비스를 확장하는 데 주력하였다.

이러한 노력의 결과 위프로는 1990년대 초에 소프트웨어 서비스를 해외에 판매할 수 있는 단계로 들어서게 되었다. 위프로는 1990년대 후반 밀레니엄버그(Y2K) 문제의 해결을 통해 수출을 확대하는 계기를 맞이하였다. 유럽의 기업들이 인도 기업의 저렴하고 차질 없는 Y2K 문제 해결에 만족하면서 후속적인 주문이 이루어졌다. 이러한 경험을 통해 위프로는 고객맞춤형 소프트웨어 개발, 사무자동화용 소프트웨어 개발, 시스템 통합, BPO와 함께 소프트웨어 제품을 개발하는 역량을 축적하며 유럽 시장 내 기반을 구축할 수 있었다. 나아가 위프로는 제품과 공정혁신에 대한 노력을 통해 전 세계 소프트웨어 업계 최초로 Carnegie Mellon의 소프트웨어공학연구소(Software Engineering Institute)로부터 최고 수준인 CMM Level-5 인증을 받기에 이른다.

위프로는 금융업, 제품 엔지니어링, 제조업, 미디어, 통신 및 소매업에 이르기까지 다양한 분야에 걸쳐 컨설팅, 시스템 통합, 응용프로그램 개발 및 유지(ADM: Application Development & Maintenance), 정보기술 아웃소싱, 비즈니스 프로세스 아웃소싱 등 다양한 IT 서비스를 제공하고 있다. 2009년 현재 위프로는 약 840개의 글로벌 고객을 확보하고 있으며, 이 중 191개사는 글로벌 500대 기업에 속하는 기업으로 알려지고 있다.

위프로는 유럽과 미국 시장에서 기업 인수와 합작투자를 통해 현지 시장에 적합한 기술적 역량을 배양하는 한편, 조직의 지식기반 체계를 심화시켜 나갔다. 위프로에 있어 산업의 특성상 최대의 고객이 소재하는 지역은 선진국인 미국과 유럽이다. 특히 미국 시장은 총매출의 50% 이상을 점하고 있다. 유럽 시장이 위프로의 총매출에서 차지하는 비중은 2008년 24%에서 2012년에는 28% 정도로 확대되어 왔다. 2012년의 경우 총매출의 절대액에 있어서는 미국 시장이 유럽 시장에 비하여 월등하게 큰 것이 사실이나, 유럽 시장의 매출은 18%가 증가한 반면 미국 시장의 매출은 7% 정도 줄어들어 위프로의 성장에 유럽 시장의 중요성이 점점 더 커지고 있다.

위프로는 유럽 내 영국, 핀란드, 프랑스, 독일, 네덜란드, 스웨덴을 비롯하여 헝가리, 폴란드 등 동구권의 주요 국가에 자회사를 설치하여 운영하고 있다. 유럽 시장 진출 초기에 위프로는 인도의 역사성에 기반하여 언어와 상관습에서 유사한 영국시장에 우선적으로 진출하였다. 영국의 시장이 점차 포화상태에 이르게 되자, 유럽 내 최대의 시장규모를 보유하고 있는 독일이 위프로의 주요 타깃국가가 되었다. 미국, 일본에 이어 세계 제3위의 ICT 시장을 형성하고 있는 독일의 시장규모는 1,760억 유로로 추정되며 이는 유럽 ICT 시장의 20%에 해당한다(2010). 문제는 위프로에 있어 독일 시장이 영국 시장과는 달리 현지 기업을 우선시하는 관계 지향적 비즈니스 문화를 갖고 있다는 것이다. 이는 인도 기업들이 가격요인에 중점을 둔 거래비용 관점에서 접근해 온 것과 상치되는 것이었다.

이러한 배경에서 위프로는 2000년 이후 인수를 통한 전략적 진출전략을 취하게 된다. 위프로는 핀란드와 포르투갈의 기업을 인수하는 한편, 오스트리아의 Newlogic Technologies를 44백만 유로에 인수하는 등 현지 관련 기업의 인수를 통한 자회사 설치로 시장을 확대하는 전략을 추진해 나갔다. 특히 규모의 경제를 위한 범유럽적 인수 전략보다는 분야별 고도의 전문 인력을 구비하고 있는 틈새시장에서 활발히 활동하고 있는 소기업을 인수하는 정책을 취하였다.

위프로의 유럽 내 자회사 현황 (Annual Report, 2012)

Direct Subsidiaries	Step Subsidiaries			Country
Wipro Holdings (Mauritius) Limited				Mauritius
	Wipro Holdings UK Limited			UK
		Wipro Technologies UK Limited		UK
		Wipro Holding Austria GmbH		Austria
			Wipro Technologies Austria GmbH	Austria
			New Logic Technologies SARL	France
		3D Networks (UK) Limited		UK
		Wipro Europe Limited (formerly SAIC Europe Limited)		UK
			Wipro UK Limited (formerly SAIC Limited)	UK
			Wipro Europe (formerly Science Applications International, Europe SARL)	France
Wipro Cyprus Private Limited				Cyprus
	Wipro Holdings Hungary Korlátolt Felelősségű Társaság			Hungary
	Wipro Poland Sp. Zoo			Poland
	Wipro IT Services Poland Sp. Zoo			Poland
	Wipro Outsourcing Services UK Limited			UK
	Wipro Information Technology Netherlands BV (formerly RetailBox BV)			Netherland
		Wipro Portugal S.A. (formerly Enabler Informatica SA)		Portugal
			SAS Wipro France (formerly Enabler France SAS)	France
			Wipro Retail UK Limited (formerly Enabler UK Limited)	UK
			Wipro Technologies GmbH (formerly Enabler & Retail Consult GmbH)	Germany
	Wipro Infrastructure Engineering AB			Sweden
		Wipro Infrastructure Engineering Oy.		Finland
	Wipro Technologies SRL			Romania

※ ㈜ 상기 자회사는 공히 100% 지분 소유 자회사이며, Step Subsidiary는
상위 자회사가 100% 지분을 소유한 자회사의 자회사임

위프로의 해외 자회사 운용 정책 중 특기할 사항은 모리셔스나 사이프러스

등에 소재하는 모기업의 해외자회사를 통해 유럽 내 자회사를 소유하는 지배 구조를 가지고 있다는 것이다. 이러한 지배구조는 다시 유럽 내 특정 자회사가 유럽의 또 다른 자회사를 설치 운영하는 형태로 구조화되어 있다. 이러한 해외 자회사 운용 전략은 모기업 중심에서 벗어나 현지 시장의 실정을 비교적 정확히 파악하고 있는 해외 자회사가 유럽 내 타 자회사의 설립 및 운영에 대한 의사결정권을 부여받고 있는 것이라 분석된다. 즉, 유럽 내 해외 자회사의 운영은 철저한 현지화 전략의 일환으로 추진되고 있다 할 것이다.

위프로의 EU시장 진출 전략

위에서 살펴본 바와 같이 위프로는 유럽 시장 내 틈새시장에서 괄목할 만한 성과를 내고 있는 전문분야에 특화된 소규모 기업의 인수와 함께, 독특한 지배 구조를 통한 자회사 운용 전략을 시행하고 있다. 이 외에도 유럽 시장에서 위프로가 추진하고 있는 전략을 살펴보면 다음과 같다.

유럽 시장에 진출하는 초기 단계에 위프로는 인도의 전문인력을 단기간 동안 현지에 파견하는 Lean Staffing Model 정책을 취하여 왔다. 그러나 독일 등 유럽 시장의 중요성과 현지 시장의 언어적 환경, 상관습의 차이에서 오는 문화적 거리를 극복하기 위해 현지 전문인력 채용을 확대해 나가는 한편, 현지인을 현지 사업장의 경영자로 적극 채용하는 정책을 취하였다.

위프로는 유럽 시장 내에서 기술적 역량을 축적하고 고객 수요를 흡수할 수 있는 기반을 구축하기 위해 지속적으로 노력하여 왔다. 일례로 2001년 프랑스 파리에 진출한 위프로는 이후 기술적 관점에서 우위에 있는 남부와 서부의 도시에 위치한 과학공원(Science Park)으로 자리를 옮겨 기술적 네트워크를 통한 외부효과를 노리는 한편, 주요 고객을 발굴해 나갔다. 위프로는 2006년에는 독일의 킬(Kiel)에 모바일 핸드셋 검사 연구소를 설립하는 한편, 2010년에는 독일 내 Citibank의 데이터 센터를 인수하여 유럽 내 소재하는 고객들에게 인프라관리 솔루션을 제공할 수 있게 되었다.

위프로는 혁신과 기술개발 및 지속적인 인력개발을 통해 프로젝트를 모니터링하고 유지 관리할 수 있는 소프트웨어를 개발하여 수행하는 과업의 90%를 본국인 인도에서 처리할 수 있게 되었고 단지 과업의 10% 정도만이 현장에서 수행할 수 있는 체제를 확립하였다. 이러한 혁신의 결과는 위프로에게 비용의 30% 절감이라는 성과를 가져다주었고, 지속적인 경쟁력을 유지할 수 있는 기반이 되었다.

위프로의 성공요인

위프로의 해외시장 진출은 고객에 가까이 다가서는 시장추구형 동기가 크게 작용하였다. 아울러 현지 기업의 인수나 전략적 제휴를 통해 기술 및 경영 노하우를 습득하는 한편, 경영 현지화를 통한 고객 확보와 서비스 제고에 치중하였다. 국제경영의 관점에서 위프로의 해외시장에서의 기업 확장은 현지 시장에서 영업과 서비스를 제공하는 전방통합의 형태를 취하여 왔다.

이를 통해 위프로는 해외시장 진출을 해외고객으로부터 신뢰할 만한 비즈니스 파트너로 인식시키는 계기로 활용하였다. 특히 인도의 IT 소프트웨어 기업으로서는 최초로 최상위 수준의 CMM/CMMI Level 5 인증을 받는 등 소프트웨어 개발과 관련한 기술혁신과 관리에 업계를 선도하는 노력을 보여 왔다.

무엇보다도 위프로의 성공적 유럽 시장 진출은 위프로가 인도 내 전문 인력의 인건비가 비교적 저렴한 것을 기반으로 선진 경쟁기업에 비하여 저가격 정책을 취하였다는 데 있다.

시사점

60년 이상의 역사를 가진 위프로는 식용유를 만들어 팔던 영세기업에서 현재는 글로벌 IT 서비스 업계의 한 축을 담당할 정도로 성장하였다. 이러한 위프로의 업종 전환과 지속적 성장에는 회장인 아짐(Azim)의 경영철학과 미래를 내다보는 예지력이 큰 몫을 한 것으로 평가된다. 위프로 회장은 Y2K 문제해결에 참여했던 경험을 기반으로 기업의 방향을 단순 소프트웨어 공급에서 서비스 프로바이더(Service Provider)로 전환하며 글로벌 고객의 수요에 적극적으로 대응하여 왔다. 이는 1980년대 중반부터 글로벌 대기업들은 원가절감을 위해 아웃소싱 전략의 시행이 불가피하며, 향후 IT 서비스 관련 미래의 트렌드를 포착해 낸 아짐 회장의 결단이 없었으면 불가능한 것이었다.

유럽의 IT 서비스 시장은 기술적 성숙도와 고도의 역량이 요구되는 다원화된 시장으로 위프로는 유럽 시장 진출을 통해 기술적 역량을 축적하는 한편, 이를 통한 시장 확보라는 두 마리 토끼를 동시에 추구하였다. 유럽의 전문화된 IT 특화기업을 인수하거나 자체 연구소를 설립함으로써 기술적 역량을 축적함은 물론 현지화를 통한 고객 서비스를 심화시켜 나갔다.

기업가의 미래지향적 시장 예측과 현지 시장에 적합한 현지화 전략, 나아가 후발주자로 지속적인 가격경쟁우위를 위지하기 위한 사업구조의 혁신 등 위프로가 유럽 시장 진출을 위해 추진했던 전략은 기술을 기반으로 글로벌화를 추진하는 한국 기업에 많은 시사점을 제공하고 있다.

참고문헌

Holtbruegge, D. & H. Kreppel(2012), "Determinants of outward foreign direct investment from BRIC countries: an explorative study", International Journal of Emerging Markets, 7(1), pp.4~30.

Lee, K. & T. Y. Park(2010), "Catching-up or Leapfrogging in Indian It Service Sector: Windows of Opportunity, Path-Creating and Moving up the Value-Chain in TCS, Infosys, and Wipro", Presented at 8th Globics International Conference.

Ramamurti, R.(2001), "Wipro's Chairman Azim Premji on Building a world-class Indian company", Academy of Management Executive, 15(1), pp.13~19.

Shainnesh G., Z. Sultan & J. Weigand(2012), Market Entry and Expansion Strategies of Indian IT Firms into the European IT Outsourcing Industry, in U. Baumer et al. (eds.), Globalization of Professional Services, Springer-Verlag Berlin Heidelberg, pp.23~31.

Shah, S.(2012), "Insights into Governance at Wipro Ltd.: A Case Study", The IUP Journal of Corporate Governance, 10(4), pp.60~73.

위키피디아 http://en.wikipedia.org

위프로 그룹의 Annual Report(2011/12) 및 홈페이지 http://www.wipro.com

타타 스틸 ● Tata Steel

회사 개요 및 현황

타타 스틸은 타타 그룹의 계열사로 1907년 인도 내 최초의 제철소(TISCO: Tata Iron and Steel Company)로 설립되었다. 타타 그룹은 인도 내 최대의 대기업조직으로 엔지니어링, ICT, 화학, 소재를 비롯하여 소비재를 세계 80개국에 공급하면서 그룹 매출의 58%를 해외에서 올리고 있는 세계시장 지향적 그룹으로 평가되고 있다.

타타 스틸은 연매출액 $261억, 철강 생산능력 연 28백만 톤으로 『포춘(Fortune)』이 선정한 글로벌 500대 기업 중 370위에 랭크된 기업(2011/2012)으로 전 세계적으로 81천 명을 고용하고 있다. 연간 총매출의 73%를 해외에서 기록하고 있는 타타 스틸은 선진국은 물론 아시아 등 개도국 등지의 26개국에 진출하여 50개 이상의 진출거점을 확보하여 글로벌 경영에 박차를 가하고 있다. 특히 총매출액 중 EU시장의 비중이 55%에 이르나 총 투입자본 중 EU시장의 비중은 28%에 불과한 것으로 나타나 타타 스틸의 경우 해외시장에 있어 선진국 시장인 EU시장 내에서 타 지역시장에 비해 더 효율적 경영활동을 펼쳐 나가고 있는 것으로 평가되고 있다.

타타 스틸은 세계 제56위의 철강기업이었으나 2007년 1월 세계 제9위의 영국·네덜란드계 철강기업인 코러스(Corus)를 인수함으로써 일약 세계 5위의 철강기업으로 도약하는 계기를 맞게 된다.

타타 스틸의 EU시장 진출 배경

대규모 투자가 수반되는 철강산업은 철광석, 석탄 및 에너지 등 원재료에 대한 의존도가 높으며, 대규모 생산체제를 통해 경영합리화를 도모할 수 있는 규모의존적(Scale Intensity) 성향이 큰 대표적 장치산업의 하나이다. 제2차 세계대전 이후 철강 산업은 성장기(1950~1973), 정체기(1974~2001)를 지나 중국의 경제성장에 힘입어 반짝경기 시기(2002~2006)를 거쳐 왔다. 그러나 1999~2001년 세계적 철강생산 총 능력은 수요 대비 25%의 공급과잉 상태에 이르러 철강업계는 생존을 위한 인수합병에 내몰리게 되었다.

그 결과 세계적으로 철강업계 M&A는 2005년도 270건, $330억에서 2006년 347건에 $950억으로 연차적으로 크게 확대되는 추세를 보여 왔다. 철강업계의 대표적 M&A 사례로는 미탈(Mittal)의 아르셀로(Arcelor) 합병(2006) 및 타타 스틸의 코러스 인수(2007) 등을 들 수 있다. 철강업계의 M&A는 주로 저비용의 원재료를 활용하기 위해 상류부문(Upstream) 회사를 인수하거나, 해외시장의 고객을 확보하기 위한 하류부문(Downstream) 생산업체를 인수하는 방식으로 이루어지고 있다. 세계 철강업계의 M&A에 힘입어 철강 산업의 중심지가 기존의 EU 및 북미 지역에서 점차 아시아 지역으로 이동하여 왔다. 이에 따라 세계 철강생산의 28%를 담당하는 글로벌 Top 10 철강기업의 경우 아시아에 5개사, 유럽에 3개사 및 북미에 2개사가 소재하는 지리적 분포의 변형이 이루어져 왔다.

인도의 뭄바이에 본사를 두고 있는 타타 스틸은 설립 이후 축적되어 온 기술과 경영관리 능력을 기반으로 한 가격경쟁력을 무기로 1990년 뉴욕에 해외지사를 설치, 운영하는 것을 시작으로 대외적 확장정책을 추구하기 시작하였다. 이후 타타 스틸은 회사명을 TISCO에서 Tata Steel로 변경(2005)하고 2005년에는 싱가포르 소재 NatSteel 인수($4.9억) 및 태국 소재 Millennium의 지분 40%를 인수($1.3억)하는 한편, 베트남 소재 두 개의 압연공장(SSE Steel 및 Vinausteel)에 대해 다수지분을 인수(2007)하는 등 아시아 지역 내 개도국 소재 연관 기업을 적극적으로 인수해 왔다.

타타 스틸에 있어 아시아 지역에 대한 진출은 주로 해외시장 확대를 도모하는 시장추구형 해외진출에 해당된다. 그러나 글로벌 기업으로의 도약이 절실했던 타타 스틸은 유럽지역 내 강력한 생산공장과 글로벌한 영업망을 보유하고 있어 EU 지역 내 제2위의 철강업체로 평가되는 코러스를 $129억에 인수(2007)하면서 글로벌 체제의 구축을 완성할 수 있었다. 코러스를 인수함에 있어 타타 스틸은 인수총액의 58%에 해당하는 $75억을 해외자본시장에서 조달하였다.

코러스는 당시 17.8백만 톤의 연 생산능력으로 EU 지역 내 철강생산량의 10%를 점유하고 있었으며 47천 명의 고용원에 영국, 네덜란드, 프랑스, 독일, 노르웨이 및 벨기에 등 EU 지역 내 주요 국가에 생산 공장을 운영하고 있었다. 타타 스틸의 코러스 인수에는 양 사 간의 합병동인이 상호 보완적으로 작용한 것이 주효한 것으로 분석되고 있다. 즉, 타타 스틸은 국제적 확장을 통한 성장전략의 일환으로 글로벌 체제를 기구축한 선진 철강기업의 인수를 통해 글로벌 고객 및 시장에의 접근이 절실히 필요하였다. 반면에 코러스로서는 치열해지는 글로벌 가격경쟁에 대응하기 위하여 저비용 생산기회의 추구가 불가피한 상황이었으며, 특히 인도 등 개도국의 고성장 신시장 기회의 확보를 위해서는 타타 스틸과 같은 기업과의 전략적 협력이 필요하였다.

이러한 양 사의 합병동인은 결국 서로 간의 장기적인 전략적 파트너 관계가 필요함을 확인하는 계기로 작용하였으며, 원재료 조달의 안정적 확보, 가격경쟁력과 고도 생산기술의 접합 및 각 기업의 신시장 확보를 위하여 타타 스틸의 코러스 인수가 성사되기에 이르렀다.

타타 스틸의 해외시장 진출을 통한 확장전략은 인도 정부의 해외투자와 관련한 정책변화에 크게 영향을 받았다. 인도는 1978~1991년 기업의 해외투자를 자본재의 수출방식을 통한 소수 지분 참여로 제한하여 왔으나, 1992~2000년에는 현금 송금을 통한 해외투자를 허용하는 정책으로 전환하였다. 나아가 2003년 들어서는 해외투자에 대해 자유화 정책으로 전환하는 전기를 마련하여 2003~2008년에 투자목적물 가치의 100%(2003), 200%(2005), 300%(2007) 및 400%(2008)의 해외투자를 허용하는 한편, 이를 위하여 2003년 4월부터 인도 은행의 해외투자에 대한 금융이 가능해지고, 특히 해외금융시장에서 소요 재원조달이 가능토록 제도가 정비되었다.

타타 스틸의 진출 전략

타타 스틸의 강점은 크게 세 가지로 요약할 수 있다. 첫째는 철강생산에 있어 효과적인 비용-우위를 보유하고 있다는 것이다. 이는 100년이 넘는 철강생산 및 공정부문의 기술과 경험을 축적하고 있기에 가능한 것이다. 특히 타타 스틸은 자국 내에서 저렴하게 조달이 가능한 철광석 및 석탄 등의 원재료를 풍부히 확보할 수 있음은 물론, 인도 저소득층(Bottom of Pyramid)의 수요에 대응하면서 원가절감 및 생산공정 혁신을 꾸준히 이루어왔다. 둘째는 장기간에 걸쳐 조직경영 능력을 키워왔다는 것이다. 인도는 문화적으로 다양성이 큰 국가에 속하는데 조직 구성원의 문화적 다양성을 극복하고 조직의 목표를 향해 일치된 행동으로 이끄는 경영능력을 보여 왔다. 이렇게 축적된 경영능력은 타타 스틸, 나아가 타타 그룹이라는 대규모 조직의 지속적 성장을 이루어 온 바탕이 되었다. 셋째는 기업의 재정 건전성이다. 이를 통하여 타타 스틸은 국내는 물론 해외에서 차입을 통한 재원조달이 가능하였으며, 글로벌 확장 전략을 무리 없이 수행할 수 있는 발판이 되었다.

한편 코러스의 경우 첨단(High-End) 제조공정을 통한 고부가가치 제품을 제공해 왔으며, 총매출 중 유통·물류 및 건축 시스템 부문이 31%를 차지할 정도로 서비스 부문에 대한 역량을 보유하고 있다. 아울러 코러스가 유럽 및 역외, 즉 글로벌 선진시장 내에서 보유하고 있는 시장과 고객은 타타 스틸이 자사의 약점을 보완하고 글로벌화의 기반을 구축하는 데 절대적 요인으로 작용하였다.

타타 스틸은 글로벌화를 통한 성장전략을 장기적 관점에서 추진하였다. 2002/3년부터 2015년까지의 기간 중 타타 스틸은 연간 생산량을 4백만 톤에서 3천만 톤 이상으로, 본국을 넘어 해외시장에서 기존의 가격경쟁력을 유지하면서 실현코자 하였다. 이를 위한 타타 스틸의 전략은 다음과 같이 정리할 수 있다.

① 본국(인도) 내 지속적인 강력한 기반 구축

타타 스틸의 원초적 경쟁력은 본국인 인도 내에서 축적하여 온 제조 및 조직관리 기법에 기반한 가격경쟁력에 있다. 이를 위하여 타타 스틸은 본국 내 생산을 연 5백만 톤까지 지속적으로 확장해 나가고 있다.

② 원재료의 안정적 확보

철강 산업의 특성상 저렴하고 질 좋은 원재료의 확보는 경쟁력 유지에 필수적이다. 타타 스틸은 본국은 물론 호주 기업에 대한 지분투자 등을 통해 원재료의 안정적 확보를 추구하고 있다.

③ 물류 통제권 확보

철강 기업의 장기적이고 지속가능한 성장을 위해서는 효율적 물류체계 구축을 통한 물류비용의 절감이 필수적이다. 어떠한 규모의 철강 기업도 물류에 대한 통제권이 확보되지 않는 경우 장기적인 경쟁력 유지는 불가능하다.

④ 분산전략(De-integrated Strategy) 추구

세계철강 산업은 지난 150여 년간 원재료 소재지에 상관없이 특정 장소에서 제련하는 이른바 생산의 장소 집중화 방식을 취하여 왔다. 타타 스틸은 이제는 철강 자체가 타 소재와 경쟁해야 하는 시대이기 때문에 철강업이 지속적인 경쟁우위를 유지하기 위해서는 이러한 철강 산업의 생산모델이 곧 변화하게 될 것이라 예측을 하였다. 타타 스틸은 이러한 미래예측에 따른 대응의 일환으로 글로벌 확장 전략에 있어 생산의 분산전략을 채택하였다.

⑤ 철강 이외의 가치 추구

타타 스틸은 본국 내에서 또는 아시아 지역 내에서의 경영활동만으로는 진정한 글로벌화가 힘들다고 판단하였다. 특히 저가격의 단순가공의 철강제품만으로는 글로벌화가 요원하다고 판단하여 고부가가치의 하류부문에 진출하고, 기업과 제품의 브랜드를 글로벌시장에 각인시킴으로써 제품의 포지셔닝을 새롭게 하는 한편, 건축 솔루션 서비스 제공의 부문에까지 사업영역을 확장해 나갔다.

이러한 전략하에 타타 스틸의 코러스 인수가 이루어졌다. 인수 후 타타 스틸은 코러스로부터 기술, 전문성 및 베스트 프랙티스(Best Practices) 등의 전수를 위하여 코러스 경영진을 그대로 활용하는 정책을 취하였다.

타타 스틸의 코러스 인수 효과는 경영, 시장 및 제조와 R&D 측면에서 살펴볼 수 있다. 경영적 측면에서 타타 스틸은 일약 세계 5위의 철강기업으로 도약하는 한편, 강력한 글로벌 브랜드를 확립하게 되어 기업의 명성과 포지션을 재정립하는 계기가 되었다. 코러스의 첨단기술과 베스트 프랙티스의 공유가 역사

성에 기반한 양 사 간의 강한 문화적 적합성으로 조직 내 무리 없이 전파될 수 있었다.

시장적 측면에서는 타타 스틸이 단시간 내에 B2B 및 B2C의 글로벌 네트워크를 구축하는 계기로 작용하였다. 양 사 간에 기존 시장의 중첩이 거의 없었던 관계로 아시아 및 유럽 내 확보된 확고한 시장 지위를 상호 활용할 수 있게 되었기 때문이다. 아울러 코러스를 인수함으로써 선진 물류 및 서비스 시스템을 공유하게 되었다.

제조 및 R&D 측면에서는 본국의 저렴한, 양질의 반제품을 공급하여 유럽 내에서 고부가가치 제품으로 가공하는 상류부문과 하류부문의 강력한 결합을 통해 타 경쟁사에 대해 원가우위를 확보할 수 있게 되었다. 코러스가 보유하고 있는 고기술 가공공정에 대한 기술 역시 부분적으로 본국으로 이전할 수 있게 되면서 양 사 간 기술 공유 및 원재료 공동구매를 통해 연간 $4.5억을 절감할 수 있게 되었다. 특히 양 사가 경쟁우위에 있는 밸류체인이 서로 다름에 따라 양 사 간 기술이전과 R&D 역량을 교차적으로 활용할 수 있게 되었다.

타타 스틸의 성공요인

타타 스틸의 코러스 인수의 성공요인은 다음과 같이 정리할 수 있다.

첫째, 글로벌화에 대한 조직 역량을 들 수 있다. 인도 기업인 타타 스틸에 있어 코러스는 역사적 관계에 기인하여 심리적, 문화적 거리가 가장 적은 영국계 철강회사이다. 타타 스틸은 본국 내 영국적 문화유산을 포함한 이질적 다문화 환경에 익숙한 조직 역량을 장기간에 걸쳐 배양해 왔으며, 이는 기업의 글로벌 경영에 있어 최대의 장애요인 중 하나로 지목되고 있는 국가 간 이질성에서 오는 경영환경의 차이를 무리 없이 극복해 내며 타타 스틸이 경영의 글로벌화를 성공적으로 추진해 나갈 수 있게 하는 동인이 되었다. 특히 타타 스틸의 재무적 건전성을 유지해온 경영성과는 대규모 글로벌 인수에 따른 재원을 해외에서 조달케 하는 원동력이 되었다.

둘째, 제품과 시장의 절묘한 결합을 통한 다각화 추진을 들 수 있다. 타타 스틸은 수평적 다각화 방식을 통한 글로벌 시상을 확보해왔다. 코러스를 인수함으로써 타타 스틸은 코러스의 기존 제품의 가격경쟁력을 높여 신시장을 개발해 나가는 한편, 타타 스틸과 코러스의 기술 및 R&D의 시너지 효과를 극대화한 신제품을 개발하여 공급함으로써 양 사가 보유하고 있던 각각의 기존 시장을 확대해 나가는 전략을 수행하였다.

셋째, 단기간의 동시 다발적 글로벌화를 통한 확고한 시장선도적 지위 확보를 들 수 있다. 타타 스틸은 2005~2007년 기간 중 아시아 및 유럽 소재 관련 기업을 적극적으로 인수하였다. 이러한 전략은 기업의 국제화 관점에서 본글로벌(Born-Global) 기업의 국제화 과정과 유사한 것으로 해석되며, 단기간에 걸친 급속한 글로벌화를 통하여 아시아 및 유럽 지역 내 시장을 빠르게 선점해 나가는 전략을 구사한 것이라 할 수 있다. 타타 스틸은 글로벌화 과정에서 자사에 부족한 전략적 자산의 보완을 통한 지속적인 경쟁우위 유지를 추구해 온 바, 그중에서도 코러스의 인수는 이를 통하여 타타 스틸이 생산능력, 제품 및 브랜드와 기업 인지도를 세계적 기업의 반열에 올려놓는 핵심적 역할을 하였다.

시사점

타타 스틸의 코러스 인수는 국제경영의 관점에서는 해외투자의 불균형 이론[*]에 의한 개도국 다국적기업의 선진국 기업에 대한 투자에 해당한다. 개도국 기업인 타타 스틸은 선진국 기업인 코러스가 보유한 기술 및 고부가가치 제품력,

---

[*] 개도국 다국적기업의 선진국 시장에 대한 투자진출을 설명하는 이론으로는 Mathews(2002)의 LLL이론과 Moon & Roehl(1993, 2001)의 불균형 이론 등이 있다.

고객, 마케팅 능력, 브랜드 인지도 등의 전략적 자산의 확보를 통해 글로벌 기업으로 성장할 수 있었다. 특히 타타 스틸 및 코러스는 당시 자신들에게 절실히 필요로 했던 전략적 파트너를 발굴한 결과로 타타 스틸의 코러스 인수가 가능했기 때문에 양사의 통합으로 인한 시너지가 더 크게 나타나는 성과를 가져왔다.

개도국 기업으로 대규모 자금이 소요되는 코러스 인수를 실현할 수 있었던 근본은 지속적 경영합리화를 통한 재무 건전성 유지에 대한 글로벌 금융기관의 높은 평가가 있었음은 한국 기업에 시사하는 바가 크다 할 것이다.

참고문헌

Kumar, N & A. Chadha(2009), "India's outward foreign direct investments in steel industry in a Chinese comparative perspective", Industrial and Corporate Change, Volume 18(2), pp.249~267.

Moon H. C. & T. W. Roehl(1993), "An imbalance theory of foreign direct investment", Multinational Business Review, 1(1), pp.56~65.

Moon, H. C. & T. Roehl(2001), "Unconventional foreign direct investment and the imbalance theory", International Business Review, 10, pp.197~215.

Nayyar, D.(2008), "Internationalization of Firms From India; Investment, Mergers and Acquisitions", Oxford Development Studies, 36(1), pp.111~131.

Seshadri, D. & A. Tripathy(2006), "Reinventing a giant corporation; the case of Tata Steel", VIKALPA, 31(3), pp.131~143.

Vishwanath, S. Ramanna(2009), "Tata Steel(A): The Bid for Corus", Working Paper.

Vishwanath, S. Ramanna(2009), "Tata Steel(B): Financing the Corus Acquisition", Working Paper.

위키피디아 http://en.wikipedia.org

타타 스틸의 Annual Report (2011/12) 및 홈페이지 http://www.tatasteel.com

회사 개요 및 현황

"타타 티(Tata Tea)"는 인도의 다국적 음료회사로 콜카타에 본사를 두고 있는 타타 그룹(Tata Group)의 자회사이다. 세계에서 두 번째로 큰 차 제조 및 유통업체다. 현재는 타타 글로벌 비버리지(Tata Global Beverages)라는 이름으로 변경되었으며, 타타 티(Tata Tea)와 "테틀리(Tetley)"가 타타 글로벌 비버리지를 운영하고 있다. 타타 티는 인도에서 가장 많이 팔리는 차 브랜드이고, 테틀리는 영국과 캐나다에서 판매량 1위, 미국에서 판매량 2위를 차지하고 있는 브랜드였다.

타타 티는 1964년 영국의 James Finlay and Company 회사와 조인트 벤처 형식으로 설립되었다. 1970년대 중반에는 인도 차 생산의 3%밖에 차지하지 못했지만, 현재는 인도에서 차를 두 번째로 많이 생산하는 업체가 되었다. 타타 티는 인도와 스리랑카에서 차 생산을 위한 농장을 운영하면서 시장점유율을 점차 늘려 갔고, 현재는 인도를 대표하는 차 브랜드가 되었다.

Edwards Tetley와 Joseph Tetley 두 형제는 1837년부터 차를 팔기 시작했고 유명한 차 상인이 되었다. 이후 1856년 Joseph Ackland와 파트너십으로 Joseph Tetley라는 차 회사를 설립한다. 티백(Tea bag)을 개발하여 차 음용에 있어 편리함을 충족시켜줌으로써 큰 성공을 거두었다. 냄비 등의 용기에 넣어 끓여서 마시던 차를 티백을 통해 언제 어디서든 뜨거운 물만 있으면 마실 수 있게 되었다.

이후 Tetley Tea Company는 여러 번 주인이 바뀌다가 2000년 3월에 인도의 타타 티에 매각되었다. 본인 회사 규모보다 세 배나 큰 기업을 인수하는 거래라 많은 주목을 받았지만, 그보다 인도 기업이 해외기업을 인수한 첫 사례로 세계적으로 많은 관심을 받았다. 특히 영국의 식민지였던 인도가 영국 기업을 인수하는 첫 사례였기 때문에 인도의 비약적인 성장을 보여 주는 역사적으로 의미 있는 인수합병 거래이다.

타타 티의 EU시장 진출 배경

당시 타타 티에는 인도 자국시장에서는 충분한 경쟁력으로 시장에서 많은 점유율을 가지고 있었다. 인도의 많은 인구 덕분에 타타 티는 기존의 내수시장만으로도 충분한 수익을 확보할 수 있었고, 해외진출에 대한 필요성을 느끼지 못하고 있었다. 하지만 타타 티는 한 가지 아쉬운 점이 있었다. 본인들이 차 농장 운영을 통해 차 원료를 생산하고 있지만, 원료만 공급할 뿐 차 음료를 제조할 역량이 안 되는 점이다. 음료를 제조하고 싶어도 역량이 갖춰진 자국 내 제조기업이 없었다. 자국 내 기업을 인수합병하여서라도 역량을 강화하고 싶었으나 적절한 대상 기업이 없었다.

그러던 중에 1990년 이후부터 인도 시장이 점차 개방되기 시작한다. 업종별로 시장이 개방되고 외국인 투자자들 및 외국기업들이 인도 시장으로 침투하기 시작하였다. 이러한 시장 개방은 타타 티 역시 시선을 해외로 돌리는 계기가 된다. 외국 경쟁업체들이 인도에 진출하면서 타타 티는 역량 강화의 필요성을 느끼며 해외기업에도 관심을 가지게 된다. 자국 내 경쟁을 통해서 나름대로 경쟁력을 확보했기 때문에 해외진출에도 많은 관심을 가지고 있었다. 타타 티의 경우 이미 자국 내 높은 시장점유율을 통해 많은 현금을 확보하고 있었기 때문에 자금 조달은 걱정이 없었다.

그러던 중 영국의 대표적인 차 업체인 테틀리가 눈에 들어왔다. 테틀리는 당시 유니레버의 "립톤"에 이은 세계 두 번째 차 음료 회사로 티백을 처음 개발하여 큰 성공을 거두었다. 타타 티로서는 매력적인 인수대상이었다. 테틀리는 세계 2위의 음료 생산 역량을 가지고 있고, 100년 이상의 역사로 인해 유럽 시장에 높은 브랜드 인지도와 고객을 가지고 있었다. 만약 타타 티가 인수하게 된다면 차 원료생산에 머물던 것에서 나아가 음료시장까지 업종을 확장할 수 있고, 테틀리의 기존의 유통망을 통해 유럽 진출이 가능했다. 결국 타타 티는 유럽 시장 진출과 음료제조 역량 확보를 위해 4억 2,500만 달러에 테틀리를 인수한다. 이는 당시 인도 민간업체에 의한 해외기업 인수비용으로는 최대금액이었다.

타타 티의 진출 전략

자국의 경쟁시장에서 승리하여 거대기업으로 성장한 기업은 대부분 해외진출보다는 현실에 안주하는 경향이 있다. 이들은 국내의 경쟁자를 제압하고 경쟁 자체를 무력화시킨다. 하지만 국내시장 승자는 더 이상 이러한 특권을 누릴 수 없게 되었다. 세계가 글로벌화되면서 자국 시장만이 아닌 전 세계가 하나의 경쟁시장으로 빠르게 재편되고 있기 때문이다. 국내의 거대기업들이 갑자기 다른 나라의 다국적 기업들과 경쟁해야 하는 환경이 조성되었다.

이러한 현상은 특히 신흥시장 내 기업들에 많이 발생하였다. 선진국 내 기업들은 이미 오랜 시간 경쟁을 통해 많은 경험과 노하우를 축적했으며 글로벌화를 일찍 시작하였기 때문에 그동안의 단련을 통해 글로벌 경쟁력도 어느 정도 확보해 놓을 수 있었다. 문제는 신흥시장의 기업들이다. 자국 내에서 우월적 지위를 누리고 있더라도 상대적으로 글로벌화가 늦게 진행되었기 때문에 글로벌화로 인한 충격(해외 경쟁업체의 진입, 시장개방 등)에 취약하다. 그렇기 때문에 신흥시장 기업들은 짧은 시간 내에 글로벌 경쟁력을 확보하는 것이 시급하다.

이러한 상황을 타개하기 위해 가장 많이 사용되는 전략이 인수합병이다. 인수합병 거래는 거래상대방 기업을 지배하는 것이기 때문에 높은 불확실성과 위험을 가진 거래이다. 인수합병 이후 인수기업의 성과에 대해서는 아직까지도 학계에서는 명확하게 규명되지 않았다. 우리나라의 경우 금호아시아나그룹이 대우건설 인수로 인해 그룹 전체가 무너지는 결과를 낳았다. 이렇게 높은 위험에도 많은 기업들이 인수합병에 나서는 것은 인수합병이 주는 장점이 그만큼 매력적이기 때문이다.

기업들은 인수합병을 통해서 피인수 기업의 자원, 브랜드, 노하우 등을 확보할 수 있다. 특히 이러한 장점은 기업이 해외로 진출할 때 더 강력해진다. 유럽에 대해서 아무것도 모르는 기업이 유럽에서 기업을 운영하고 현지 경쟁에 참여하려면 어떻게 해야 하는가? 국제인수합병거래의 장점은 현지 피인수 기업이 가지고 있는 장점들을 그대로 흡수할 수 있다는데 있다. 현지 기업의 고객, 브랜드 파워, 노하우를 확보할 수 있기 때문에 아무것도 없는 밑바닥부터 쌓아 올리지 않아도 기존 경쟁에 참여할 수 있으며, 오히려 합병을 통한 시너지를 창출하여 경쟁에서 압도하는 경우도 있다. 그렇기 때문에 국제인수합병은 오늘날 해외진출의 수단으로서 많이 사용되는 전략 중의 하나이다.

인도의 타타 티는 위에서 언급했듯이 해외시장 진출 및 글로벌 경쟁력 확보를 위해 인수합병 전략을 사용하였다. 그 당시 유니레버와 경쟁하기에는 타타 티의 경쟁력이 터무니없이 부족했었다. 그때 당시 타타 티는 단순히 차 원료를 생산 및 판매하는 업체에 불과했었다. 글로벌 경쟁에서 살아남기 위해서는 차 생산에서 나아가 음료업체로 변화하는 것이 필요했다. 결국 2000년에 타타 티는 테틀리를 인수하는 데 성공한다. 이 당시에는 인도 기업으로서는 첫 LBO(Leveraged Buy Out, 피인수 회사의 자산을 담보로 인수자금을 차입하는 거래) 거래였고, 인도기업 최초의 국제인수합병 거래라 세계적으로 많은 주목을 받았다.

타타 티의 성공요인

타타 티의 성공요인은 인수합병으로 인한 시너지를 성공적으로 창출해내었다는 점에 있다. 타타 티는 테틀리 인수를 통해 세 가지 혜택을 누릴 수 있었다. 첫째는 영국 시장 및 해외시장 진출, 둘째는 효율적인 경영 노하우 획득, 마지막으로 차 생산능력 결합 및 확대이다.

이러한 시너지는 두 업체가 결합하면서 발생되었다. 인수합병 거래를 통해 타타 티는 테틀리의 강력한 브랜드와 전 세계 유통망을 활용할 수 있었고, 테틀리 입장에서는 타타 티의 차 농장 및 생산과정에서 혜택을 받을 수 있었다. 타타 티는 품질 높은 차 생산에 필요한 블렌딩 및 브랜드 관리에 전문성을 확보하기 못한 상태였다. 타타 티의 테틀리 인수는 이러한 부족한 부분을 단기간에 보완할 수 있는 거래였다.

일반적으로 차 생산 및 판매에 있어서 중요한 것이 원료라고 생각하지만, 실제 차의 소비자 가격의 30~50%는 블렌딩, 포장, 프로모션이 차지한다. 즉, 블렌딩과 포장에서 제품의 부가가치가 발생하는 것이다. 우리가 평소 마시는 스타벅스 커피에도 커피 원두 값이 적은 비중을 차지하는 것과 비슷한 현상이다. 그렇기 때문에 차 생산업체로서 충분한 이익을 창출해내지 못했던 타타 티는 수익성 확보를 위해서 블렌딩에 대한 전문성이 중요했다. 충분한 차 농장

테틀리 인수 이후 타타 티의 매출액 변화

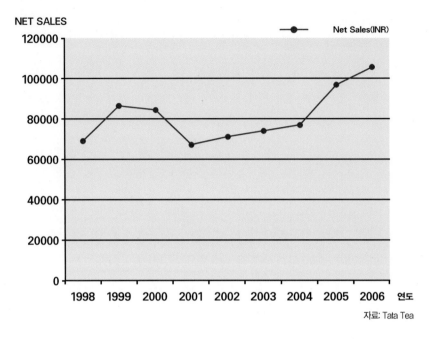

NET SALES

자료: Tata Tea

을 가지고 있었으나 블렌딩에 대한 전문성이 부족했던 타타 티는 테틀리 인수합병 거래를 통해 전문성을 확보하는 데 성공했으며, 이로 인해 단순히 차 생산 판매 업체에서 전문 음료업체로 나아갈 수 있는 발판을 마련하였다. 실제로 타타 티는 테틀리 인수 후 몇 년 뒤에 타타 글로벌 비버리지(Tata Global Beverages)로 사명을 변경하여 전문 음료업체로 바뀌었다.

시사점

인수합병을 통한 두 기업의 결합으로 글로벌 규모 수준의 차 생산회사(타타 티)를 만들 수 있었고, 동시에 글로벌 규모 수준의 브랜드(테틀리)를 확보하는 데 성공했다. 차 업계 라이벌인 유니레버는 이에 위협을 느끼고 인도 및 아프리카 기업에 대한 인수를 공격적으로 실행하였다. 실제로 2000년 테틀리 인수 이후 타타 티는 첫해 이후 지속적으로 매출액 증가를 이루어내어 성공적인 인수합병 거래로 평가받는다.

참고문헌

Andrea Goldstein(2008), "Emerging economies' transnational corporations: the case of Tata", Transnational Corporations, 17(3), pp.85~108.

Jaya Prakash Pradhan and Vinoj Abraha(2005), "Overseas Mergers and Acquisitions by Indian Enterprises: Patterns and Motivations", Indian Journal of Economics, 85(33), pp.365~386.

Nagesh Kumar(2007), "Emerging TNCs: trends, patterns and determinants of outward FDI by Indian enterprises", Transnational Corporations, 16(1), pp.1~26.

Nagesh Kumar(2008), "Internationalization of Indian Enterprises: Patterns, Strategies, Ownership Advantages, and Implications", Asian Economic Policy Review, 3(2), pp.242~261.

타타 모터스 • Tata Motors

회사 개요 및 현황

타타 모터스(Tata Motors)는 인도의 다국적 자동차 제조회사로 뭄바이에 본사를 두고 있는, 타타 그룹(Tata Group)의 자회사 중 하나이다. 승용차, 트럭, 버스, 군용차 등 다양한 종류의 자동차를 제조하는 전 세계 18위의 자동차 제조회사이며, 트럭 생산량으로는 세계 4위, 버스 생산량으로는 세계 2위의 자동차 제조회사이다. 제조 공장은 인도, 아르헨티나, 남아프리카공화국, 태국, 영국에 있으며, R&D센터는 인도, 한국, 스페인, 영국에서 운영되고 있다.

타타 모터스는 1945년에 기관차 제조회사로 설립되었으며, 1954년에 다임러 벤츠와 협업으로 최초의 상용차를 생산하였다. "Sierra"라는 모델로 1991년에 승용차 시장에 처음 진입했으며, 1998년에는 "Indica"라는 인도만을 위해 제작된 승용차를 론칭하였다. 2004년에는 한국의 상용트럭 제조회사 Daewoo Commercial Vehicles Company를 인수하여 트럭 제조역량을 강화했으며, 2008년에는 영국의 대표적인 럭셔리카 브랜드인 "재규어(Jaguar)"와

"랜드로버(Land Rover)"를 인수하였다.

타타 모터스는 뭄바이증권거래소(Bombay Stock Exchange), 인도국립증권 거래소(National Stock Exchange of India), 뉴욕증권거래소(New York Stock Exchange)에 상장되어 있으며,『포춘(Fortune)』이 발표한 2012년 글로벌 기업 순위 500에서 314위를 기록하였다(매출액 기준). 이는 500위 내에 속하는 인도 기업 중 6위에 해당하는 것으로, 타타 그룹 내에서 가장 높은 순위를 차지하고 있다.

타타 모터스의 EU시장 진출 배경

영국은 유럽의 5대 메이저 자동차 제조국가 중 하나이며, 롤스로이스(Rolls Royce), 벤틀리(Bentley), 재규어(Jaguar) 등 유명한 자동차 브랜드를 가지고 있다. 영국 전체 수출의 11%가 자동차 수출이며, 전체 자동차 생산의 65% 이상이 수출로 판매가 이루어지고 있다. 업계 종사자가 82만 명이 될 정도로 영국에서는 자동차 산업이 큰 비중을 차지한다.

하지만 2008년부터 시작된 글로벌 금융 위기로 인해 영국 자동차 산업은 큰 위기를 겪는다. 수많은 노동자가 직장을 잃었으며, 판매 부진으로 인해 많은 공장이 생산을 중단하였다. 2009년에는 자동차 생산이 50%나 감소하였다. 이 기간 동안에 포드(Ford)가 소유하고 있는 재규어(Jaguar), 랜드로버(Land Rover) 역시 막대한 손실을 경험한다. 결국 포드는 경영악화를 이겨내지 못하고, 기존 인수가격의 절반에도 못 미치는 23억 달러에 재규어, 랜드로버의 지분을 타타 모터스에게 매각한다.

재규어(Jaguar)는 영국의 대표적인 럭셔리카 제조업체로, 자동차 모델이름이 회사이름으로 된 경우이다. 윌리엄 라이온즈(William Lyons)와 윌리엄 웜슬리(William Walmsley)가 1922년에 스왈로 사이드카 컴퍼니(Swallow Sidecar

Company)를 설립하였고, 이 회사의 첫 번째 자동차가 "SS Jaguar 100"이다. 제2차 세계대전 이후에 SS라는 부정적 인지도의 회사명을 극복하기 위해 회사 이름을 재규어로 변경한다. 이후 브리티시 모터(British Motor Corporation)로 합병되어 운영되다가, 1975년에는 막대한 경제적 손실을 감당하지 못해 국유화된다. 대처 정부하에서 다시 지분 매각을 통한 민영화 작업을 진행하여 1989년에 포드가 인수하였다. 재규어는 영국 총리 및 영국 왕실에서 이용하는 차로 유명하다.

랜드로버(Land Rover)는 영국의 자동차 제조회사로 4륜구동 자동차를 전문적으로 생산한다. 지프(Jeep) 다음으로 가장 오래된 4륜구동 자동차 브랜드이다. 랜드로버 역시 재규어와 마찬가지로 로버 컴퍼니(Rover Company)의 자동차 모델 이름이었다가 회사 이름으로 변경되었다. British Leyland Motor Corporation에 합병되었다가 1994년에 BMW에 인수된다. 2000년에는 BMW가 랜드로버 지분을 포드에 매각한다. 포드는 재규어와 랜드로버를 같이 보유 및 운영하고 있다가 두 브랜드를 2008년에 타타 모터스에 양도한다.

타타 모터스의 진출 전략

지난 2004년 한국의 트럭 제조업체인 대우상용차 지분 100%를 인수했던 타타 모터스는 2005년에 스페인의 버스 제조업체인 히스파노 카로셀라의 지분 20%를 인수하며 시장 확대에 나섰다. 브라질과 태국 등에서 합작회사를 설립한 바 있는 타타 모터스는 2008년에 초저가 자동차인 "나노"를 선보이며 전 세계의 이목을 끌었다. 이어 그해 3월에 영국의 고급차 브랜드인 재규어·랜드로버를 미국의 포드자동차로부터 인수해 다시 한번 세상을 놀라게 했다.

포드는 지난 1989년 재규어를 25억 달러에, 2000년에는 랜드로버를 27억 달러에 인수했다. 포드는 재규어와 랜드로버를 인수하면서 제조, 생산, 유통 방면에서 시너지를 추구하며 운영을 해왔다. 그러나 경영악화를 견디지 못하고 2008년 인수 가격의 절반에도 못 미치는 23억 달러라는 헐값으로 타타 모터스에 매각했다. 그동안 포드가 두 브랜드를 살려내기 위해 50억 달러 이상을 쏟아 부었는데도 결국 이 같은 막대한 손실을 견디면서까지 매각을 결정했다는 것은 포드의 재정적 어려움이 그만큼 심각했었다고 볼 수 있다.

특히 초저가차를 선보이고 나서 얼마 지나지 않아 고급차 브랜드를 인수하겠다는 발표를 하자 타타 모터스에 대한 당시의 주위의 반응은 냉담했다. 기업의 신용등급은 강등됐고 주가는 하락했다. 인수 후 곧 미국발 금융위기가 터지자 재규어·랜드로버 인수는 주위의 전망을 어둡게 했다. 게다가 인수를 위한 막대한 자금 차입에 초저가차에 대한 투자비까지 필요했기 때문에 포드가 타타를 우선협상 대상자로 선정한 1월 3일 이후 타타의 부도 확률을 나타내는 신용부도스와프(CDS) 가격은 배 이상으로 뛰었다. 하지만 타타 모터스는 2010년 재규어·랜드로버 인수에 따른 부채 상환과 사업 확대를 위한 신규자금을 조달에 성공하며 어두운 상황을 돌파하고 있다.

재규어와 랜드로버를 손에 넣은 타타 모터스는 이로써 유럽대륙과 미국 진출을 통해 세계적인 자동차 회사로 발돋움할 수 있는 토대를 마련했다. 타타 그룹의 라탄 타타 회장은 재규어와 랜드로버의 우수한 기술과 인력들이 타타 모터스의 발전에 큰 도움이 될 것임을 강조하며 두 브랜드의 경쟁력은 물론이고 고유의 정체성도 지켜나갈 것이라고 밝혔다. 블룸버그통신도 영국 자동차의 상징적 브랜드인 재규어와 랜드로버 인수로 세계 자동차시장에서 입지를 굳히고 신기술을 얻을 수 있게 됐다고 평가했다. 이 외에 국제 시장점유율이 오르는 한편 고급 차종으로 생산라인이 다양화되고 선진 서비스 노하우를 습득함으로써 단숨에 글로벌 브랜드로 성장할 수 있는 전기를 마련할 수 있다.

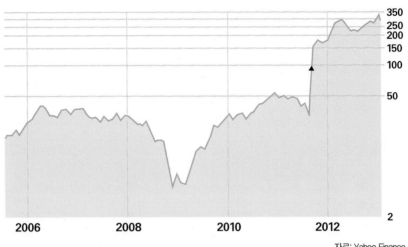

타타 모터스의 주가 변동

350
250
200
150
100
50
2

2006　　　　2008　　　　2010　　　　2012

자료: Yahoo Finance

타타 모터스의 성공요인

　　인수 당시 자동차업계는 타타 모터스의 경영능력으로 과연 '브랜드 가치는 높지만 이익을 내기는 힘든' 재규어와 랜드로버를 다시 부활시킬 수 있을지에 의문을 가졌다. 관심의 초점은 포드도 포기한 고급차 브랜드를 저가차의 대명사인 타타가 이끌어 갈 수 있을까 하는 점이다. 인수 당시의 대부분의 전문가들은 아직 시기상조란 의견이 우세했다. 파이낸셜타임스(FT)는 신흥 시장용 저가 차량을 주로 개발해온 타타 모터스에 고급 브랜드 전략은 맞지 않는 데다 소비자들의 시선도 곱지 않다고 지적했다. 라틴 타타 회장은 장기적인 관점에서 미래를 내다보고 재규어와 랜드로버를 인수한 것이라며 자신감을 나타냈다. 토요타의 경우 북미시장에 진출해 고급차종인 "렉서스"를 선보이는 데 30년이 걸리고 현대차 역시 북미시장에 "제네시스"를 내놓는 데 20년이 걸린 것을 감안하면, 타타 모터스가 몇 년 안에 고급 브랜드로 이미지를 전환한다는 것은 현실적으로 쉽지 않은 일로 보였다.

　　그렇다면 타타 모터스의 인수 이후 재규어와 랜드로버는 살아났을까?

2008년 인수 이후 재규어는 감소세가 완화되었고, 랜드로버는 금융 위기 이전 수준까지 회복하는 데 성공하였다. 타타 모터스의 성공요인으로는 자회사에 자율권을 제공한 것을 꼽을 수 있다. 많은 전문가들이 가장 우려했던 부분은 타타 모터스가 고급차 브랜드를 경영해본 경험이 없다는 점이다. 타타 모터스 역시 이 부분을 잘 알고 있기 때문에 두 브랜드 인수 후 타타 모터스와 통합을 추구하지 않고 독자적인 브랜드로 계속 유지시켰다.

경영 역시 독자적으로 운영할 수 있게 경영진에게 일임했다. 타타 모터스에 인수된 이후 선임된 이동훈 초대 대표이사의 인터뷰에서도 이러한 내용을 확인할 수 있다. 인터뷰 내용에 따르면 타타 모터스는 재규어, 랜드로버의 전통과 아이덴티티를 유지할 것으로 공언했으며, 실제로도 디자인, 설계, 생산 공장까지 그대로 유지했다. 타타 모터스의 막강한 재정적 지원에 재규어, 랜드로버 경영진의 노하우가 결합되니 두 브랜드는 다시 예전의 명성을 회복하고 있다.

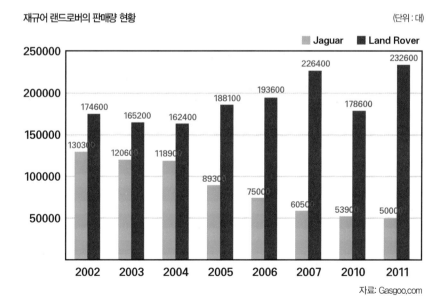

재규어 랜드로버의 판매량 현황   (단위 : 대)

자료: Gasgoo.com

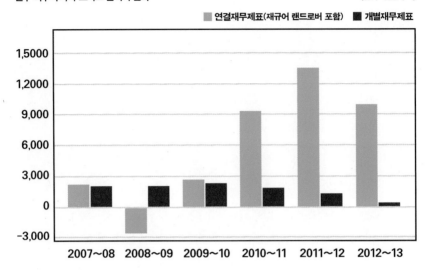

인수 이후의 타타 모터스 순이익 변화 (단위 : 천만 루피)

- 연결재무제표(재규어 랜드로버 포함) ■ 개별재무제표

시사점

타타 모터스에서 주목할 점은 해당 기업을 인수했음에도 해당 기업에게 많은 자율권을 제공함으로써 기존의 브랜드 가치가 손상되지 않았다는 점이다. 인도 기업이 인수함으로써 예전 럭셔리카 이미지가 손상될 수 있었는데 타타 모터스는 기존 경영진에게 자율권을 제공하여 인수 전 상태와 동일하게 경영할 수 있도록 했다. 기업 운영에 필요한 사항만 지원해주고 자율 경영을 실시함으로써 재규어와 랜드로버는 기존의 지식과 노하우를 계속해서 활용하여 유럽 시장을 성공적으로 공략할 수 있었다.

참고문헌

Andrea Goldstein(2008), "Emerging economies' transnational corporations: the case of Tata", Transnational Corporations, 17(3), pp.85~108.

Florian Becker-Ritterspach and Gert Bruche(2012), "Capability creation and internationalization with business group embeddedness - the case of Tata Motors in passenger cars", European Management Journal, 30(3), pp.232~247.

Nagesh Kumar(2008), "Internationalization of Indian Enterprises: Patterns, Strategies, Ownership Advantages, and Implications", Asian Economic Policy Review, 3(2), pp.242~261.

위키피디아 http://en.wikipedia.org

Tata Motors의 Annual Report 및 홈페이지

바라트 포지 ● Bharat Forge Limited

회사 개요 및 현황

1961년 설립되어 비교적 오랜 역사를 갖고 있는 바라트 포지는 자동차 부품용 금속제품과 엔지니어링 기계 및 장비를 생산하는 인도 기업이다. 1966년 제품 상용화에 성공한 바라트 포지는 1972년 그리스에 처녀 수출에 성공한 이후 1985년에는 구소련에 수출하게 된다. 기술개발 및 생산시설을 확충해 온 바라트 포지는 1991년 자동차 생산국인 일본, 미국 및 영국에 엔진 및 섀시 부품을 공급하게 되면서 제품과 기술력을 인정받게 된다.

이후 연구개발 및 검사와 유효성 검증과 관련한 투자가 이루어지면서 바라트 포지는 금속성형 제조능력을 바탕으로 2004~2005년의 기간 중 유럽을 중심으로 한 글로벌화를 통해 해외에 생산공장을 운영하는 글로벌 기업으로 전환하게 된다.

아시아의 베스트 기업 중 하나로 선정(Forbes, 2006)되기도 한 바라트 포지는 2008년 이후 자동차 부품 중심 기업에서 전력장비 생산 등으로 사업 영역을 확장해 나가고 있으며, 자동차 관련 제품의 매출이 차지하는 비중은 2011년 28%에서 2012년 38%로 지속적으로 확대되고 있는 추세이다.

연매출액 $6.7억 수준의 바라트 포지는 독일에 소재하는 자회사인 CDP Bharat Forge GmbH로 하여금 글로벌 영업을 담당케 하고 있다. 해외에서 생산공장 위주로 경영활동을 운영하고 있는 바라트 포지의 총매출 중 해외시장에서 발생하는 매출 비중은 54.5%에 이르고 있으며, 해외시장 매출의 약 49%를 유럽 시장이 담당하고 있다. 한편 바라트 포지의 총 종업원 중 해외 종업원의 비중은 47.2%이다.

바라트 포지의 EU시장 진출

선진국 기업들은 일반적으로 보유자원의 경쟁우위를 기반으로 노임 및 시장성 등 장소적 이점을 제공하며 국가 간에 심리적 거리가 비교적 적은 국가부터 진출하기 시작하여 국제화 경험과 지식을 축적하여, 점차 해외시장 진출의 범위와 정도를 넓혀오는 점진적, 유기체적 국제화 과정을 밟아 왔다.

이에 반하여 바라트 포지는 수출을 통한 유기체적 국제화 과정을 거치며 초기에 축적된 역량을 바탕으로 비유기체적 국제화 과정, 즉 본글로벌의 관점에서 설명이 가능한 글로벌화 과정을 거쳐 왔다. 본국인 인도 내에 머물러 있던 바라트 포지는 인도 자동차부품 기업으로는 최초로 해외에 생산거점을 구축하는 것에서부터 본격적인 글로벌화를 추진하였다.

2004년 바라트 포지는 독일 내 2위의 단조회사로 주로 승용차용 부품을 생산하고 있던 Carl Dan Peddinghaus(CDP)를 인수하였다. CDP의 인수를 통해 세계 제2위의 금속성형(단조) 기업으로 도약한 바라트 포지는 같은 해 10월 자동차용 알루미늄 부품을 제조하며 BMW, 아우디(Audi), 폭스바겐(VW), 포드(Ford) 등에 고급 제품을 공급하던 CDP Aluminiumtechnik도 인수하기에 이른다. 이를 통해 바라트 포지는 단일 기업으로 스틸과 알루미늄 부품을 공급할 수 있는 기업으로 거듭나게 된다.

2005년은 바라트 포지의 글로벌화가 가장 활발하게 이루어지면서 일차적으로 글로벌화가 완성된 해이다. 바라트 포지에 있어 최대의 시장으로 간주되는 미국 시장 내에 제조거점을 확보하기 위해 미국 기업을 인수하였다. 같은 해에 바라트 포지는 유럽 시장 내 확고한 시장지위를 구축하기 위하여 스웨덴의 Imatra Kilsta와 동사가 100% 지분을 소유하고 있는 스코틀랜드 소재 Scottish Stamping을 각각 인수하였다.

2005년 12월에는 중국 내 최대의 자동차 회사인 FAW와 합작으로 중국에 자동차부품용 단조회사를 설립키로 하면서 바라트 포지는 최단 시간 내에 중국 내 최대의 단조회사로 부상하게 된다.

현재 바라트 포지는 본국인 인도에 4개, 독일에 3개, 스웨덴, 스코틀랜드 및 미국에 각 1개, 중국에 2개 등 6개국 12개의 생산공장을 포함하여 13개의 해외 자회사를 운영하고 있는데, 이 중 10개의 자회사가 유럽에 소재하고 있다.

바라트 포지가 독일, 스웨덴 등 유럽 내 주요 핵심 제조기업을 인수한 배경에는 점차 강화되고 있는 글로벌 산업계의 환경규제, 기후변화와 관련한 규제 및 에너지 보존과 관련한 규제 등에 능동적으로 대처해 나가려는 전략적 의도가 숨어 있다 할 것이다.

이와 같은 글로벌화 추진 결과 바라트 포지는 자동차 관련 금속성형(단조) 및 기계부품 산업 분야에서는 세계적 기업으로 도약해 있다. 바라트 포지는 세계 상위 5대 자동차 제조기업은 물론, 이들 기업에 부품을 공급하는 35개사 이상의 OEM 부품 공급기업이나 Tier 1 기업에 제품을 공급하고 있다. 그러나 바라트 포지가 보유한 진정한 경쟁력은 제품의 콘셉트를 구성하여 디자인하고 제조 및 검사/유효성 테스트를 거쳐 완성품을 공급하는 완결적 서비스 공급 역량을 자랑하는 비즈니스 모델(Full Service Supplier)을 갖고 있다는 데 있다.

바라트 포지의 유럽 내 해외자회사 (Annual Report, 2011/12)

Direct Subsidiaries	Step Subsidiaries			Country
CDP Bharat Forge GmbH				Germany
	Bharat Forge Holding GmbH			Germany
		Bharat Forge Aluminiumtechnik GmbH & Co KG		Germany
			Bharat Forge Aluminiumtechnik Verwaltungs GmbH	Germany
	Bharat Forge Beteiligungs GmbH			Germany
		Bharat Forge Kilsta AB Sweden		Sweden
			Bharat Forge Scottish Stampings Ltd.	Scotland
		Bharat Forge International Limited		U.K.
	Bharat Forge Daun GmbH			Germany
	BF New Technologies GmbH			Germany

※ ㈜ 상기 자회사는 공히 100% 지분 소유 자회사이며, Step Subsidiary는
상위 자회사가 100% 지분을 소유한 자회사의 자회사임.

나아가 핵심적 자동차 부품의 제조에 있어 한 곳 이상의 제조공장을 운영함으로써 원가우위를 보유한 지역에서 기술적으로 경쟁력이 있는 제품을 생산하여 고객에 근접된 지역의 제조거점을 활용하여 공급하는 이중 해외생산 체제(Dual Shore Manufacturing)를 구비하고 있다는 데 있다. 이러한 바라트 포지의 고객 대응 체제는 글로벌 고객에게 바라트 포지가 기술적 엔지니어링 제품을 공급하는 적격의 파트너라는 인식을 심어 주는 역할을 했다.

바라트 포지의 진출 전략

이상에서 살펴본 바와 같이 바라트 포지는 초기에는 수출 위주의 국제화 과정에 머물러 있었으나 2004~2005년의 기간 중 유럽 시장에 대한 생산거점 및 기술개발 센터를 구축하는 한편, 현지 판매법인을 설립하는 등 자회사 간 유기적 관계 속에 유럽 시장 특성에 부합하는 현지화 전략을 통해 신속한 글로벌

화 전략을 구사하였다.

국제경영의 관점에서 이러한 전략은 일차적으로 바라트 포지에 있어 신시장인 유럽 시장 내 고객에 대한 접근성을 확보하는 시장추구적 동기에 기반을 두면서, 선진 기술 또는 비즈니스 프로세스를 습득하여 글로벌 경쟁력을 강화하는 자원추구형 목적하에 이루어지고 있다. 이러한 바라트 포지의 유럽 시장 진출은 선진 경영 노하우를 습득하고 현지 시장의 특성과 문화사회적 차이를 현명하게 극복하려는 현지화 전략을 통해 완성되어 나갔다.

바라트 포지는 인수기업과의 통합을 두 단계의 과정에 걸쳐 추진하였다. 일차적으로는 인수한 기업을 6~8개월에 걸쳐 바라트 포지에 적용시키는 단계이며, 두 번째 단계에서는 두 기업 간의 모든 비즈니스 프로세스를 조정하여 각각의 베스트 프렉티스를 공유해 나가는 과정을 거쳤다.

글로벌시장의 관점에서 바라트 포지는 생산 및 판매 거점을 유럽, 북미 및 아시아의 3각 체제를 구축함으로써 글로벌화를 완성해 나간 것으로 분석된다. 이는 바라트 포지가 고객-기술-생산-판매를 유기적으로 결합하여 글로벌 고객에게 경쟁력 있는 제품을 적기에 공급하고, 현장에서 고객의 문제를 해결해 나갈 수 있는 글로벌 가치사슬 체제를 갖추었음을 의미한다. 이러한 전략을 통해 바라트 포지는 핵심 제품인 자동차 부품이 갖는 각 지역시장별 서로 다른 경기 사이클을 극복하면서 단일 지역시장에 대한 의존도를 줄일 수 있었으며, 지역별로 차별화된 성장 기회를 활용할 수 있는 체제를 구축하게 되었다. 즉, 바라트 포지의 유럽 시장 진출은 이와 같은 학습기회·위험분산·성장 추구의 전략적 요인이 작용한 결과이다.

바라트 포지는 고급 인력의 대체재는 없다는 신념하에 인도 내 연구기관과 협력으로 엔지니어링 대학과정을 운영하는 한편, 대학과의 협력으로 생산관리 부문의 대학원 과정을 운영하며 직원들을 차세대 지도자로 육성해 나갔다. 이러한 교육훈련을 통해 전문화된 인력은 이후 바라트 포지의 유럽 시장 진출 및 진출 후 경영활동에 있어 중추적 역할을 담당하게 되었다.

바라트 포지의 성공요인

바라트 포지는 1972년 첫 수출을 통해 글로벌화를 추진한 이후 인수를 통한 본격적인 글로벌화를 이루는 데에는 30년의 시간이 소요되었다. 수출을 통해 글로벌 학습과정을 밟으며 해외투자 진출에 이르기까지는 점진적인 국제화 과정을 밟아왔다. 그러나 글로벌화를 위한 제반 역량이 축적된 후에는 본글로벌 기업과 같이 단기간에 유럽과 미국 및 아시아 지역에 걸쳐 해외 생산공장을 인수, 설치 운영하는 신속성을 보였다.

바라트 포지는 유럽 시장 진출에 있어 자사의 핵심역량을 보완, 발전시킬 수 있는 연관 업종의 선진기업을 대상으로 인수활동을 펼쳤다. 즉, 업종 전문화를 위한 수평적 다각화에 치중하여 바라트 포지의 역량이 변화하는 시장의 흐름에 선제적으로 대응함은 물론 제품의 콘셉트와 디자인을 선도하는 비즈니스 모델을 뒷받침하는 기술력과 조직역량을 갖추었다. 이러한 전략을 바탕으로 바라트 포지는 자동차 엔진 및 섀시 부문의 금속성형 제품에 있어 글로벌 선도자로 올라설 수 있었다.

시사점

인도의 철공소에서 시작하여 근 45년 만에 글로벌화를 완성한 바라트 포지는 지속적인 경험과 지식, 나아가 선진 기술을 습득하여 가격 및 품질에 있어 글로벌 기업과의 경쟁에서 이겨나갈 수 있는 제품의 공급을 추구하였다. 전통적 중소제조기업인 바라트 포지의 경우 글로벌화를 위해서는 유럽 등 선진시장으로의 진출이 불가피하였다.

우리 기업의 경우, 특히 제조업에 기반한 중소기업의 경우 글로벌화를 위하여 중국 또는 동남아 지역 등 개도국 시장으로 진출하는 사례가 늘고 있다. 이들 지역에 진출하는 이유 중 가장 중요한 것은 가격경쟁력을 확보하기 위한 것으로 알려지고 있다.

그러나 바라트 포지의 사례에서와 같이 진정한 의미의 글로벌화는 글로벌 플레이어와의 경쟁에서 이길 수 있는 경쟁우위를 갖추는 것이며, 이를 위해서는 선진국 시장으로의 적극적인 진출이 불가피하다는 것을 의미한다. 글로벌 경쟁기업이 보유한 기술과 경영기법을 알고, 그 기술을 본국의 문화와 최적으로 결합시켜 시너지 효과를 이루지 못하는 경우 진정한 글로벌화는 이루어낼 수 없을 것이다.

참고문헌

Barman, A., R. Singh & J. Konwar(2009), "Indian MNCs in the Blizzard of Global Businesses", Working Paper.
Enderwick, P.(2009), "Large emerging markets (LEMs) and international strategy", International Marketing Review, 26(1), pp.7~16.
Pillania]. R. K.(2008), "Internationalisation of Bharat Forge Limited; a case study", Management Decision, 46(10), pp.1544~1563.
위키피디아 http://en.wikipedia.org
Bharat Forge의 Annual Report(2011/12, 2010/11) 및 홈페이지 http://www.bharatforge.com

RANBAXY
LABORATORIES LIMITED

회사 개요 및 현황

란박시(Ranbaxy)는 Ranbir Singh과 Gurbax Singh에 의해 설립되었다. 이 둘의 이름을 조합하여(Ran+Bax) 오늘날의 Ranbaxy가 되었다. 1937년 설립된 란박시는 원래는 일본 제약회사 시오노기 제품의 수입판매상으로 시작했었다. 이후 1952년 이들의 사촌인 Mohan Singh이 두 사람으로부터 란박시를 인수하였고, 그의 아들인 Parvinder Singh이 1967년 합류하면서 란박시는 비약적으로 성장한다.

란박시는 여러 가지 제품 포트폴리오 중 특히 복제약 부문에 강점을 갖고 있다. 복제약이란 특허가 만료된 의약품을 복제한 제품을 의미한다. 일반적으로 원래의 약보다 값이 저렴하면서 비슷한 효과를 가지므로 소비자들이 많이 찾는다. 2012년에는 비아그라의 특허 기간이 만료되면서 우리나라 여러 제약회사들이 복제품을 시판하면서 화제가 된 적이 있었다. 특허 기간이 만료된 약에 대해서 복제약을 만드는 것은 불법이 아니다. 신약을 생산하기 위해 막대한 자금이 투입되는 것보다 이미 검증된 복제약을 제조하여 판매하는 것도 수익 창출의 한 방법이다. 신약 개발 기술이 부족한 후발주자였던 란박시는 복제약을 통해 글로벌 제약회사로 성장했다.

란박시의 EU시장 진출 배경

후발기업으로 시작한 란박시가 기존의 제약업체에 비해 기술력이 부족한 것은 당연한 결과다. 하지만 인도의 저렴하고 우수한 R&D 인재는 란박시의 큰 자산이다. 인도의 경우 의약품에 대한 특허가 상대적으로 늦게 도입되었다. 우수한 R&D 인력들은 법적으로 저촉되지 않는 한도 내에서 적극적으로 리버스 엔지니어링(Reverse Engineering)을 했다. 리버스 엔지니어링을 통해 복제약을 제조하고 오히려 기존 제조방법을 개선시킴으로써 원가를 절감시키기도 하였다. 결국 부족한 신약 개발기술과 훌륭한 R&D 인력으로 인해 자연스럽게 란박시의 주력 제품은 복제약이 되었다.

인도시장에서 1, 2위를 다투며 복제약을 활발하게 수출하고 있던 란박시는 더 이상 복제약에만 의존할 수 없음을 인지한다. 시간이 지날수록 신약에 대한 보호규정이 강화되면서 복제약을 통한 수익 창출의 전망이 서서히 어두워지고 있었다. 란박시는 R&D 기능을 강화시켜 신약 개발기능을 강화시키게 된다. 하지만 기존의 경쟁업체 사이에 존재하던 기술력의 차이를 따라잡는 것은 쉽지가 않았다. 기술 차이를 좁히기 위해 란박시는 적극적으로 전략적 제휴 및 인수합병 전략을 추진한다.

경쟁업체와 협력하는 방법으로는 크게 전략적 제휴, 조인트벤처, 인수합병 이렇게 세 가지가 있다. 전략적 제휴는 각자 기존의 회사가 존재하는 상태에서 이루어지는 협력으로 가장 낮은 수준의 협력이 이루어진다. 대신 위험 부담이 적기 때문에 실패에 대한 부담을 줄일 수 있다. 조인트벤처란 각자 회사는 존속한 상태에서 추가로 별도의 회사를 공동으로 설립하는 것이다. 각각의 회사는 모두 지분을 투자한 상태에서 협력하기 때문에 전략적 제휴보다 높은 수준의 협력이 발생한다. 하지만 지분을 투자했기 때문에 그만큼 위험 부담이 증가한다. 마지막으로 인수합병이란 특정 회사가 상대방 회사와 결합하여 하나의 회사가 되는 것이다. 전략적 제휴나 조인트벤처의 경우 서로 남이기 때문에 상대적으로 협력에 대해서 적극적이지 않다. 하지만 인수합병의 경우 한 몸으로 전환되는것이기 때문에 높은 수준의 협력을 기대할 수 있다. 하지만 한 기업을 인수하기 위해서는 막대한 비용이 소요되기 때문에 인수기업 입장에서는 상당한 위험 부담이 존재한다. 인수한다고 해서 모든 기업이 성공하는 것은 아니기 때문이다.

란박시의 진출 전략

란박시는 유럽 진출을 위한 방법으로 인수합병 전략에 주력했다. 2000년대 들어 인도 기업들은 해외진출 및 글로벌 경쟁력을 확보하기 위한 수단으로 적극적으로 인수합병을 추진하였다. 인도 M&A 시장의 특징 중 하나는 자국내에서 인수합병이 활발하게 발생하고 있다는 것이다. 그러나 최근 들어서는 인수합병을 통해 해외진출을 추진하는 경향을 보이고 있다. 인수합병을 통해 해외로 진출 시에는 여러 가지 장단점이 있다. 장점으로는 우선 해당 시장에 쉽게 들어갈 수 있다. 피인수 기업의 자산, 노하우, 브랜드, 유통망 등을 활용할 수 있으므로 단독으로 진출했을 때보다 수월하게 시장에 진입할 수 있다. 또한 시간을 절감할 수 있다. 만약 신규 법인으로 해외시장에 진출하게 된다면 브랜드 홍보부터 현지인 고용까지 많은 비용과 시간이 소요된다. 하지만 인수합병 거래는 위험이 높다는 단점이 있다. 인수합병한다고 해서 무조건 성공하는 것은 아니다. 상대방 기업에 대가를 너무 많이 지불할 수도 있고, 피인수기업 종업원과의 통합 작업에 어려움을 겪을 수도 있다. 혹은 인수 후 시너지가 창출되지 않을 수도 있다. 이렇듯 인수합병 거래는 장점만큼 단점이 존재하므로 신중하게 결정해야 한다.

인도 기업들은 후발주자이기 때문에 인수합병 전략을 선호하고 있다. 그들은 이미 시작부터 선진국 기업들과의 경쟁력 차이가 크게 존재한다. 경쟁력의 차이를 좁히려고 노력하지만 선진국 기업들도 가만히 있는 것은 아니기 때문에 결코 쉽게 달성되지 않는다. 이러한 상황에서 인도 기업에 가장 필요한 것은 시간 절약이다. 단시간에 경쟁력을 끌어 올려야 글로벌 경쟁하에서 살아남을 수 있다. 따라서 짧은 시간 내에 경쟁력을 확보하기 위해서 인도 기업들은 인수합병 전략을 선호한다.

제약 산업의 경우 기술 수준이 매우 중요한 산업 중 하나이다. 제약 산업은 크게 신약 개발과 복제약 개발로 인해 매출이 발생한다. 즉, 기본적인 기술이 있어야 매출이 발생하는 구조이다. 그렇기 때문에 기술이 부족하다면 장기적으로 수익성이 불안해진다. 란박시의 경우 선진국 제약 업체와의 기술적 차이를 인지하고 복제약 개발부터 시작했다. 후발주자로서 뛰어든 제약 산업이었지만 저렴한 노동력과 우수한 R&D 인력으로 금세 두각을 나타냈다. 특히 복제약 판매는 가격에 많은 영향을 받는데 인도의 저렴한 노동력은 원가 경쟁력 확보에 큰 도움을 주었다.

하지만 란박시는 언제까지 복제약 개발에만 치중할 수는 없었기 때문에 기술력의 격차를 줄이기 위해 적극적으로 인수합병을 추진한다. 2004년 란박시는 프랑스의 RPG Aventis사 인수를 시작으로 적극적으로 해외 인수합병을 시작했다. 기술력 확보 및 해외시장 진출을 목적으로 수행된 해외 인수합병은 2006년에만 8개의 기업을 인수할 정도로 적극적인 자세를 보였다.

란박시의 성공요인

앞에서 언급했지만 인도에 있다고 해서, 인수합병을 한다고 해서 란박시가 무조건 성공한 것은 아니다. 인도가 가진 국가특유우위(country-specific advantage)가 란박시의 사업에 딱 맞아떨어진 것이 결정적이었다. 인도는 중국과 마찬가지로 저렴한 노동시장을 보유하고 있다. 저렴한 노동력은 많은 인도기업에 원가 경쟁력을 제공해 주었다. 만약 란박시의 성공이 저렴한 노동력 때문이라면 중국의 제약 업체도 성공해야 하는데 인도 기업만큼 성장하지 않고 있다. 중국과 인도의 가장 큰 차이이자 결정적인 요인은 우수한 R&D 인력과 영어사용에 있다. 인도의 R&D 인력은 우수한 데다가 상대적으로 인건비가 저렴하여 R&D 집중도가 높은 기업에게는 필수적인 요인이다. 실제로도 많은 해외기업들이 우수한 인도 인재를 유치하려고 경쟁하고 있다. 인도 인재가 각광받는 또 다른 이유는 영어 사용에 있다. 해외진출 및 국제협력에 있어서 영어는 필수적인 요소이다. 란박시가 해외의 여러 기업을 인수할 수 있었던 것도 해외 제약업체들과 협업을 진행할 수 있었던 것도 영어가 큰 역할을 하였다. 협업 및 인수합병을 하더라도 상대방 업체와 원활한 소통이 되지 않는다면 그들이 기대했던 시너지를 창출하기 힘들다. 따라서 란박시의 성공은 란박시가 속해 있는 제약 산업과 인도가 가진 국가특유우위가 결합하여 만들어낸 성공사례라 할 수 있다.

시사점

란박시는 고급기술이 필요한 제약 산업에서 후발주자로서 어떻게 살아남고 성장해야 하는지 알 수 있는 좋은 사례이다. 특히 란박시의 인수합병 전략은 후발주자로서의 부족한 경쟁력을 만회하는 데 큰 기여를 하였다. 일반적으로 전자, 통신, 제약과 같은 신기술이 중요하고 기술개발 속도가 빠른 산업의 경우 후발기업들은 쉽게 진입하지 못한다. 하지만 인도의 저렴한 노동력과 우수한 R&D 인력으로 란박시는 글로벌 기업으로 성장하는 데 성공한다. 후발기업들도 란박시의 사례를 본받아 자국의 국가우위 요소를 적극 활용하여 글로벌 기업으로 성장하는 전략을 모색해야 할 것이다.

참고문헌

B. Bowonder and Nrupesh Mastakar(2005), "Strategic business leadership through innovation and globalisation: a case study of Ranbaxy Limited", International Journal of Technology Management, 32(1~2), pp.176~198.

B. Bowonder and P. K. Richardson(2002), "Liberalization and the growth of business-led R&D: the case of India", R&D Management, 30(4), pp.279~288.

Jayant Sinha(2005), "Global champions from emerging markets", McKinsey Quarterly, 2, pp.28~37.

S. Manikutty(2000), "Family Business Groups in India: A Resource-Based View of the Emerging Trends", Family Business Review, 13(4), pp.279~292.

회사 개요 및 현황

ONGC는 Oil and Natural Gas Corporation의 약자로 인도의 데라둔 (Dehradun)에 본사를 두고 주로 원유와 천연가스의 탐사와 생산하는 다국적 기업이다. ONGC는 1956년 인도 정부의 에너지 담당 부서에서 시작되었으나 조직의 중요성 및 효율적인 운영을 위해 회사를 설립하여 별도로 분리해 나왔다. 정부와 긴밀한 관계를 형성하고 있는 ONGC는 정부의 지원으로 단기간 내에 급속도로 성장하게 된다. 에너지 확보의 중요성 증가와 함께 ONGC의 성장 속도도 증가하게 된다. 현재 ONGC는 아시아 최대의 석유 가스회사로 성장했으며, 미국 경제전문지 『포춘(Fortune)』의 2012년 글로벌 200대 기업에서 171위에 올랐다. 또한 『포춘』의 2012년 가장 존경받는 기업 석유회사 부문에서 인도 기업으로서는 유일하게 순위에 올랐다.

ONGC의 EU시장 진출 배경

ONGC의 해외진출 배경은 ONGC가 속한 산업의 특성에 기인한다. 석유 산업은 막대한 자본과 기술력을 필요로 하므로 진입 장벽이 높다. 그렇기 때문에 후발기업들은 쉽게 진입하지 못하고 선진국 기업들이 자원을 독차지하게 되었다. 하지만 시간이 지날수록 에너지 안보에 대한 개념이 생기고 그 중요성이 증가하면서 신흥국의 후발기업들도 적극적으로 뛰어들고 있다. 석유와 천연가스가 곧 자국의 안보와 관련된 사항임을 깨닫고 정부에서는 자국 업체들에게 지원을 아끼지 않는다.

각국 업체들 간의 주도권 경쟁이 치열한 것도 해외진출에 영향을 주었다. 한정된 자원과 각국의 보호주의는 경쟁을 더 어렵게 만들었다. 더 높은 경쟁력을 요구하는 세계시장에서는 ONGC가 살아남기 힘들었다. 선진국 기업들은 높은 기술력을 무기로 경쟁을 주도하고 있고, 신흥국 기업들은 자본력을 바탕으로 경쟁에 뛰어들고 있었다. 인도 정부도 글로벌 수준의 에너지 기업을 육성하기 위해 ONGC에 지원을 아끼지 않았다. 또한 ONGC는 글로벌 수준의 경쟁력을 갖추기 위해 국내 및 해외에서 적극적으로 인수합병을 추진했다. ONGC는 국영기업이자 에너지 기업이기 때문에 경제적 논리에 따른 이윤창출보다는 국가안보의 목적으로 에너지를 확보하는 경향이 있다.

ONGC의 진출 전략

2008년 8월 ONGC는 영국의 석유회사인 Imperial Energy를 인수하기로 합의한다. 인수금액은 26억 달러로 당시 Imperial Energy 주가 기준으로 약 60%의 프리미엄이 붙은 가격이다. Imperial Energy는 주로 러시아 시베리아 지역의 톰스크에서 원유 시추 활동을 하고 있었다. 하지만 실적 부진으로 주가폭락 및 재정적으로 어려움을 겪으면서 ONGC에 인수되었다. ONGC는

Imperial Energy를 인수함으로써 러시아 원유 확보 및 러시아 시장에 진출할 수 있게 되었다.

  석유 업체 인수합병은 일반 기업의 인수합병과 다른 양상을 보인다. 위의 사례에서 볼 수 있듯이 영국 석유회사를 인수한다고 해서 영국 시장에 진출하는 것이 아니다. 일반적인 인수합병이라면 상대 기업을 인수함으로써 크게 두 가지 시장에 진출할 수 있는 혜택이 있다. 하나는 피인수기업이 있는 나라의 현지 시장이고, 다른 하나는 피인수기업이 현재 진출하고 있는 해외시장이다. 해외 인수합병 거래는 특정 기업을 인수함으로써 동시에 여러 나라에 진입할 수 있는 채널을 확보할 수 있다. 하지만 석유 업체의 경우 주요 생산 활동이 원전에서 이루어지기 때문에 피인수기업의 자국 시장과는 관계가 적은 편이다. ONGC는 영국 석유회사를 인수했지만 그로 인해 러시아 시장에 진출할 수 있었던 것처럼 해당 원전이 어느 나라에 석유 또는 천연가스를 공급하고 있는지 살펴보아야 한다.

ONGC의 성공요인

  ONGC의 해외진출 성공요인으로 정부의 지원이 있었다. 정부가 기업을 지원하는 방법은 여러 가지가 있다. 산업 내 경쟁자의 진입을 제한할 수도 있고, 세제 혜택을 통해 지원할 수도 있다. 보조금을 지원하거나 시중보다 저렴하게 자금을 융자해주는 것도 정부 지원의 한 방법이다. ONGC는 후발 에너지 기업으로서 자금도 기술력도 부족한 상황이었다. 에너지 안보의 중요성에 대해서 깨달은 인도 정부는 ONGC를 육성하기 위해 적극적으로 지원에 나선다. 기술력을 확보하기 위한 R&D 및 경쟁업체를 인수하기 위해서는 막대한 자금이 필요하다. 정부는 보조금 지원 및 자금융자를 통해 ONGC를 지원한다. 선진국 경쟁업체 대비 부족한 기술력은 자본으로 보완해야 한다. 정부의 지원은 성공적이었다. ONGC는 자금력을 바탕으로 여러 석유 업체들을 인수하는 데 성공하였다.

ONGC가 기존의 성공적인 해외진출을 이어나가려면 정부의 지원 외에 갖춰야 할 것으로 높은 수준의 기술력이 있다. 지금 당장 R&D 투자가 성과에 기여하지 못하더라도 장기적인 관점으로 R&D 투자에 소홀히 하지 않으면 안 된다. 결국 석유 및 천연가스 사업은 기술싸움이다. 원가절감도 기술에서 나오고, 새로운 자원탐색도 기술에서 나온다. 이러한 기술이 있어야 안정적으로 수익을 창출할 수 있다. ONGC가 해외기업 인수합병에 열중인 것도 피인수기업의 기술을 확보하여 글로벌 수준의 기술력으로 신속하게 다가가기 위함이다.

하지만 ONGC는 여러 가지 위험을 직면하고 있어서 주의가 필요하다. 유전이라는 것은 한정된 자원으로 결국에는 소멸될 자원이다. 하지만 ONGC는 기술 부족으로 기존의 보유량 감소를 막지 못해 채산성과 수익성이 악화되고 있다.

ONGC는 국영기업으로 정부와 밀접한 관계를 가지고 있다. 앞에서 언급했듯이 이러한 관계는 정부로부터 지원을 받는 데 유리하지만 단점도 있다. 예를 들어 고유가로 인해 정부의 물가안정 정책으로 유가에 적극 개입하는 경우 ONGC는 그 부담을 떠맡게 되어 수익성이 악화된다.

또한 ONGC는 정부가 탐사 및 추출과 같은 상류 부문 개발에 집중하기를 원하면서 갈등을 일으키고 있다. 하류 부문은 진출을 제한함으로써 ONGC의 수직적 통합계획에 차질을 일으키고 있다. 어느 한쪽에 치우친다는 것은 그만큼 위험 부담이 크다는 것을 의미하기 때문에 ONGC는 수직적 통합을 통해 위험을 분산시키고자 한다. 정부의 입장은 ONGC의 주력 사업 분야가 상류 부문이니 상류 부문에 더 집중하자는 입장이다. 쉽게 말해서 잘하는 것에 집중해서 더 잘하자는 의미로 해석할 수 있다. 하지만 ONGC 입장에서는 그렇게 간단한 문제가 아니다. 잘하는 것에 집중했지만 어느 순간 경쟁기업으로 인해 잘하지 못하게 될 때 순식간에 기업의 경쟁력이 무너져 내리고 만다.

시사점

그동안 대부분의 해외진출 기업들은 자신들이 가지고 있는 강점을 살려서 적극적으로 해외진출을 시도해 왔다. 하지만 ONGC의 경우는 달랐다. 후발기업으로 시장에 뛰어들어 선진국 업체들과 경쟁할 수 있는 수준이 아니었다. 지금은 민영화되었지만 국영기업으로 설립되었기 때문에 조직운영도 효율적인 편이 아니었다. 글로벌 경쟁에서 살아남기 위해 ONGC가 의존할 수 있는 것은 정부의 지원뿐이었다. ONGC는 정부의 지원하에 R&D 투자 및 인수합병을 추진하였다. 기술력이 부족하더라도 자본력으로 밀어붙인 ONGC는 이제 글로벌 경쟁력을 논할 수 있을 정도로 성장하였다. ONGC의 사례는 정부의 적극적인 지원이 해외진출을 성공시킨 사례라 할 수 있다. 정부의 지원이 무조건 나쁜 것은 아니다. 우리는 흔히 물고기를 잡아주기보다는 잡는 법을 가르쳐야 한다고 얘기한다. 처음부터 물고기를 잡을 수 있는 사람(기업)은 없다. 물고기를 잡을 수 있는 역량을 갖출 수 있도록 주변에서의 도움이 필요하다. 우리나라의 경제성장도 정부의 전폭적인 지원하에서 이루어진 것을 돌이켜볼 때 정부의 지원을 무조건적으로 부정적으로 보아서는 안 될 것이다.

참고문헌

Bidhu Kanti Das and P. K. Halder(2011), "Corporate Social Responsibility Initiatives of Oils PSUs in Assam: A case study of ONGC", Management Convergence, 2(2).

Himanshu Aggarwal and D. P. Goyal(2009), "Strategic alignment of business and Information Technology in Indian Petroleum sector organisations", International Journal of Indian Culture and Business Management, 2(2), pp.144~163.

Singh Satyendra Kumar(2013), "Impact of Fuel Price Control on Finances of Indian Public Sector Oil Companies", Advances In Management, 6(1), pp.8~12.

Sumeet Gupta and Rakesh Kumar Sharma(2012), "Pricing and Taxation in Oil and Gas Sector: A study with special reference to ONGC", Journal of Global Economy, 8(3).

T. Maheswari(2012), "Financial performance of oil and natural gas corporation (ONGC) limited", Journal of Indian Management & Strategy, 17(3), pp.30~38.

Suzlon Energy ● **수즐론 에너지**

회사 개요 및 현황

수즐론 에너지는 인도 푸네(Pune) 지역의 풍력발전회사이다. 2011년 기준으로 세계 4위의 풍력발전터빈 제조회사이다. 현재 이 기업의 제품은 28개국에 설치되어 20,000MW의 전기를 생산하고 있다. 수즐론 에너지는 수즐론(Suzlon) 비즈니스 그룹의 일원이다. 수즐론 그룹은 78개의 회사로 구성된 그룹이며 전세계 33개국에 진출해 있는 인도의 거대 비즈니스 그룹 중 하나이다. 수즐론 에너지는 인도는 물론 독일, 중국, 벨기에도 진출하여 사업을 영위하고 있다.

수즐론 에너지는 1995년에 직물회사로 시작하였다. 하지만 인도 현지의 발전 인프라 부족으로 높은 전기료는 기업 운영에 있어서 큰 부담이었다. 열심히 수익을 창출해도 비용으로 대부분이 상쇄되었다. 창업자인 툴시 탄티(Tulsi Tanti)는 이것이 본인들만의 문제가 아니라 인도 기업 전체의 문제임을 깨닫고 친구 라즈코트(Rajkot)와 함께 발전회사 수즐론 에너지를 설립한다. 본인의 직물회사에 필요한 전기를 충당하기 위해 시작한 사업은 이제 주력사업이 되었고, 2001년에는 직물사업부를 매각하여 풍력발전 전문기업으로 발돋움한다. 2003년에 미국에 첫 수출을 달성한 이후 적극적으로 해외진출을 추진하고 있다.

수즐론 에너지의 EU시장 진출 배경

인도는 세계에서 두 번째로 많은 인구를 가진 국가로 지금도 계속 인구가 증가하고 있다. 인도 인구의 증가와 함께 지속적인 산업화는 많은 에너지 수요를 불러일으킨다. 인도의 경우 아직까지는 전력공급이 부족한 상황이며 정부에서도 이를 해결하기 위해 적극적으로 투자하고 있다. 2010년 자료에 의하면 인도는 현재 전력의 절반 이상을 화력발전으로 조달하고 있으며, 풍력은 7%만 차지할 정도로 전력 수급에 크게 기여하고 있는 상황은 아니다.

석탄을 이용해서 대부분의 전력을 조달하고 있지만, 기술력 부족으로 인한 높은 탄소배출량, 낮은 에너지 효율성, 석탄운송비용 등으로 향후 전망이 긍정적이지 않다. 하지만 인도의 풍력발전은 최근 10년간 급격하게 성장하고 있다. 수요는 계속 증가하지만 자국의 석탄 부존량은 40~50년 정도 사용할 수 있는 양으로 인도는 자연스럽게 천연에너지에 관심을 돌리게 된다. 풍력발전사업의 수즐론 에너지는 자국 내 개인 및 기업들에게 전기를 공급하면서 승승장구하게 된다. 인도의 6,400km에 이르는 해안선은 풍력 발전에 큰 잠재력을 제공한다. 수즐론 에너지는 현재 인도의 풍력발전기기 시장에서 점유율 50% 이상을 차지하고 있으며 이를 기반으로 적극적으로 해외로 진출하고 있다. 전 세계적으로 풍력에너지에 대한 수요가 증가 추세에 있어서 수즐론 에너지는 곧 글로벌 경쟁시대가 올 것임을 직감한다. 수즐론 에너지는 해외시장 진출 및 글로벌 경쟁력 확보를 목표로 해외로 나가기 시작한다.

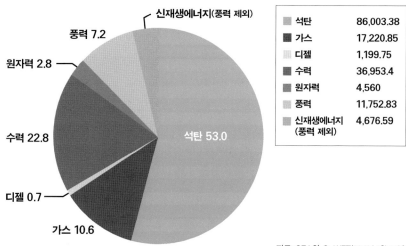

인도의 에너지 사용 현황 (단위 : %, MW)

신재생에너지(풍력 제외)

풍력 7.2

원자력 2.8

수력 22.8

디젤 0.7

가스 10.6

석탄 53.0

	석탄	86,003.38
	가스	17,220.85
	디젤	1,199.75
	수력	36,953.4
	원자력	4,560
	풍력	11,752.83
	신재생에너지 (풍력 제외)	4,676.59

자료: CEA와 C-WET(2010년 6월 30일)

수즐론 에너지의 진출 전략

수즐론 에너지는 해외진출 전략으로 기업의 지분 인수 전략을 추진했다. 수즐론 에너지는 유럽의 풍력발전 시장에 진입하기 위해 2007년 5월 리파워 (REpower)의 최대 주주인 아베라(Avera) 사로부터 경영권을 넘겨받는 인수 계약을 체결한다. 당시 계약금액은 13억 유로로 인도 에너지 기업의 인수합병 사례로서는 가장 큰 금액이었다. 수즐론 에너지는 2년에 걸쳐 리파워의 지분을 100% 인수하는 데 성공했으며, 이 거래는 인도의 에너지 기업의 성장과 위치를 보여 주는 사례라 할 수 있다.

스위스 풍력발전터빈 제조회사인 리파워의 주력 시장은 독일, 이태리 및 루마니아 등 유럽시장이다. 리파워는 1.5MW에서 6.15MW의 전기를 생산할 수 있을 정도로 다양한 터빈 제조기술을 보유하고 있다. 2005년에는 그해의 가장 성공적인 터빈을 제조할 정도로 기술력을 보유한 기업이다. 수즐론 에너지는 리파워 인수를 통해 유럽 시장 진출, 기술력 획득, 운송비용 절감의 혜택을 기대할 수 있다. 인도에서 관련 설비들을 유럽으로 공급하면 비용이 많이 소요되기 때문에 유럽 기업을 인수하여 생산기지로 사용할 계획이다.

수즐론 에너지의 성공요인

수즐론 에너지의 성공요인 중 가장 중요한 것은 수즐론 에너지가 자체적으로 밸류 체인의 수직적 통합을 구축하여 보유하고 있다는 점이다. 수즐론 에너지는 발전설비(터빈) 제조부터 송전 및 배전까지 제공할 수 있다. 이러한 통합을 통해 인도 시장을 장악할 수 있었고, 이를 바탕으로 해외시장에 진출할 수 있었다. 수직적 통합에는 장점 및 단점이 존재한다. 기업이 전체 프로세스의 처음부터 끝까지 효과적인 통제를 할 수 있다는 점이 수직적 통합의 장점이다. 단점으로는 여러 프로세스를 통합적이고 효과적으로 운영해야 하기 때문에 높은 운영 및 관리비용이 요구된다.

수즐론 에너지 사례에서는 이러한 점을 적극적으로 이용하여 글로벌 경쟁력을 창출하였다. 수즐론 에너지의 경우 인도의 노동력이 저렴하기 때문에 비록 수직적 통합으로 인해 많은 비용이 소요되더라도 글로벌 수준으로 볼 경우 기존의 절감된 인건비가 많았기 때문에 경쟁력을 크게 저하시키지 않았다. 대신 수즐론 에너지는 수직적 통합의 장점을 극대화하는 전략을 사용했다. 수직적 통합의 가장 큰 장점은 본사의 효과적인 기업 통제이다. 통제라는 표현이 감시 감독이라는 좁고 부정적인 의미로 받아들여질 수 있지만, 여기서 통제는 매니지먼트를 포함한 좀 더 포괄적인 개념을 의미한다. 즉, 감독, 통제를 너머 관리, 운영, 의사결정까지 포함하는 개념이다.

수직적 통합의 가장 직접적인 효과는 비용에서 나타난다. 기업은 제조에 필요한 원자재와 부품들을 중간상인 없이 바로 조달이 가능하고, 제조과정 역시 본사에서 효과적으로 통제가 가능하기 때문에 품질의 향상으로 인한 비용을 절감할 수 있다. 하지만 관계회사가 비효율적인 경우 그러한 비효율성을 감수해야 하는 부담도 있다. 예를 들어 외부 업체가 더 저렴한 가격에 부품을 공급하더라도 쉽게 공급처를 바꾸기 힘들다. 또한 통합으로 묶여 있기 때문에 경기변동이 큰 업종일 경우 신속하고 유연하게 대응하지 못한다는 단점이 있다. 하지만 수즐론 에너지가 속해 있는 풍력발전 산업의 경우 수요가 꾸준히 증가하고 있으며, 다른 대체에너지들의 존재로 수요가 급격히 변동하지는 않는다.

시사점

오늘날 많은 기업들이 유럽을 비롯한 해외로 진출하고 있다. 대부분의 기업들은 자신들만의 경쟁력을 무기로 해외시장에 도전한다. 여기까지는 모두 똑같은 스토리다. 각 기업들은 본인들의 경쟁력을 어떻게 글로벌 수준으로 끌어올리는가와 확보한 경쟁력을 어떻게 활용하는가에 따라 성과의 차이가 발생한다. 수즐론 에너지는 자국에서의 성공을 바탕으로 해외시장으로 진출한 사례이다. 다만 여타 다른 기업들과의 차이점은 수즐론 에너지의 경쟁력이 수직적 통합에서 발현되고 있다는 점이다. 밸류체인상의 수직적 통합은 해당 기업에 원가경쟁력은 물론 인수합병에 있어서 협상력을 제공해 주었다. 인수합병을 통해 밸류체인을 지속적으로 강화시킨 수즐론 에너지는 글로벌 1위를 향해 나아가고 있다.

참고문헌

Alice Hohler and David Hopwood(2008), "Suzlon feels the need for speed", Renewable Energy Focus, 9(2), pp.34~36.

Aswini K. Dash and Biswajit Das(2010), "The Wind Power Industry: An Overview, Major Issues and Strategies Adopted with Specific Reference to India", International Journal of Power System Operation and Energy Management, 1(3), pp.35~42.

Joanna I. Lewis and Ryan H. Wiser(2007), "Fostering a renewable energy technology industry: An international comparison of wind industry policy support mechanisms", Energy Policy, 35(3), pp.1844~1857.

Joanna I. Lewis(2007), "Technology Acquisition and Innovation in the Developing World: Wind Turbine Development in China and India", Studies in Comparative International Development, 42(3-4), pp.208~232.

Tamara Stucchi(2012), "Emerging market firms' acquisitions in advanced markets: Matching strategy with resource-, institution- and industry-based antecedents", European Management Journal, 30(3), pp.278~289.

성공 또는 실패,
EU시장은
만만하지 않다

하이얼 그룹 ● Haier Group

회사 개요 및 현황

중국 칭다오에 본사를 두고 있는 하이얼그룹(이하 '하이얼'로 칭함)은 1984년 말 설립되어 가전제품 분야의 글로벌 브랜드로 급속한 성장을 이루어 왔다. 하이얼은 가전분야에서 중국 제1의 기업으로 세계에서 가장 경쟁력 있는 50대 개업 중 28위에 올라 있다(Business Week, 2010). 하이얼의 성장과정은 네 단계로 구분된다.

① **브랜드 확립 단계**(1984~1991) ▶ 냉장고에 집중하면서 비즈니스와 경영관리의 경험을 축적해 온 기간으로 소기업에서 중국 내 냉장고 브랜드 1위의 기업으로 성장하였다.

② **다각화 단계**(1991~1998) ▶ 제품 영역을 냉장고에서 백색 및 갈색가전 분야로 다각화하며 유무형 자산의 조합을 통한 생산부문의 리스트럭 처링을 이루어 왔다.

③ 글로벌화 단계(1998~2005) ▶ 주요 선진국 및 개도국 시장에 대한 시장침투 및 확대를 통한 브랜드 인지도 향상을 이루어 왔다.

④ 글로벌 브랜드 확립 추진 단계(2005~현재) ▶ 글로벌 현지 시장에서 하이얼 브랜드 확립을 추진하며, 고객요구에 대응하기 위해 글로벌 자원의 통합을 기하여 나가고 있는 중이다.

유로모니터에 의해 백색가전 브랜드 1위 기업으로 선정된 하이얼(2010)은 연매출 \$233억(2011)에 백색가전에 있어 세계시장의 7.8%를 점유하고 있으며, 세계 톱100 브랜드 중 하나(2004)로 성장해 왔다.

하이얼 그룹의 EU시장 진출

하이얼 그룹의 회장 장루이민은 글로벌화 전략을 수행하는 데 있어 가전제품 분야 글로벌 경쟁기업들의 국제화 과정을 벤치마킹하면서 품질 개선만으로는 세계 일류기업이 될 수 없으며, 글로벌 브랜드의 구축, 소비자가 탐낼 만한 제품의 공급이 절실함을 간파하였다. 기업 생존을 위해서는 세계시장 진출이 필수적이라는 철학으로 장 회장은 '밖으로 나간다, 다시 안으로 들어온다, 그리고 명성의 사다리를 타고 위로 올라간다'는 3단계 진출 방법을 통해 해외시장에서 품질을 인정받은 이후 국내시장을 확보하고 이를 바탕으로 더욱 강력한 기업을 만들기 위해 노력해 오고 있다.

특히 장 회장은 품질에는 A, B, C 등급이 있는 게 아니며 오직 받아들일 수 있는 품질과 받아들일 수 없는 품질의 두 가지만 있을 뿐이라는 신념으로* 어려운 시장을 먼저 공략 후 쉬운 시장으로 진출한다는 선난후이(先難後易) 전

---

* 장 회장은 불량품으로 판정된 76개의 냉장고를 해머로 파손하고, 이를 회사의 박물관에 전시함으로써 회사 내 '최상의 품질과 영원한 진정성(quality supreme and sincerity forever)'이라는 슬로건이 자리 잡게 하였다.

략을 적극적으로 시행해 오고 있다. 이러한 노력의 결과, 하이얼은 품질 기준이 가장 엄격한 독일에 처음 냉장고를 수출할 수 있었고 이는 유럽 및 북미 시장 진출에 박차를 가할 수 있는 계기가 되었다.

하이얼은 1997년 유고슬라비아에 합작투자 생산공장을 설립하고, 독일 시장에 하이얼 브랜드의 제품을 판매하기 시작하였다. 1998년에는 네덜란드의 필립스와 합작을 통해 유럽 시장에 대한 진출을 본격화하였다. 유럽 시장 진출을 효과적으로 관리하기 위해 이태리의 가전제품 클러스터가 소재하는 바레세(Varese)에 유럽본부를 설치(2000)하여 유럽지역 13개 국가에 대한 마케팅을 총괄하는 체제를 구축하였다. 한편 EU시장의 관세장벽을 회피, 유럽 시장에 적합한 제품의 디자인 개발 및 제조 역량을 확충, 나아가 중국 내 고품질(high-end) 제품에 대한 수요를 충족하기 위해 유럽에서 생산된 제품을 중국으로 수출하고자 하였다. 이러한 전략의 일환으로 2001년에는 이태리 가전기업인 메네게티(Meneghetti)를 인수하였으며, 2009년에는 이태리 가전기업인 Elba의 지분 20%를 인수하였다. 하이얼의 유럽 시장 진출은 전략적 자산인 기술, 디자인, 제조 및 경영·생산 관리 역량의 확보를 위해, 나아가 이를 통한 유럽 시장 진출 확대와 함께 본국 내 고품질 제품 수요에의 대응에 초점이 맞춰져 왔다 할 것이다. 1990년대 중반 이후 글로벌 전략을 적극적으로 수행해 온 하이얼은 세계 24개국에 걸쳐 29개의 생산공장과 5개국에 8개의 디자인 센터 및 4개국에 16개의 산업공단을 구축하여(2007) 글로벌 경영활동을 영위하는 기업으로 성장하였다. 하이얼은 개도국 기업으로서 10년 남짓의 기간 안에 급속한 국제화를 성공적으로 이루어 온 기업으로 평가받고 있다.

하이얼은 글로벌시장에서 브랜드가 잘 알려져 있으며, 제품의 품질과 고객 서비스 등에 대해 높은 평판을 유지하고 있는 단계로 들어서고 있다. 하이얼은 또한 2009년 말 현재 9,738건의 특허를 출원할 정도로 생산 부문에 대한 혁신 노력에 박차를 가하고 있다. 이러한 강점을 바탕으로 하이얼은 냉장고에서 세탁기, 에어컨디셔너 등 제품 다각화를 통한 브랜드 확장을 기하여 왔다. 나아가 하이얼은 제품, 디자인 및 마케팅의 세 축을 기반으로 하는 영업방침으로 글로벌화 작업을 수행하여 현재는 유럽, 북미를 포함한 160개국에 진출하여 활동하고 있다. 제품 혁신과 R&D 부문에 대한 투자의 결과 하이얼은 2006년에 중국 기업으로는 최초로 디자인 분야에서 iF 디자인상(iF Product Design Awards)을 수상하였다.

그럼에도 불구하고 하이얼은 아직도 고부가가치의 첨단 제품에 대한 핵심역량이 부족하고, 효과적인 글로벌 마케팅 및 홍보활동의 중요성을 간과하고 있는 것으로 파악되고 있다. 이는 하이얼이 아직도 현지 고객의 구매력, 제품 선호도 및 구매패턴 등에 따른 가격, 제품 및 판촉 활동에 있어 완전한 글로컬라이제이션(Glocalization)*이 이루어지지 못하고 있다는 것을 의미한다. 특히 고객 및 제품에 대한 전자정보 및 데이터 교환 시스템 구축이 미진한 것은 풀어야 할 과제로 남았다.

하이얼 그룹의 진출 전략

중국 기업의 대외투자에 대해 중국 정부는 제한적 정책에서 지원적 정책으로 변화를 거듭해 왔다. 중국이 자국 기업의 글로벌화에 눈뜨기 시작한 초기단계(1979~1985)에는 국영기업에 대해서만 건별 승인절차를 거쳐 해외투자가 가능하였다. 2단계 기간(1986~1991) 중에는 규제 완화와 자유화가 상당히 진척되어 해외에 합작 파트너가 있으며, 충분한 자금력을 보유하고, 기술적 노하우가 있는 기업에 대해서는 어느 정도 표준화된 승인절차를 거쳐 기업의 해외투자가 가능하였다. 중국 기업의 국제화가 국가 경제개발 및 투자정책의 일부로 간

---

* 기업이 글로벌하게 생각하며 현지 실정에 맞게 행동(Think globally, but act locally)하는 것을 의미하는바, 기업의 글로벌 마케팅 및 관리 프로세스에 있어 표준화와 현지 적응화 간의 균형적 전략을 수행함을 의미한다.

주되기 시작한 것은 3단계(1992~1998)에 들어서이다. 이때부터 해외투자의 승인이 중앙정부 차원이 아닌 지방정부 차원에서 이루어지기 시작하였다. 1997년 아시아 외환위기를 거치면서 단기적 규제가 이루어지기도 하였으나, 확대되는 자국기업의 해외투자를 뒷받침하기 위해 제10차 5개년 계획에서는 'Go Global' 정책이 채택되었다(4단계, 1999~2001). 2001년 중국의 WTO 가입을 계기로 자국 내 시장경쟁이 치열해짐에 따라 중국 기업의 해외진출은 더욱 가속화되었다. 중국 정부는 기업의 해외투자에 대해 지방정부 차원의 승인권을 유지하는 통제적 정책을 시행해오고 있으나 기업의 국제화에 대한 지원을 지속적으로 확대해 나가고 있다.

중국 정부의 해외투자 지원정책에 힘입은 중국 기업의 해외진출 동기는 주로 자원 추구, 시장 추구, 기술 추구, 다각화 추구 및 전략자산 추구의 형태로 이루어지고 있다. 이에 따라 중국 기업의 유럽 시장 진출은 자동차나 가전제품 분야의 전문 제조 클러스터 등에서 가용한 현지 역량을 탐색하기 위한 기술적 역량과 디자인 기술 및 브랜드를 획득하는 방식이 점차 증가하고 있다. 특히 중국 기업들은 선진시장 진출에 있어 연결(Linkage), 레버리지(Levergae) 및 학습(Learning)의 LLL 모델*을 따르고 있다.

해외시장 진출 초기 하이얼은 인근국인 아시아 개도국에 대한 OEM 방식의 수출을 시작한 이후 인근국 현지기업과의 합작을 통한 진출 확대 과정을 거쳤다. 그러나 하이얼의 해외시장 진출의 목표는 궁극적으로 선진국 시장 진입이었고, 선진국 시장 진출의 결과로 제품 및 브랜드에 대한 향상된 인지도는 개도국 시장진출을 확대하는 촉진제 역할을 하는 선순환적 해외시장 진출 전략을 시행해 나갔다.

유럽 시장 진출에 있어 하이얼은 초기(1990년대 초)에 OEM 방식의 수출에

---

* 　개도국 다국적기업의 선진국 시장에 대한 투자진출을 설명하는 이론으로는 Mathews(2002)의 LLL 이론과 Moon & Roehl(1993, 2001)의 불균형 이론 등이 있다.

치중하면서 시장정보 부족에서 오는 시장진입의 위험을 줄이기 위해 합작이나 라이선싱 등 기업 간 전략적 제휴관계(Linkage)를 형성하여 글로벌 생산의 가치사슬에 편입되었고, 선진시장에 대한 지식과 기술을 활용(Leverage)하며 글로벌시장에서 경쟁하는 방법을 습득(Learning)하는 전략을 펼쳤다. 글로벌 선진기업과의 연결은 하이얼이 글로벌시장에의 초기 진입을 가능케 한 요인이 되었다.

이후 어느 정도 역량이 축적된 하이얼은 인수와 단독투자 방식의 시장진출을 성공적으로 수행해 왔다. 하이얼의 생산기술은 독일의 프리미엄급 냉장고 생산기업인 립헤르(Liebherr) 사로부터 라이선싱을 통해 습득하였으며,* 이태리 가전제품 생산기업의 인수를 통해서는 제품의 다각화와 생산능력을 확장하는 성과를 거두게 된다.

이러한 하이얼의 유럽 시장 진출활동은 자신에게 부족한 희소하고, 쉽게 모방이 가능하며, 별다른 노력 없이도 이전이 가능한 전략적 자원을 선진기업으로부터 끊임없이 확보하려 노력해 온 결과물이라 할 수 있다.

하이얼 그룹의 성공요인

선진기업에 비하여 후발주자인 하이얼로서는 경쟁우위를 갖출 수 있는 자원을 외부에서 찾아 나섰다. 전략적 파트너를 잘 활용하는 한편, 첨단기술을 확보하기 위하여 선진기업과의 협력관계를 공고히 하였다. 이러한 노력을 통해 하이얼은 가전제품에 대한 무선커뮤니케이션 기술을 확보할 수 있었으며, 선진기업을 인수하고, 특정 기술에 대해서는 라이선스 계약 방식으로 관련 지식을 축적해 나갔다.

---

* Liebherr와의 전략적 관계는 하이얼로 하여금 회사의 이름을 '칭다오 냉장고'에서 Liebherr(중국어로 'Li-bo-hai-er'로 발음)의 마지막 두 음절을 차용한 'Haier'로 개명하는 데 결정적인 계기가 되었다.

하이얼의 주요 기술 제휴 현황

Year	Partner	Cooperative Target
1993	Merlonic Company (Italy)	Produces automatic roll-washers
1993	Mitsubishi Heavy Industry, LTD (Japan)	Produced air-conditioners
1994	GK Design Company (Japan)	Engaged in the cooperative design of new products
1997	Philips (NL) and Metz (Germany)	Produced color TV set
1998	Beihang University (China) and C-Mold (USA)	Software development
1999	Toshiba (Japan)	Produced MRV inverter series of commercial air-comditioners
2001	Ericsson	Produced internet-ready (using Bluetooth technology) appliances
2002	Sanyo (Japan) and SAMPO (Taiwan)	R&D, marketing agreements

하이얼은 독일, 일본 및 미국에 연구개발 센터를 운영할 정도로 제품혁신과 R&D에 대한 투자를 소홀히 하지 않고 있다. 이는 지역별, 국가별로 차별화된 제품을 공급하는 전략을 추진할 수 있는 기반을 제공하고 있다. 차별화 전략은 각 시장 내 틈새시장을 발굴하고 선점해 나가는 계기를 제공하는데, 일례로 하이얼은 프랑스와 이태리에 여타의 가전제품 판매에 앞서 시장형성 초기단계로 제품의 브랜드가 중요하지 않던 에어컨을 출시하는 전략을 수행하여 성공적인 시장 선점 효과를 거둔 바 있다. 에어컨을 통한 하이얼 브랜드 홍보효과에 힘입어 냉장고와 세탁기의 후속적인 자사 브랜드 제품의 진출이 가능했다.

선난후이(先難後易)의 경영철학에 기반하여 선진시장을 우선한 급속한 국제화 전략의 추진은 유럽과 미국 등에 대한 시장진출 성과를 통해 개도국으로의 시장 확대를 손쉽게 이룰 수 있게 하였다. 하이얼은 현지 시장 환경과 관행에 정통한 현지 유통체인을 잘 활용하여 언어, 문화적 차이를 극복해 나갔으며, 초기의 OEM 공급방식에서 자회사 설치운영, 기업 인수와 단독 또는 합작투자를 통해 해외시장 진출을 신속히 수행하여 왔다. 특히 하이얼은 제품개발과 관련한 R&D 분야에 대한 역량을 강화하기 위한 전략적 파트너 발굴에 힘써 왔으며, 글로벌시장 내에서 자사 브랜드의 확립을 위해 노력해 왔다.

시사점

전통적 국제경영의 관점에서 하이얼은 기술, 브랜드, 자본 등 독점적 소유 우위의 자원이 없는 기업이었다. 보잘것없는 소기업 규모의 하이얼은 기업가 정신으로 무장된 CEO의 경영철학에 기반한 기업 혁신을 통해 성공적인 유럽 시장 진출이 가능하였다. 특히 시장을 주도하고 있는 선진기업과 경쟁하기 위하여 하이얼은 믿을 수 있고, 저렴하며 고객의 욕구를 충족시킬 수 있는 디자인 개발을 통해 시장 수요를 충족시켜 왔다. 저가격 시장은 시장 선도자에게는 관심의 대상이 아니었으나 하이얼에게는 수익을 보장하는 틈새시장이었던 것이다. 이러한 하이얼의 시장지향적 진출 전략과 함께 선난후이의 진출대상 지역·국가 선정 전략 역시 우리 기업에 시사하는 바가 크다 할 것이다. 독일이나 이태리처럼 시장침투가 가장 힘든 국가에서 현지 시장경쟁을 이겨낸 제품과 기술, 그를 위한 조직 역량과 축적된 경험은 여타의 시장에서는 품질과 브랜드를 인정받는 제품으로 손쉽게 시장을 확대해 나갈 수 있기 때문이다.

아울러 국가 차원의 해외투자진출 지원에 힘입어 하이얼은 글로벌 경쟁력을 갖춰나갈 수 있었으며 글로벌시장에서 강력한 도전자로 나서게 되었다.

비교적 신생기업이었던 하이얼은 해외시장 진출을 통해 기업 규모가 급속히 확대되어 왔다. 그럼에도 불구하고 하이얼은 기존의 가전제품을 주력으로 주방용품, 가정용 전자·전기 제품 분야에 특화된 기업으로 기업을 관리하여 왔다. 현재는 가정용 엔터테인먼트 제공을 위한 TV, PC 등의 영역으로 사업을 확장하고 있지만 일부 대기업과 같이 재벌적 업종 다각화보다는 전문분야와 최소한의 관련 업종으로의 다각화 정책을 취하여 나가고 있다.

참고문헌

Chan(2011), "A SWOT Study of the Development Strategy of Haier Group as One of the Most Successful Chinese Enterprises", International Journal of Business and Social Science, 2(11), pp.147~153.

Duysters, G., J. J. Jacob, C. Lemmens & Y. Jintian(2009), "Internationalization and technological catching up of emerging multinationals: a comparative case study of China's Haier group", Industrial and Corporate Change, 18(2), pp.325~349.

He, X. & Y. Wei(2011), "Linking market orientation to international market selection and international performance", International Business Review, 20, pp.535~546.

Mathews, John A.(2002), "Competitive Advantage of the Latecomer Firm: a Resource-based Account of Industrial Catch-up Strategies", Asia Pacific Journal of Management, Vol. 19, pp.467~488.

Mathews, J. A.(2002), Dragon Multinationals - A New Model for Global Growth, Oxford University Press, Oxford.

Moon H. C. & T. W. Roehl(1993), "An imbalance theory of foreign direct investment", Multinational Business Review, 1(1), pp.56~65.

Moon H. C. & T. W. Roehl(2001), "Unconventional foreign direct investment and the imbalance theory", International Business Review, 10(2), pp.197~215.

Pietrobelli, C., R. Rabellotti & M. Sanfilippo(2011), "Chinese FDI strategy in Italy: the 'Marco Polo' effect", Int. J. Technological Learning, Innovation and Development, 4(4) pp.277~291.

김영래,강청송(2006), 중국 전자기업 하이얼(Haier)의 글로벌화 사례연구, 통상정보연구 8(4), pp.301-322.

위키피디아 http://en.wikipedia.org

하이얼 그룹의 Annual Report(2011, 2012) 및 홈페이지 http://www.haier.com

레노보 그룹 ● Lenovo Group

회사 개요 및 현황

레노보(Lenovo)는 1984년 중국 국립과학원의 과학자 및 기술자 11명이 20만 위안을 투자하여 설립하였다. 사용자에게 보다 나은 제품을 공급한다는 경영 원칙하에 레노보는 중국 IT 산업의 발전을 주도해 왔다. 1990년부터 자사 브랜드의 컴퓨터를 판매하기 시작한 레노보는 지속적인 기술혁신의 결과, 개인용 PC 제품에 있어 1996년 이후 중국 내 1위의 기업으로 올라섰으며, 2002년 2분기에는 데스크톱 PC 분야에서 세계 5위의 업체로 성장해 왔다. 레노보는 2002년부터 시작된 중국 정부의 'Go Global' 정책에 부응하여 글로벌화를 본격적으로 추진하기 시작하였다.

2003년에는 기존의 회사명이자 브랜드인 레전드(Legend)가 글로벌화에 걸림돌이 된다고 판단하여 회사명을 레노보(Legend의 Le-와 라틴어의 새로움을 의미하는 novo의 합성)로 개명하여 기업의 혁신성을 강조하였다. 레노보는 중국의 시장점유율 30%의 상황에서 더 이상의 발전을 위해서는 글로벌화가 절대적으로 필요하며, 점진적 글로벌화는 시간이 많이 소요되고 복잡한 과정을 거치기 때문에 위험부담이 있기는 하지만 인수합병을 통한 글로벌화로 방침을 정하였다. 2004년 12월 당시 글로벌 관련 업계를 경악시키면서 IBM의 개인용 컴퓨터 부문을 $12.5억에 인수하여 PC 분야의 글로벌 혁신기업으로 거듭나게 된 레노보는 현재 미국에 글로벌 영업본사를 두고 있으며 개인용 PC, 태블릿 컴퓨터, 모바일폰을 넘어 서버, 저장장치, 스마트TV는 물론 IT 소프트웨어 제공까지 사업영역을 확장하여 왔다.

현재 레노보는 60개국 이상에 진출해 있으며, 세계 160개국에 걸쳐 제품을 공급하고 있는 세계 최대의 PC 공급업체로 총매출 $295.7억에 2만 7천 명을 고용하고 있다(2012). 레노보는 정보통신 서비스 부문으로의 사업 다각화와 함께, 영국, 미국, 인도, 말레이시아, 일본 및 호주 등지에 제조 및 물류기지를 확충해 나가면서 글로벌화 전략을 강력히 추진해 나가고 있다. 2006년에는 스페인에서 활동 중인 월드 축구스타인 호나우딩요를 홍보에 활용하며 레노보를 세계적 브랜드로 키우기 위해 노력하여 왔다.

레노보의 EU시장 진출 배경

레노보의 주력 제품인 노트북 컴퓨터와 데스크톱 컴퓨터는 총매출의 90%를 담당하고 있다. '시장 보호와 공략'의 전략으로 세계 컴퓨터시장의 점유율 12.9%(2012)를 기록한 레노보의 2012년 매출은 2011년 대비 37%가 증가하였다. 레노보의 주력시장은 중국으로 총매출의 42%를 본국에서 올리고 있다. 그러나 해외로 눈을 돌리면 레노보의 주력시장은 선진국 시장이다. 2012년의 경우 레노보는 선진국 시장에서 역시 42%의 매출을 일으켰다. 중요한 특징은 선진국 시장에서의 레노보 매출 비중이 2011년 36%에서 2012년 42%로 크게 확대되어 나간 점이다. 선진국 시장이 침체국면에서 5% 정도 하강하고 있음에도 레노보는 2012년에 8.7%의 사장점유율을 달성하였으며, 특히 2011/2012 회계연도 마지막 분기의 시장점유율은 10.1%로 선진국 시장에서 최초로 두 자릿수 점유율을 기록하였다. 한편 유럽 시장 내 시장점유율은 7.8%로 이는 독일 기업인 메디온(Medion) 인수에서 영향받은 바가 크다.

레노보의 매출액 구성 (Annual Report, 2011/12)

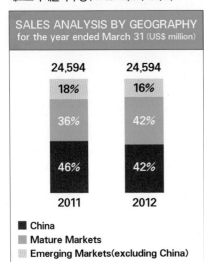

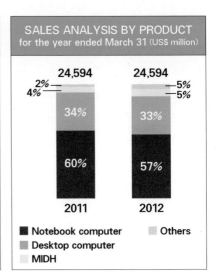

레노보의 유럽 내 자회사 설치 현황 (Annual Report, 2011/12)

진출목적	자회사명	소유지분	헌 투자액	Country
Investment holding and distribution of IT products	Lenovo (International) B.V.	100%	EUR20,000	Netherlands
Retail and service business for consumer electronic Products	Lenovo (Belgium) BVBA	100%	EUR252,619,458	Belgium
Distribution of IT products	Medion AG	61.48%	EUR48,418,400	Germany
	Lenovo (Danmark) ApS	100%	DKK126,000	Denmark
	Lenovo (Deutschland) GmbH	100%	EUR25,100	Germany
	Lenovo (France) SAS	100%	EUR1,837,000	France
	Lenovo (Italy) S.r.l	100%	EUR100,000	Italy
	Lenovo (Schweiz) GmbH	100%	CHF2,000,000	Switzerland
	Lenovo (Spain), SRL	100%	EUR108,182	Spain
	Lenovo (Sweden) AB	100%	SEK200,000	Sweden
	Lenovo Technology (United Kingdom) Limited	100%	GBP8,629,507	United Kingdom
	Lenovo Technology B.V.	100%	EUR20,000	Netherlands

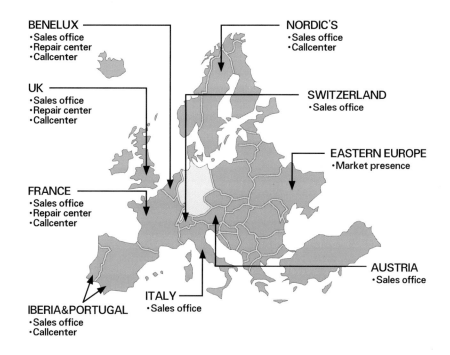

BENELUX
•Sales office
•Repair center
•Callcenter

NORDIC'S
•Sales office
•Callcenter

UK
•Sales office
•Repair center
•Callcenter

SWITZERLAND
•Sales office

EASTERN EUROPE
•Market presence

FRANCE
•Sales office
•Repair center
•Callcenter

AUSTRIA
•Sales office

IBERIA&PORTUGAL
•Sales office
•Callcenter

ITALY
•Sales office

레노보는 1991년 독일에 Lenovo Germany를 설립하면서 해외시장 진출의 첫발을 내디뎠다. 그러나 이후 별다른 글로벌 진출활동이 없다가 2001년에 이르러 랩톱 컴퓨터를 유럽 시장에 출시하게 된다. 유럽 시장의 가능성을 확인한 레노보는 2003년까지 오스트리아, 프랑스, 네덜란드, 스페인 및 영국 등지에 판매법인을 설립한다. 무엇보다도 레노보의 글로벌화에 결정적 영향을 미친 사건은 2004년의 IBM 개인용 컴퓨터 사업부의 인수이다.

글로벌 경쟁에서 살아남기 위해서는 첨단기술로 제작되는 정교한 제품과 서비스가 불가피하다고 판단한 레노보는 IBM 인수를 통해 글로벌시장에서 자사의 경쟁열위(기술, 브랜드, 경영역량 등)를 극복하고, 저렴한 제품의 제조역량 이점을 활용할 수 있는 발판을 구축하였으며, 글로벌 고객의 양과 질을 변화시키는 계기로 삼았다.

레노보의 EU시장 진출은 최근 독일의 전자기기 복합 유통판매 기업인 메디온의 인수를 통해 본격화되었다. 2011년 7월에 이루어진 레노보의 메디온 인수는 중국 기업이 지명도 있는 독일 기업을 인수한 첫 사례로 꼽히기도 하는데, 레노보의 기술적 제품 제조능력(Back End)을 메디온의 유럽 시장 유통능력(Front End)과 결합시켜 강력한 시너지 효과를 창출하는 목적하에 이루어졌다. 레노보는 메디온 인수를 통해 에이서(Acer) 및 HP에 이어 3위의 컴퓨터 공급업체가 되는 한편(2011), 독일 내 컴퓨터 시장점유율을 두 배로 확대하여 14%대로의 시장 확대가 가능할 것으로 전망했다. 레노보는 메디온의 주식 55%를 인수(3.2억 유로)하고, 주식시장을 통해 최대 80%(최대 6.7억 유로)까지 지분을 늘려 나가는 한편, 메디온 회장의 지분은 인수 당시 60%에서 20%로 낮추어 유지토록 하고 있다.

한편 레노보는 최근 유럽 시장의 진출을 확대하기 위해 에이서에서 물러난 란치(Lanci)를 영입하였다. 이를 통해 레노보는 유럽 내 5위에 머물러 있는 컴퓨터 기업으로서의 입지를 2013년까지 3위로 끌어올린다는 계획이다.

레노보의 진출 전략

글로벌 선진시장에 진출함에 있어 레노보는 끊임없이 시장추구형 목적하에 진출 전략을 수행하여 왔다. 이는 레노보의 입장에서 더 이상의 시장 확대가 힘든 상황에 도달하고 있는 본국의 컴퓨터 관련 산업의 한계를 벗어나는 유일한 길이었기도 하였다. 이를 위하여 레노보는 1991년부터 유럽 내 판매법인을 설치하며 적극적인 유럽 시장을 공략하는 데 나서게 된다.

그러나 시장추구형 글로벌 진출을 수행함에 있어 최대의 난제는 첫째, 글로벌 브랜드 인지력이 미진하다는 것이었으며, 둘째, 선진시장 내 유통채널에의 접근이 힘들다는 것, 셋째, 선진시장 진출을 위해서는 기술역량과 함께 글로벌 경영능력을 축적하고 배양해야 한다는 것이었다. 이러한 문제점을 일거에 해소하게 된 것이 2004년 IBM의 인수라 할 수 있다.

이후 레노보는 유럽 시장 내 판매법인, 서비스센터 및 콜센터를 확장해 나가는 한편 기술연구소도 설립하게 된다. 2011년에 이르러서는 전자기기 관련 제품의 강력한 유통판매 기업인 메디온을 인수함으로써 유럽 시장 내 브랜드 인지도를 새롭게 구축하고 유럽 시장 내 톱 3위의 기업으로 진입을 위해 노력하고 있다.

결론적으로 레노보는 유럽 시장의 진출을 확대하기 위해 판매 및 유통 분야에 집중하여 법인설치 및 기업 인수 활동을 추진해 왔다. 이는 레노보가 보유하고 있는 혁신적 제품을 공급할 수 있는 제조역량을 유럽 시장 내에서 판매와 유통을 실현할 수 있는 진입방식을 선택하는 전방통합 전략을 취한 것으로, 이를 통해 레노보는 유럽 시장 내에서 제조역량을 마케팅 역량을 획기적으로 전환해 나갈 수 있게 되었다.

레노보의 성공요인

비교적 신생기업인 레노보가 빠른 기간 내에 글로벌 기업으로 성장한 배경에는 CEO인 류(Liu)의 역할이 컸다. 류는 인적자원의 중요성을 깊이 인식하고 기업 지배구조와 인센티브 제도를 통해 직원들이 회사의 발전에 공헌하는 시스템을 구축하였다. 『이코노미스트(Economist)』가 중국 내 '기업문화 혁신'의 리더로 선정(2001)한 류는 '아시아의 스타'(『비즈니스위크』, 2000), '올해의 아시아 비즈니스맨'(『포브스』), '중국 기술 전설의 주역'(『하버드 비즈니스 스쿨 케이스』, 2001), '글로벌 리더 25인'(『타임스』, 2010) 등으로 선정되어 그 혁신성과 리더십을 국제적으로 인정받아 왔다.

선진기업 인수를 통해 레노보는 생산능력 확충과 함께 고품질 제품의 제조역량을 강화하고, 선진 경영 인력의 흡수, 인수 대상 기업이 보유하고 있는 유통 네트워크 및 인수기업이 확립해 놓은 브랜드를 활용할 수 있었으며, 경우에 따라서는 R&D 센터를 통한 기술역량의 고도화를 이룰 수 있었다. 인수한 기업에 대해서는 중국의 문화를 결합하고 통합하는 능력을 보임으로써 성공적인 글로벌화가 가능하였다.

레노보는 인수를 통한 글로벌 전략을 통해 가장 큰 문제였던 글로벌 마케팅 역량을 단숨에 함양할 수 있었다. 글로벌 마케팅 역량은 본국 내에서만의 활동으로 손쉽게 습득되는 것이 아니다. 레노보 관계자는 레노보가 스스로 글로벌 마케팅 역량을 키웠다면 몇 배의 비용을 들이고도 8~10년의 기간이 소요되었을 것으로 회상하고 있다. 유럽과 미국 기업의 인수를 통해 레노보는 고객의 범위를 소비자와 중소기업에서 글로벌 대기업과 기관으로 확대하여 시장 세그먼트를 넓힐 수 있었으며, B2B 시장에 뛰어들어 본격적인 마케팅이 가능하게 되었다.

시사점

레노보는 본국인 중국 내에서 시장을 주도하는 선도적 기반을 보유한 상황에서 글로벌화를 추진하였다. 짧은 기간 안에 글로벌화를 이루고 PC 관련 제품 세계 3위의 글로벌 기업으로 성장하였다. 이를 위해 레노보는 선진기업을 인수하여 기술, 경영 및 브랜드, 마케팅 역량 등 선진기법을 습득하였으며, 유럽 시장 내 전방위적인 판매법인 설치 및 유통판매 기업의 인수를 통한 시장침투 전략을 시행하여 왔다.

이러한 레노보의 사례는 제조능력은 갖추었으나 기술적 기반과 브랜드력이 약한 우리 기업의 해외시장 진출 전략에 시사하는 바가 크다 할 것이다.

참고문헌

Deng, P.(2009), "Why do Chinese firms tend to acquire strategic assets in international expansion", Journal of World Business, 44, pp.74~4.

Holtbruegge, D. & H. Kreppel(2012), "Determinants of outward foreign direct investment from BRIC countries: an explorative study", International Journal of Emerging Markets, 7(1), pp.4~30.

Jing, S.(2012), "Analysis of Lenovo Globalization Strategy and Enlightenment to Chinese Enterprises", Canadian Social Science, 8(2), pp.86~89.

Liu(2007), "Lenovo: an example of globalization of Chinese enterprises", Journal of International Business Studies, 38, pp.573~577.

위키피디아 http://en.wikipedia.org

레노보 그룹의 Annual Report(2011/12) 및 홈페이지 http://www.lenovo.com

화웨이 ● Huawei

회사 개요 및 현황

화웨이는 중국에서 가장 큰 통신장비 공급업체이다. 1988년 설립되어 경이로운 속도로 성장하여 중국 통신장비 시장 1위를 차지하였으며 현재는 전 세계를 무대로 제품을 판매하고 있다. 화웨이의 주력 상품은 통신망 기술의 생산 및 판매로, 통신사업자에게 광통신망·이동통신망 등의 통신망 솔루션을 제공한다.

현재 화웨이 제품은 전 세계 100여 개 국가에 제공되고 있고 10억 명 이상의 가입자들이 이용하고 있다. 연간 매출액의 약 60%가 해외에서 발생할 정도로 화웨이는 국제화되어 있다. 화웨이는 전 세계에 30여 개 지사를 보유하고 있으며, 미국, 인도, 러시아 등에 R&D 연구소를 운영하고 있다. 화웨이는 매년 매출액의 10% 이상을 R&D에 투자할 정도로 R&D 투자에 적극적이다. 6만 명 종업원의 절반 가까이가 R&D 종사자일 정도로 R&D가 이 회사에 미치는 영향은 상당하다. 이러한 R&D는 후발주자였던 화웨이가 글로벌 기업으로 성장할 수 있는 기반이 되었다.

화웨이의 EU시장 진출 배경

화웨이가 설립될 당시 통신장비 산업은 시스코나 에릭슨과 같은 세계적인 통신회사들이 시장을 과점 상태로 점유하고 있었다. 통신장비 시장은 한때 업계 1위 회사도 하루아침에 사라질 정도로 경쟁이 치열하였다. 게다가 통신장비 산업은 기술 집약도가 높으며 기술 개발 속도도 엄청나게 빠르다. 통신장비 시장에서는 소비자의 선택보다는 통신회사의 선택으로 구매가 결정되기 때문에 통신장비 시장은 B2B 시장으로 마케팅보다는 높은 기술력이 더 중요한 시장이다.

이러한 산업 내 경쟁에서 살아남기 위해서, 혹은 이러한 경쟁에서 이기기 위해서는 R&D 투자에 집중할 수밖에 없다. 기술이 있다는 것은 경쟁에서 이기기 위한, 나아가 경쟁에 참여하기 위한 전제조건이라 할 수 있다. 하지만 후발 주자인 화웨이가 짧은 기간 안에 기술개발만으로 선진기업들과 겨룰 수 있는 글로벌 경쟁력을 갖추기는 쉽지 않았다. 대신 화웨이는 선진국 시장에 들어가기 전에 신흥국이나 개도국부터 진출하여 해외진출에 대한 경험을 축적하였다. 자국의 저렴한 노동력을 기반으로 한 원가경쟁력을 무기로 저렴한 상품을 판매했다. 이러한 노력으로 화웨이는 신흥국에서의 실적과 성과로 선진국 시장에 진입할 수 있는 기반을 잘 형성해 놓았다. 화웨이의 기술력과 품질에 의심을 가지고 있어도 이미 신흥국에서의 경영성과가 있으니 선진국 시장에 진입하는 것이 보다 수월할 수 있었다. 신흥국에서 해외진출의 학습을 충분히 한 화웨이는 본격적으로 선진국 시장에 진입을 시도한다.

화웨이의 진출 전략

화웨이는 본인들의 기술 수준과 가격경쟁력을 고려하여 선진국 기업들이 치열하게 경쟁하고 있는 하이앤드(high-end) 시장이 아닌 로앤드(low-end) 시장부터 진입하였다. 하이앤드 시장으로 바로 들어가기에는 기술 수준 및 인지도가 부족했기 때문에 안전하게 로앤드 시장부터 진입한 것이다. 유럽 진출의 첫걸음으로 상대적으로 통신시장이 덜 발달한 스페인으로 진출을 시도했는데 결과가 좋지 않았다. 화웨이는 로앤드 시장으로 진입하여 고객을 확보하고 여기서 확보된 고객을 기반으로 점차 하이앤드 시장으로 시장을 확대하는 전략을 추구했었다. 하지만 예상보다 빠른 통신기술 개발 속도, 그리고 무엇보다 EU에서 통신이 덜 발달된 나라에 가격보조금을 제공해 주었기 때문에, 스페인에서는 굳이 저렴한 화웨이 상품을 이용하지 않아도 되었다. 이로 인해 화웨이가 내세울 수 있는 가격경쟁력은 힘을 받지 못하였다.

스페인에서 전략적 실패를 겪은 화웨이는 기존의 전략과는 정반대로 유럽에서 가장 성숙한 통신시장을 보유하고 있는 네덜란드로 진입을 시도한다. 화웨이는 네덜란드 통신회사 KPN과의 협력을 통해 초기 진입자로서 겪는 많은 비용과 위험을 줄일 수 있었다. 게다가 KPN이 독일계 최대 통신사 T-Mobile에 인수되면서 화웨이는 자연스럽게 유럽 최우수 통신사에 제품 및 서비스를 제공하는 비즈니스 파트너가 되면서 성공적인 유럽 진출의 발판을 마련하였다.

화웨이의 성공요인

무엇보다 화웨이는 소비재 제조업체가 아닌 통신장비 업체이기 때문에 제품 수요에 있어서 상대적으로 소비자의 기호에 큰 영향을 받지 않는다. 후발주자로서 기술력 및 브랜드 인지도가 부족했던 화웨이는 마케팅에 투자하기보다는 R&D에 적극적으로 투자한다. 소비재가 아니므로 적극적으로 마케팅 활동을 펼칠 유인이 없기 때문이다. 차라리 그 비용으로 연구개발을 하는 것이 훨씬 효과적이다. 마케팅 부담이 적기 때문에 화웨이는 모든 세일즈의 정답이라고 할 수 있는 저렴한 가격과 우수한 품질이라는 두 마리 토끼를 잡기 위해 노력하였다. 중국 노동시장의 최대 장점인 저렴한 노동력을 바탕으로 화웨이는 가격경쟁력을 확보한다. 내수시장 장악으로 확보한 수익성은 R&D 투자로 이어지고 이는 곧 품질개선으로 실현된다. 화웨이는 무려 매출의 10%를 R&D에 투자할 정도로 적극적이다. 저렴한 제조비용과 적극적인 R&D 투자는 화웨이에 가격경쟁력과 기술력을 안겨주었다. 이러한 제품경쟁력을 바탕으로 화웨이는 유럽 시장에 성공적으로 진입할 수 있었다.

또한 화웨이는 거래 상대방에게 맞춤형 서비스를 설계 및 제공함으로써 경쟁기업과의 차별화를 추진했다. 이러한 전략 역시 가격경쟁력에서 확보된 우위를 통해서 가능할 수 있었다. 화웨이의 제품이 경쟁업체에 비해 낮은 가격으로 형성되어 있었기 때문에 고객 맞춤화를 통해 비용이 상승하더라도 그 상승분을 상쇄할 수 있었다. 어느 제품이든 거래 상대방 입장에서는 비슷한 가격이라면 좀 더 본인들에게 특화된 서비스를 제공해주는 업체와 협력하는 것이 당연하다. 이러한 전략을 통해 화웨이는 후발주자의 한계점을 극복할 수 있었다.

시사점

화웨이는 후발기업으로서 어떻게 글로벌 기업으로 성장해 나가야 하는지 잘 보여 주는 사례라 말할 수 있다. 대부분의 중국기업은 저렴한 노동력을 기반으로 창출된 원가경쟁력을 앞세워 해외시장에 진출을 추진한다. 그들의 기술력 및 품질이 해외 소비자들을 만족시킬 만큼의 수준이 되지 않더라도 소비자들은 가격 대비 품질이 어느 정도 합리적이라고 생각되면 구매하게 되어 있다. 그만큼 중국 제품들은 부족한 품질을 상쇄할 수 있을 만큼 상당한 원가경쟁력을 가지고 있다.

여기까지는 대부분의 중국 기업들의 해외진출 이야기와 동일하다. 원가경쟁력을 바탕으로 해외진출을 하고 이후 점차 품질을 개선해 나간다. 하지만 통신기술 업종의 특성상 화웨이는 기업의 경쟁력과 미래는 R&D에 달려 있다고 확신하고 적극적인 R&D 투자를 추진하였다. 후발기업이기 때문에 당연히 R&D 투자 초창기에는 R&D 투자에 대한 성과가 없었지만, 기술과 자본이 축적되면서 이제는 글로벌 기업들과 어느 정도 대등하게 경쟁할 수 있을 만큼 기술력 수준을 확보하였다. 비록 본인들의 기술력이 조금 부족하더라도 부족한 부분은 본인들의 원가경쟁력으로 보완할 수 있기 때문에 화웨이는 꾸준히 글로벌 경쟁력을 확보할 수 있었다. 이러한 화웨이의 전략은 해외시장으로 진출하려는 중국 기업들에게 많은 시사점을 제공한다. 어느 나라의 기업이든 어느 국가의 시장이든 결국 정답은 저렴한 가격과 좋은 품질이다. 어느 한쪽에만 치우친다면 장기적으로 성공할 수 없다. 특히 화웨이가 속한 통신장비 산업처럼 고차원의 기술이 산업의 핵심 역할을 하는 산업에서는 장기적인 관점으로 R&D 투자에 집중해야 한다.

참고문헌

Brian Low(2007), "Huawei Technologies Corporation: from local dominance to global challenge?", Journal of Business & Industrial Marketing, 22(2), pp.138~144.
Sunny Li Sun(2009), "Internationalization Strategy of MNEs from Emerging Economies: The Case of Huawei", Multinational Business Review, 17(2), pp.129~156.
Donglin Wu and Fang Zhaooo(2007), "Entry Modes For International Markets: Case Study Of Huawei, A Chinese Technology Enterprise", International Review of Business Research Papers, 3(1), pp.183~196.
Ying Zhanggg and Geert Duysters(2010), "Alliance-Based Network View on Chinese Firms' Catching-Up: Case Study of Huawei Technologies Co. Ltd.", Journal on Innovation and Sustainability, 1(2).

회사 개요 및 현황

중국석유화공은 시노펙(China Petroleum & Chemical Corporation: Sinopec)이라고도 불리는 중국에서 제일 큰 석유 회사로 정식 이름은 중국석유화공고 분유한공사이고, 약칭은 중국석화 또는 중석화이다(이하 시노펙). 시노펙은 원래 국영기업이었으나, 2000년 민영화된 중국의 2대 석유회사 중 하나이다. 중국 외에 홍콩, 뉴욕, 런던에 주식이 상장되어 있다. 현재 전 세계에 100개 이상의 지사 및 지점을 운영하고 있다.

시노펙은 에너지 기업으로 주로 석유와 천연가스의 탐사·생산·추출·운송 등을 담당하고 있다. 시노펙은 중국에서 가장 큰 석유정제 업체 및 두 번째로 큰 원유제조 업체이다. 현재 시노펙은 중국 연료 공급량의 80%를 공급하고 있는 아시아 최대의 석유정제업체로 성장하였다. 시노펙이 속한 시노펙 그룹은 미국 경제전문지 『포춘(Fortune)』에서 발표한 글로벌 500기업에서 5위를 차지하였다. 이는 중국 기업들 중에서 가장 높은 순위이다. 시노펙은 외형기준으로

8년 연속 중국 최대 기업으로 기록되었다.

시노펙의 EU시장 진출 배경

영국 석유회사 BP가 발표한 "2012년 세계 에너지 통계"에 따르면 중국은 2011년 세계 석유 소비의 10%를 차지할 정도로 세계 최대의 자원 소비국이다. 중국의 높은 경제성장은 자연스럽게 석유소비량 증가를 가져왔다. 하지만 지속적으로 증가하는 석유소비량에 비해 중국의 석유 및 천연가스 1인당 비축량은 전 세계 평균의 10분의 1에 미치지 못해 에너지 확보가 중요한 상황이다.

중국 기업들은 에너지자원 확보를 위해 적극적으로 해외로 나가고 있다. 중국 정부가 아프리카에 막대한 자금을 투자하는 것도 에너지 자원을 선점하기 위해서이다. 중국이 아프리카와 본격적으로 협력을 시작한 2005년 이후를 살펴보면 그들의 목적은 에너지 자원 확보라는 것이 분명해진다. 중국은 앙골라, 나이지리아 등 아프리카 14개국의 27개 원유 가스 프로젝트에 참여했다. 원유 가스뿐만 아니라 광석 등에도 적극적으로 참여하여 에너지자원 확보에 열을 올리고 있다.

또한 중국 정부는 막대한 외환보유액을 바탕으로 기업들의 해외진출을 적극 장려하고 있다. 중국 정부의 중국 기업 세계화 전략인 '저우추취(走出去)' 전략을 통해 중국 기업들의 해외진출을 지원하고 있다. 따라서 2008년 글로벌 금융위기 이후 인수합병 시장이 예전보다 축소되고 있음에도 불구하고 중국 기업들은 이에 아랑곳하지 않고 해외 에너지 관련 기업들을 활발하게 인수하고 있다. 중국 투자자문업체 차이나벤처의 자료에 따르면 중국 기업의 2012년 인수합병 규모는 총 3,077억 달러로 이는 전년대비 37% 증가한 수치이며 2007년 이후 최대 규모이다. 거래가 가장 활발했던 분야는 에너지 광산업계로 335억 달러의 거래가 발생했으며, 해외기업과의 거래는 230건으로 366억 달러의 거래가 발생하였다. 글로벌 금융위기로 인한 경기침체 때문에 많은 해외 중요 자산들이 저평가되자 중국 기업들은 이를 기회로 적극적으로 인수합병하고 있다.

시노펙의 진출 전략

석유를 비롯한 천연자원 관련 기업은 초기에 막대한 투자비용이 발생하기 때문에 일반적으로 국가에서 운영한다. 이러한 상황은 해당 산업의 초기에 있어 어느 나라에서든 마찬가지이다. 이는 곧 해외 에너지 시장에 신규로 진입하려면 막대한 비용이 소요된다는 것을 의미한다. 수많은 경영전략 중에서 이러한 비용과 시간을 가장 효율적으로 단축할 수 있는 전략이 인수합병 전략이다. 기존의 시추시설의 소유권 및 운영권을 확보하여 해당 시설물을 이용하여 석유를 추출하는 것은 석유시추시설을 새로 만들어서 석유를 추출하는 것과 같은 효과를 창출한다. 이렇듯 인수합병은 기존 기업의 자산을 활용하므로 시간과 비용을 많이 절감할 수 있다. 그렇기 때문에 중국 기업들은 에너지자원 확보를 위해 인수합병 전략을 적극적으로 활용하고 있다.

시노펙은 석유개발 탐사에 많이 투자하여 상류부문을 확대시키고, 풍부한 자금을 바탕으로 시장을 선점할 계획을 가지고 있었다. 석유산업은 크게 상류부문과 하류부문으로 구분할 수 있다. 상류부문이란 원유의 탐사 시추·개발·생산 단계를 의미한다. 하류부문은 생산 이후의 과정, 즉 원유 수송·정제·석유제품 판매까지의 단계를 의미한다. 시노펙은 해외 인수합병을 통하여 전체의 20%를 차지하는 상류부문을 보완하려는 전략을 추구했으며, 해외생산기지를 확대하여 상류부문과 하류부문의 시너지를 추구하였다.

시노펙은 2009년 6월에 스위스의 아닥스(Addax)를 72억 달러에 인수한다. 아닥스의 하루 평균 석유 생산량은 13.7만 배럴로 중국의 하루 석유 소비량의

1.5%에 해당하는 수치이다. 연간 원유 생산량은 5,110만 배럴로 시노펙은 아닥스 인수로 인해 해외 원유 생산량이 대폭 증가할 것으로 기대된다. 당시 이 거래는 중국 기업의 해외 자원 인수합병 거래 역사상 가장 큰 규모의 거래로 기록되었다.

시노펙의 성공요인

시노펙이 성공적으로 자원을 확보할 수 있었던 점으로 몇 가지를 들 수 있다. 중국은 자원 부족을 해결하기 위해 적극적으로 해외 인수합병을 추진했으나 현지 정부의 정치적인 이유로 인한 간섭으로 인수합병 거래가 무산되는 경험을 종종 겪었다. 2002년 12월 페트로 차이나가 러시아 국유기업의 민영화 경매에서 Slavneft의 지분을 대량 매입하려 했으나 러시아 정부의 반대로 실패했다. 2005년 6월 중국해양석유공사가 185억 달러에 미국의 유노칼(Unocal)을 인수하려 했으나 미국 정부의 반대로 실패하고 결국 미국 Chevron사가 171억 달러에 인수했다. 이렇듯 각국 정부들은 에너지 자원문제를 국가안보와 밀접한 관련이 있는 문제로 간주하고 적극적으로 개입하고 있다. 각국의 보호주의 정책과 서구의 중국 견제는 중국 기업들의 에너지 자원 확보를 어렵게 만들고 있다.

이러한 각국 정부들의 견제를 고려하여 시노펙은 우회 전략을 사용한다. 특히 서구 세력에 대해 반감을 가지고 있는 중동이나 서구 세력의 영향력이 크지 않은 아프리카를 적극적으로 공략한다. 중동과 아프리카에 대한 적극적인 투자로 기술력과 경제성을 확보한 시노펙은 다시 선진국 에너지 시장 진출을 시도한다. 이미 현지 시장에서 기술력을 검증받고 해외 경험을 축적했기 때문에 상대적으로 수월하게 유럽 시장에 진출할 수 있었다. 만약 유럽 시장 진출을 처음부터 바로 추진했다면 지금보다 성과가 더 안 좋았을 것이다.

또한 시노펙은 확보한 석유를 안정적으로 공급하기 위해 송유관 투자에도 소홀히 하지 않았다. 2008년 착공된 중국-러시아 송유관으로 연간 3,000만 톤의 러시아산 석유가 중국에 공급될 계획이다. 이로 인해 그동안 구소련, 중앙아시아 지역 등 주변국의 자원 확보를 위해 편중되었던 해상 수송로에서 벗어나 육상 수송로를 확보하면서 수송경로의 다각화 전략을 추구할 수 있게 되었다. 수송 경로의 다양화를 통해 위험이 분산되는 효과 및 안정적인 원유 확보에 도움이 되었다.

시사점

시노펙 사례는 여타 기업들의 해외진출과는 다른 양상을 보이고 있다. 그것은 시노펙이 속한 산업의 특성에 기인한다. 에너지자원산업은 국가기반산업이기 때문에 정치적 입김이 많이 작용하는 산업이다. 실제로 에너지산업의 기업 간 인수합병 거래는 상대국 정부의 반대로 거래가 종종 무산되고 있다. 시노펙 역시 선진국 에너지기업을 상대로 인수합병 거래가 쉽지 않았다. 이에 시노펙은 선진국 시장 진입 대신 우회 전략을 사용한다. 상대적으로 선진국들의 입김이 약한 중동 및 아프리카에 우선적으로 진입하여 선진 기술 획득보다는 에너지 자원 확보에 집중한다. 계속 이렇게 몸집을 불려 나가면서 경쟁력을 확보한 시노펙은 이후 다시 선진국 시장에 진입을 추진하였다. 이렇듯 국가기반산업의 해외진출인 경우 인수합병거래가 일반적인 경제적 논리로 설명이 되지 않는다. 현지 정부와 우호적인 관계를 형성하여 거래를 성사시키거나 상대방 정부가 정말 필요한 것을 제공하여 어쩔 수 없이 계약을 하게 만드는 전략이 필요하다. 에너지 산업의 해외진출은 기존과는 다른 접근 방법이 필요하다.

참고문헌

Li Liang, Sun Xiang, Hu Xiao-hao, and Guo Yi(2009), "Sinopec Orientation and strategy of natural gas industry development", Natural Gas Industry, 03.

Peter Nolan(2001), "China and the global business revolution", Cambridge Journal of Economics, 26(1), pp.119~137.

Wang Jiming(2004), "SINOPEC's reform and IT development", Computers & Chemical Engineering, 29(1), pp.3~6.

회사 개요 및 현황

중국국제해운컨테이너그룹(China International Marine Containers, 이하 CIMC)은 중국 최초의 컨테이너 전문기업이다. 1980년에 설립되었고, 1994년에 선전증권거래소에 상장하여 다음 해인 1995년부터 여러 자회사를 가진 그룹 형태의 모습을 갖추기 시작했다. CIMC는 컨테이너, 항공설비, 트레일러 등을 생산하고 있다. 컨테이너는 CIMC의 주력 제조상품으로 북미, 유럽, 아시아에 판매되고 있다. 컨테이너 제조 업체로서는 세계에서 유일하게 지적재산권을 가지고 있는 컨테이너 제조업체일 정도로 제조와 관련해서 높은 기술력을 가지고 있다. 컨테이너 제조 분야에서는 2007년부터 전 세계 1위를 차지하여 지금까지 유지하고 있다.

CIMC는 2007년에는 중국 정부에서 선정한 "세계 유명 브랜드(World-Famous Brand)"에 선정되었고, 2008년에는 중국 내 글로벌 경쟁력 순위 49위, 중국 기업 브랜드 가치 40위에 선정될 정도로 국제화에 박차를 가하고 있다. 2010년에는 미국 경제전문지 『포춘(Fortune)』에서 발표하는 차이니즈 톱(Chinese Top) 500에서 128위를 차지하였다. 현재 CIMC는 전 세계 150개 자회사에서 6만 3천 명의 종업원을 고용하고 있는 중국의 다국적기업이다.

CIMC의 EU시장 진출 배경

1980년 설립된 CIMC는 중국 최초의 컨테이너 전문기업으로 중국 정부의 지원 아래 성장해 왔다. CIMC는 1986년 전 세계 컨테이너 시장 1위를 목표로 설정한 바 있으며, 10년이 지난 1996년에 시장점유율 1위를 달성하는 한편, 글로벌 네트워크도 구축하게 되었다. 그 당시에는 많은 해외기업들이 중국으로 이전해 오던 상황이었는데, CIMC는 이를 위기이자 기회로 생각하였다. 해외기업의 이전은 자국 시장에 대한 위협일 뿐만 아니라 본인들의 글로벌 경쟁력의 근간인 원가경쟁력을 무력화시킬 수 있기 때문에 해외기업의 중국 진출은 CIMC에게는 상당한 위기로 다가왔다. 2001년 CIMC는 "세계화를 목표로 고객을 위해 끊임없이 가치를 창출하자"를 모토로 오히려 세계화를 가속화한다. 기존의 수출 위주의 국제화에서 한 단계 더 나아가 본격적인 세계화를 추진하는 것이다. 자국 시장이 잠식당할 수 있는 상황을 오히려 적극적인 세계화로 돌파하려는 생각이었다.

CIMC는 선점하고 있던 국내시장에서의 밸류체인 통합을 통해 경쟁력을 견고히 하는 한편 이를 바탕으로 해외진출을 위한 경쟁력을 키워나갔다. 제조 공장을 설립하는 등 투자를 아끼지 않았으며, 규모의 경제를 실현하여 원가경쟁력을 더욱 공고히 하였다. 특히 CIMC의 원가경쟁력은 해외기업들이 중국 시장에서 성과를 내지 못하도록 하는데 큰 기여를 하였다. 규모의 경제, 해외기술 도입, 생산성 증대는 원가경쟁력의 핵심이라 할 수 있다. 2003년 컨테이너 가격이 하락세를 보여 가격이 무려 절반 가까이 떨어진 상황에서도 CIMC는 이러한 원가경쟁력을 바탕으로 힘든 상황을 버텨낼 수 있었다. 생산성 증대를 위해 근로자들이 목에 스톱워치를 걸고 일하는 사례는 유명하다. 이러한 CIMC의 끊임없는 원가 절감 노력과 원자재 국내 조달 등을 통해 경영위기 상황을 잘 극복해 나갔다. 이후 CIMC는 원가 절감이 시장에서의 핵심 경쟁력임을 깨닫고 전사적으로 원가 절감을 추진하게 된다.

CIMC의 진출 전략

CIMC는 글로벌 경쟁력 확보를 위한 수단으로 인수합병 전략을 적극적으로 사용했다. 해외시장에 진출하기 위한 동기는 크게 4가지가 있다. 시장 추구, 자원 추구, 효율성 추구, 전략적 자산 추구가 그것이다. 시장 추구란 말 그대로 해당 시장에서 점유율을 확보하기 위해 진출하는 것을 의미한다. 자원 추구는 중국 기업들의 아프리카 진출처럼 특정 자원을 확보하기 위한 해외진출이다. 효율성 추구는 해외진출을 통해 규모의 경제가 달성 가능한 경우 효율성을 높일 수 있다. 전략적 자산 추구는 해당 기업의 특허권과 같은 자산을 확보하기 위한 것이다. CIMC의 해외진출은 1990년대에는 효율성 추구 경향을 보이다가 이후 2000년도부터는 선진 기술을 확보하기 위한 전략적 자산 추구 경향을 보이고 있다. CIMC는 유럽의 선진 기술을 확보하기 위해 인수합병 전략을 실행한다.

CIMC는 유럽으로 진출하기 전에 가까운 아시아에서 기업들을 인수하기 시작했다. 1993년과 1994년 CIMC는 대만과 홍콩의 컨테이너 기업을 인수하면서 생산능력을 확보하는 데 주력하였다. 1999년 한국이 금융위기를 겪고 있을 때 CIMC는 정도통운 기업을 싼값에 인수할 수 있었다. 당시 정도통운은 세계시장에서 주목을 받기 시작할 때였으나 금융위기를 넘기지 못하고 CIMC에 인수되었다.

2004년 CIMC는 영국의 Clive-Smith Cowley(CSC)의 지분을 인수함으로써 해당 기업의 기술력을 확보할 수 있었다. CSC의 우수한 종이팩 제조기술은 CIMC의 종이팩이 해외시장으로 진출할 수 있는 밑거름이 되었다. 2005년에는 독일의 Waggonbau 기업을 매입함으로써 여러 중요한 기술들을 획득할 수 있었다. 2006년에는 네덜란드의 Burg Industries를 인수하여 운수차량 및 저장 탱크 분야의 기술력을 확보하려고 했으나 유럽연합의 개입으로 무산되었다.

CIMC의 성공요인

CIMC는 1996년 이후 컨테이너 시장에서 업계 1위를 지켜왔다. 시장점유율은 60%에 달한다. CIMC의 성공요인은 다음과 같다. CIMC는 본인들의 경쟁력을 확보하기 위해 적극적으로 인수합병 전략을 실행하였다. 1993년, 1994년에 대만 기업과 홍콩 기업을 인수하였고, 1999년에는 한국의 기업을 인수하여 경쟁력을 확보해 나갔다. 1990년대 인수 목적이 주로 생산능력 확보에 있었다면 2000년대의 유럽 기업 인수는 선진 기술 확보를 위한 전략으로 볼 수 있다.

CIMC의 또 다른 성공요인으로 원가 절감을 꼽을 수 있다. CIMC는 기존의 중국 제품들을 의미하는 저가의 품질 낮은 제품들을 생산하지 않았다. CIMC도 초창기에는 저가의 제품들을 생산해 내었다. 하지만 그들의 슬로건인 "learn, improve, disrupt" 아래 지속적인 연구개발을 소홀히 하지 않았다. CIMC는 다양한 종류의 컨테이너를 제조하면서 업계에서 유일하게 지적재산권을 가지고 있는 것으로 유명하다. 1990년대 초반에는 해외기업을 인수함으로써 기술력을 강화해 나갔고, 1997년에는 기술개발센터를 건립하여 우수한 인재 확보 및 적극적인 산학 협력을 추진하였다. 이러한 노력으로 2004년 CIMC가 개발한 시제품 기술은 약 400개에 해당하며 이는 전체 이익의 40%에 해당하는 성과였다. 또한 연구개발뿐만 아니라 품질관리에도 소홀히 하지 않고 프랑스 및 영국 등으로부터 품질인증을 획득하였다.

시사점

CIMC의 사례를 통한 시사점은 다음과 같다. 중국 기업은 전통적으로 인건비가 저렴하기 때문에 원가경쟁력을 달성하기 쉬운 구조이다. 컨테이너 분야에서 현재까지 CIMC보다 낮은 원가로 생산하는 경쟁기업은 찾기 힘들다. CIMC의 경우 구매, 생산, 운송 등 대부분의 영역에서 원가절감을 실현하고 있어 강력한 원가경쟁력을 가지고 있다.

CIMC는 원가경쟁력을 가지고 있음에도 R&D 투자를 소홀히 하지 않았다. R&D를 통해서 지속적으로 제품을 차별화시키고 고객의 요구에 부응하는 제품을 만들 수 있었다. CIMC는 유럽진출을 위해 영국 UBHI와 협력하여 기술개발을 추진했다. 각자의 뛰어난 기술 공유를 통해 CIMC는 기술개발에 성공하였으며 이는 유럽 시장진출의 중요 수단이 되었다.

원가경쟁력과 R&D 투자로 글로벌 경쟁력을 갖추어 나가면서 메이저 고객을 확보하기 위해 많은 노력을 기울였다. 글로벌 1등 기업의 비즈니스 파트너라는 것은 브랜드 인지도 상승에 큰 영향을 주고, 1등 기업과의 계약을 유지하기 위한 동기부여 효과를 제공하기 때문이다.

참고문헌

Marchall Meyer and Xiaohui Lu(2004), "Managing Indefinite Boundaries: The Strategy and Structure of a Chinese business firm", Management and Organization Review, 1(1), pp.57~86.

Martin Joerss and Henry Zhang(2008), "A pioneer in Chinese globalization: An interview with CIMC's president", McKinsey Quarterly, May.

Ming Zeng and Peter Williamson(2003), "The Hidden Dragons", Harvard Business Review, 81(10), pp.92~99.

Peter Williamson and Ming Zeng(2008), "How to meet China's cost innovation challenge", Ivey Business Journal, May/June.

Zheng Gang, He Yubing, Chen Jin, Tao Tingting, and Jiang Jian(2008), "How Chinese manufacturing enterprises improving their international competitiveness by indigenous innovation: A case study from CIMC", Science Research Management, 04.

회사 개요 및 현황

P&G는 양초 제조업자인 윌리엄 프록터(William Procter)와 비누 제조업자인 제임스 갬블(James Gamble)의 이름을 결합하여 1837년 설립되었다. 이 둘은 동서지간으로 그들의 장인인 알렉산더 노리스(Alexander Norris)의 제안을 받아들여 동업을 하게 되었다. 양초와 비누를 만드는 과정에는 비슷한 재료가 사용되기 때문에 동업을 하기에는 좋은 상황이었다. 둘은 각각의 전문분야를 앞세워 양초와 비누를 판매하였다. P&G는 미국 남북전쟁 당시 남부 연합군에 비누와 양초를 공급하는 등 회사는 번창하였다. 인프라가 점차 발전함에 따라 양초의 소비가 줄어들면서 자연스럽게 P&G는 비누 판매에 집중한다. 현재는 비누 외에 샴푸, 기저귀, 칫솔, 화장품, 면도기 등 다양한 종류의 소비재를 제조 및 판매하고 있다.

2011년 기준으로 P&G는 매출액 기준으로 전 세계에서 80번째로 큰 기업이며, 미국에서는 26번째로 큰 기업이다. P&G는 규모보다는 사회공헌 및 정도경

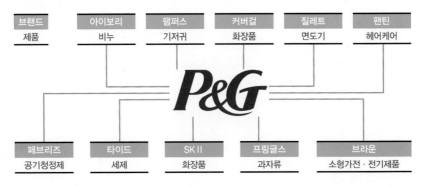

P&G의 주요 브랜드

브랜드	아이보리	팸퍼스	커버걸	질레트	팬틴
제품	비누	기저귀	화장품	면도기	헤어케어

페브리즈	타이드	SK II	프링글스	브라운
공기청정제	세제	화장품	과자류	소형가전 · 전기제품

영으로 더 유명하다. 2012년 『포춘(Fortune)』에서 발표한 전 세계에서 가장 존경받는 기업 9위를 기록했으며 최근 5년 동안 10위 밑으로 떨어진 적이 없다. 현재는 180개국이 넘는 나라에 제품을 판매하고 있다.

P&G의 EU시장 진출 배경

P&G는 이미 미국 시장에서 성공적으로 번창하고 있는 회사였다. 하지만 1974년 자국 시장에 "ERA"라는 세탁세제를 개발하여 출시하였음에도 불구하고, 위스크의 시장 선점에 밀려 재미를 보지 못했다. 마케팅에는 선발주자의 이익과 후발주자의 이익에 대한 이론이 있다. 선발주자의 이익은 시장을 개척하고 선점함으로써 얻는 이익으로 일반적으로 선발주자로서의 높은 인지도, 충성도 높은 고객, 높은 점유율을 무기로 많은 이익을 차지할 수 있다. 반대로 후발주자의 이익은 선발주자의 행보를 살피면서 소비자의 기호와 성향을 파악하여 시행착오 및 관련 비용을 절감함으로써 선발주자를 위협하는 경쟁력을 가지는 것을 의미한다. 예전에는 선발주자의 기술적 우위와 시장 선점을 따라잡기 힘들었는데, 요즘에는 자본과 마케팅으로 어느 정도 극복할 수 있음에

따라 후발주자의 이익도 중요한 마케팅 전략으로 주목받고 있다.

　P&G는 세탁세제 실패를 경험으로 선발주자의 중요성을 인식하게 된다. 이에 P&G는 과감하게 유럽으로 눈을 돌린다. 아직 선점하고 있는 제품이 없는 유럽은 매력적인 시장이었다. 하지만 미국과는 다른 경영환경이 P&G에 걸림돌이었다. 가장 기본적으로 미국 소비자와 유럽 소비자는 세탁 행위에서 상이점이 많았다. 세탁을 하는 데 있어서 온도의 차이, 세탁기의 보급 유무에 따른 세탁방식의 차이, 세탁기 구조의 차이, 동일한 세탁량에 투입하는 세제 양의 차이, 미국과 유럽의 의류제품의 원단의 차이, 세탁을 하는 주기의 차이 등 미국 제품을 이용해 미국 방식대로 세탁을 하기에는 많은 제한점이 있었다.

　결국 P&G는 시장의 차이를 인정하고 유럽 시장을 위한 제품 개발에 착수한다. 당시에는 유럽용 제품 개발에 내부적으로 많은 논란이 있었다. 왜냐하면 신제품 개발이란 곧 막대한 자금을 필요로 하는 프로젝트이기 때문이다. 당시 시장의 낮은 진입장벽과 유사 제품의 실패 사례로 반대 의견이 있었지만, 품질 우위를 바탕으로 유럽 시장 선점을 위해 과감하게 진출 결정을 내린다.

P&G의 진출 전략

　P&G는 소비재 위주의 회사이기 때문에 현지화 전략이 주요 마케팅 전략이었다. 따라서 자회사에게도 많은 권한과 자율성을 제공하였다. 유럽을 공략하기 위해서는 미국과는 다른 소비자 습관, 시장 환경, 경쟁 위치의 차이를 극복해야 했다. 총책임자의 지휘하에 각 제품들은 각 지역 상황에 맞게 변형되었고 각각의 자회사는 각 국가 시장마다 다르게 기본 세제와 비누를 개발하였다.

　P&G의 유럽지역 총괄책임자인 톰 보워(Tom Bower)는 자회사별로 사업을 재량껏 운영할 수 있게 하였다. 그러한 그의 결정은 대단히 성공적이었으며 1960~1970년대에 판매와 이익이 급격히 성장했다. 그러나 1975년 그가 물

러난 후 새로이 에드 아츠(Ed Artzt)가 부임되었을 당시에는 유럽 시장 내 경쟁이 심화되고 가격이 떨어지며 이익이 줄어드는 등 상황이 많이 달라졌다. 그리하여 아츠는 이익과 판매를 다시 증가시키려면 다른 국가의 자회사들 간의 자율적 운영보다는 상호 협력이 잘 되어야 한다고 생각했다. 또한 그는 ETC(European Technical Center)의 역할을 강화하여 마케팅과 행정그룹의 중복으로 인한 단위당 초과비용을 줄이려고 하였으며, 능력 있는 R&D 전문가를 중심으로 제품개발에 있어 ETC(European Technical Center)의 역할을 강화하였다.

이전에 각 자회사들은 자신의 지역시장에 반응하여 제품을 개발했다. 그래서 자회사들의 제품은 표준 공식과 기술이 없었기 때문에 지역마다 다른 제품들이 나왔다. ETC가 있어도 효율적으로 작용되지 못하였다. 그래서 P&G는 ETC가 R&D에서 강력한 리더십을 갖게하고, 자회사 간에는 새로운 제품을 개발하기 위해 상호협력하도록 하였다. ETC는 기술개발 역할을 담당하고 자회사들은 각 시장에서 제품을 시험하고 재정하는 역할을 맡게 되었다.

아츠가 물러난 후 퍼거슨(Ferguson)이 임명되었다. 그는 기술개발을 통한 효율적인 유럽 시장 공략을 추진하였다. 그래서 그는 유럽에 퍼져 있는 브랜드 개발의 가능성과 시장 전략을 테스트해보기로 결심했고 유로브랜드 개념을 추구함에 있어 독일에서 출시를 준비하고 있는 "Vizir"를 좋은 케이스로 생각했다. Vizir는 P&G가 유럽 진출을 위해 개발한 세탁세제이다. 시장 선점을 위해 유럽 소비자들의 특성을 고려하여 개발되었으며 1980년 독일에 처음 출시되었고, 1981년 유럽 전역으로 판매가 확대되었다.

그동안 P&G는 차별화 전략을 토대로 국가 중심의 자회사 운영 전략을 추진해 왔다. 이로 인해 해당 국가의 현지화 수준은 높았으나 미국보다 50% 높은 운영비용이 발생했다. 높은 현지화 수준은 비용 발생을 초래하여 기업의 수익성에 문제가 생겼다. 이러한 문제를 해결하기 위해 P&G는 ETC의 역할을 강화하는 의사결정을 내린다. 결국 높은 수준의 국가 단위 현지화에서 한발 물러나 유럽 단위의 지역적 현지화를 추구한 것이다. ETC를 중심으로 한 R&D를 통해 유럽 전체를 관통할 수 있는 제품을 개발하고 표준화시켜서 하나의 통일된 유로브랜드를 만드는 것이 목적이다. 일례로 국가별로 상품 이름이 상이하던 것을 하나의 이름으로 통일시켜 유럽 전역에 유통하는 것도 유로브랜드 전략의 일환이다.

유로브랜드를 사용함으로써 소비자는 해당 제품을 글로벌 제품으로 인식하게 됨으로써 높은 브랜드 수용도를 확보할 수 있다. 또한 이는 높은 가격 책정도 가능하게 하여 기업의 수익성 확보에 도움을 준다. 광고 제작 측면에도 개별 브랜드마다 광고를 제작할 때보다 유로브랜드라는 통합 브랜드로 제작을 하기 때문에 광고 제작비를 절감할 수 있다. 따라서 유로브랜드를 통해 비용 절감과 인지도 상승효과를 추구할 수 있다.

하지만 브랜드를 통합적으로 관리하는 것이 시장이 통합적이라는 것을 의미하는 것은 아니다. 유럽소비자들 간의 기호 차이는 분명히 존재한다. 그럼에도 불구하고 P&G가 유로브랜드 전략을 추구할 수 있었던 것은 세탁기 세제이기 때문에 상대적으로 기호가 제품 구매에 미치는 영향이 크지 않기 때문이다. 경쟁 제품과의 여러 번의 테스트를 통해 품질에는 자신 있었기 때문에 소비자의 기호가 다르더라도 품질을 통해서 극복할 자신이 있었다.

P&G의 성공요인

P&G는 소비재 중심의 기업이기 때문에 다른 업종에 비해 소비자들이 브랜드나 기호에 민감한 편이다. 따라서 P&G의 현지화 전략은 불가피한 선택이며, 결국 문제는 어느 정도까지 현지화시킬 것이냐가 된다. 너무 현지화시키면 비용이 많이 발생하고, 너무 표준화시키면 현지 소비자들의 기호를 충족시키기

어려운 위험이 있다. 현지화를 하더라도 현지 구매시장이 충분히 매력적이지 않다면 오히려 현지화보다 표준화하는 것이 더 이익인 경우도 있다. 이렇듯 해외시장 진출에 있어서 무조건 현지화가 정답은 아니다. 적정 수준의 현지화를 찾아내는 것이 핵심이다.

P&G는 현지화 문제를 유로브랜드 전략으로 해결해 나갔다. 표준화와 현지화 사이에 지역 개념을 추가시켜 지역 단위의 현지화 전략을 추진했다. 즉, 국가별로 현지화 전략을 수행하기에는 너무 많은 비용이 발생하므로 좀 더 상위단계인 지역 단위의 현지화 전략을 택한 것이다. 여기에서는 여러 나라들을 '유럽'으로 설정하고 이를 통합적으로 지원할 수 있는 ETC를 설립 운영하여 이상적인 수준의 현지화를 달성할 수 있도록 한다. ETC에서 개발한 제품은 특정 나라에만 판매되는 것이 아니라 유럽 전체에 판매되는 것이다. 그렇기 때문에 P&G의 유럽 전략에서는 브랜드보다는 ETC가 핵심이다. ETC가 제품 개발 역할을 제대로 수행하지 못하면 유로브랜드는 존재할 수 없기 때문이다. ETC를 통해 유럽에 적합한 제품이 개발되면 제품 생산부터는 표준화 작업이 진행된다. 단일 제품이기 때문에 제품 생산에서 표준화하기 수월하다. 더 나아가 제품의 광고까지 표준화시켰다. 단일 브랜드로 유통되기 때문에 광고를 여러 개 제작할 필요가 없어졌다.

본사-자회사 간의 관계에서 가장 빈번하게 발생하는 문제는 목표 불일치 문제이다. 기업 전체 관점에서 볼 때 기업에 이익이더라도 자회사 입장에서 손해가 발생한다면 쉽게 실행하기 어렵다. 마찬가지로 자회사들은 기업 전체의 이익보다 본인들의 이익을 우선적으로 추구할 가능성이 높다. 이러한 상황에서 유로브랜드는 목표 일치 효과를 가져다주었다. ETC에서 만들어진 제품으로 마케팅해야 하기 때문에 제품 개발 단계에서부터 적극적으로 해당 시장에 대한 정보와 적극성을 공유하게 된다. 해당 나라에 어필할 수 없는 제품이 개발된다면 자회사의 성과에 큰 위협이기 때문이다. 그렇기 때문에 각 자회사 간에 상호

의존성이 강해지고 서로 적극적으로 정보와 전문성을 공유하게 된다. 이러한 네트워크 효과는 다시 자회사 역량 강화로 이어져 보다 마케팅을 잘할 수 있는 여건이 형성된다. 유로브랜드는 다국적 기업의 조직 관리 측면에서도 성공적인 전략으로 볼 수 있다.

시사점

P&G는 소비재 기업으로서 소비자와 직접적으로 소통하기 때문에 해외시장 성공을 위해서는 현지화 전략이 필수적이었다. 따라서 전통적으로 P&G의 해외 자회사들은 각국의 상황에 맞는 제품을 개발하여 각자 독자경영처럼 운영되고 있었다. 하지만 이는 자원의 중복을 발생시켜 비효율적인 운영이 되었다. 그렇다고 현지화 전략을 쉽게 포기할 수는 없었다. P&G는 현지화와 표준화의 중간단계로 지역 단위의 현지화 전략을 사용한다. 즉, 유로브랜드라는 개념을 도입하여 생산 및 마케팅을 유럽 단위에서 추진하고 관리하였다. 유럽에 설치한 ETC를 통해 유럽 소비자들의 문화와 기호를 파악할 수 있었고, 이를 기반으로 유럽 시장을 성공적으로 진입할 수 있었다. 브랜드가 통합되므로 브랜드 관리 및 광고비 차원에서도 많은 효율성을 달성할 수 있었다.

참고문헌

Beiske, B., Murray, J., & White, S.(2007), Procter & Gamble Europe: Vizir Launch, GRIN Verlag.

Kerin, R. A., Varadarajan, P. R., & Peterson, R. A.(1992), "First-Mover Advantage: A Synthesis, Conceptual Framework, and Research Propositions", Journal of Marketing, 56(4), pp.33~52.

Makadok, R.(1998), "Can first-mover and early-mover advantages be sustained in an industry with low barriers to entry/imitation?", Strategic Management Journal, 19(7), pp.683~696.

회사 개요 및 현황

ABB는 다국적 기술 및 엔지니어링 그룹으로 송전 및 배전 분야와 관련된 서비스를 제공하는 기업이다. 자동화와 관련된 업무, 석유 및 가스, 석유화학 부문, 건축 기술, 금융 서비스 역시 동 사의 사업 분야에 포함된다. 동 사는 전기 엔지니어링 분야에 있어 세계에서도 선도적인 위치에 있는 기업으로, 지난 1988년 ASEA AB(스웨덴)과 스위스의 BBC(Brown, Bovery&Cie)가 합병하여 탄생하였다. 본 합병의 당사자인 양 사 역시 해당국 내에서 최상의 위치를 구가하던 기업들이었다. 양사에 있어 동 합병은 규모의 경제와 국제적 사업망이 없이는 살아남기 힘든 시장에서 생존은 물론 성장을 담보하기 위한 선택이었다. 양사의 합병은 큰 성공이었고 이것은 유럽 전체에 걸쳐 구조조정의 표준이 되었다. 유럽은 마침 1980~1990년대를 거치며 규제 완화의 물결이 몰려오고 있던 터였다. ABB는 국제적으로 강한 네트워크를 갖춘 기업이었으며, 중앙 집중화된 구성을 지님과 동시에 규모의 경제를 실현하고, 또 한편으로는 탈집중화하여 지역적인 사안에도 대응이 가능한 기업이었다. ABB는 17만 5,000명의 직원을 거느리고, 전 세계 100여 개국에 1,000개의 자회사를 거느리고 있었다. 2000년도 기준 매출액은 22,967백만 달러였으며, 그중 50%는 유럽에서, 25%는 미국, 그리고 12%는 아시아, 8%가 중동과 아프리카 지역에서 발생하였다.

ABB가 사업을 시작하였던 당시는 전기 엔지니어링 분야에 상당한 변화가 일어나던 시기였다. 특히 전기 시장의 규제 완화가 두드러지고 있었다. 이러한 변화로 인하여 소형 발전소의 설립이 활발하던 시기였으며, 이들 발전소는 전기의 가격이 높을 때에는 가동하다가, 가격이 낮아지면 조업을 멈추고는 하였다. 이것은 다시 소형 터빈의 수요를 촉진시켰다. 이로 인하여 소규모 전력 수요가들이 자체적으로 전력을 생산하는 것도 가능하였다. 지속적인 규제 완화로 인하여 턴키 시스템 솔루션의 수요가 높아지고 있기도 하였다. 이와 같은 변화에 이어 CCGT(combined cycle gas turbine)가 유행하게 되었다. 그리고 단일 가스 행정 터빈의 인기는 시들해져 갔다. 서유럽 지역의 대부분에서는 CCG 터빈이 가장 인기 있는 기술로 대두되었다. 가스를 동력으로 하는 발전 용량은 총 8.5GW였으며, 이 중 50% 이상이 새로이 설립된 독립 발전소에 의해 생산되고 있었다.

민영화, 그리고 규제 완화가 지속적으로 진행되면서 독립 발전업계의 성장이 계속되고 있었다. 이로 인해서 혁신적인 금융 서비스에 대한 수요도 함께 늘어나고 있었다. 이것은 다시 금융의 중요성을 증가시켰는데, 기업들이 영업 활동을 지원하고, 금융을 제공하며, 위험 관리 도구를 제공하여 그룹 내 산업 부문을 지원하지 않으면 안 되도록 하는 이유가 되었다.

이러한 산업적 맥락 속에서 새로운 ABB가 영업을 시작하였던 것이다. 동 사는 합병뿐 아니라 이러한 도전 과제에 대응하기 위해 다른 과감한 전략적 변화를 함께 시행하였다.

ABB가 이러한 도전에 어떻게 대응하였는지는 ABB의 성공 사례가 다수의 논문과 저술에 분석되어 제시되고 있는 한편, 경영사학적인 의의를 지니는 주제가 되어 있다. 결과적으로 『포춘』지(1999년 10월호)에서 지적하듯, ABB는 '세계에서 가장 존경받는 기업 중의 하나'가 되었다.

ABB의 성공은 높은 수준의 탈집중화, 다국적 전략, 그리고 독특한 글로벌 매트릭스 구조에 기인한다.

21세기에 들어 ABB에 새로이 부임한 CEO는 그 동안의 변화 정책을 이어나갔다. 이전의 변화정책은 산업 IT 분야로의 진출, 그리고 산업 지식 및 서비스 분야로의 변화였다. ABB는 일군의 소프트웨어 제품군을 론칭하였는데, 이것은 회사의 IT 전략의 일환이었고, 이들 제품의 의도는 회사의 모든 프로세스를 하나의 실시간 정보 시스템으로 통합, 회사와 공급업체, 고객들을 하나의 상업적 협업 네트워크로 묶어 내는 것이었다. 하나의 산업 IT 아키텍처를 개발하여 ABB 전체 기술과 제품에 적용한다는 사상, 그리고 이를 위해 WWW를 활용한다는 전략은 이들로 하여금 고객과의 협업을 가속화시키고 온라인 커뮤니티를 전체 가치 사슬에 걸쳐 구축할 수 있도록 하는 결과를 낳았다. ABB는 기존의 조직 구조를 일신하고, 4개의 산업 사업 본부를 고객군을 기준으로 하여 4개의 새로운 사업부로 개편하고, 제품 기반의 사업부 2개, 그리고 기업혁신을 관장하는 새로운 사업부 1개를 추가로 편성하였다. 전반적인 목적은 '지식기반 기업'을 실현하는 것으로, 인터넷을 통해 고객의 니즈에 더 빨리 대응하고, 이를 위해 공급업체, 제조사, 고객 간의 '협업 비즈니스(collaborative commerce)'를 근간으로 삼는다는 것이었다. 이러한 변화는 기능 간의 통합에서 고객과의 통합이라는 새로운 기조로의 이행을 의미하였으며, 그 목표는 4개의 고객군을 대상으로 '높은 유연성을 바탕으로 대량의 고객에게 맞춤형 솔루션을 제공'한다는 것이었다. 이들 고객군은 가공 업계, 제조 및 소비재 업계, 기간망 사업자, 그리고 석화 부문이었다. 그러나 그룹 최상부의 구조는 그대로 유지하기로 하였던 것으로 전해진다. 2000년 ABB는 대규모 발전 분야에서 완전히 손을 떼게 된다. 당시 이루어진 주요 기업 합병 움직임을 보면 미국의 Base Ten System을 통해 제약 소프트웨어 기술 업체 인수, 독일의 바스프로부터 폴리프로필렌 기술 획득, 미국 내 기간망 전자 상거래 업체인 Energy Interactive 인수, 노르웨이의 석유 및 서비스 기업, 그리고 스웨덴 수출 신용공사(Swedish Export Credit Corporation)의 지분 35% 등이 골자였다.

ABB는 웹 기반의 전자상거래 포탈을 만들었는데, 이것은 독립 웹 포털과 온라인 시장이라는 핵심 사업부문에 있어 고객 중심의 전자상거래 플랫폼을 구축한다는 움직임의 일환이었다. 당시 제작된 웹사이트는 ABB 제품을 온라인으로 구매할 수 있도록 하는 한편, 고객별 맞춤형 패키지와 디자인, 그리고 프로젝트 관리 소프트웨어, 솔루션 뱅크, 온라인 고객지원 커뮤니티 서비스 등을 지원하였다. 회사의 목표는 2001년까지 전체 제품의 30%를 온라인으로 판매하는 것이었으며, 그 외 나머지 주력 제품들도 2002년까지는 온라인에서 판매할 수 있는 채비를 마친다는 것이었다.

ABB의 중동부 유럽 진출 전략

● 단계별 진출 전략

1단계(1990~1993) : 기업 네트워크 구축기

ABB가 유럽 중동부 시장에 들어서던 시기는 마침 서유럽과 미국에서는 '인수합병의 시대'라고 불릴 만큼 기업 인수가 활발하게 이루어지던 시기였다. 이 두 지역에서는 기업의 합병도 그만큼 활발하게 이루어지고 있기도 하였다. 따라서 유럽 중동부 지역이 개방되던 시기는 ABB가 발전 업계의 규제 완화로 인하여 새로운 인수합병 대상을 물색하던 시기와 절묘하게 맞아떨어졌다. 결과적으로 1991년 말, ABB는 유럽 중동부 지역에 1만 명의 직원을 거느리게 되었다. 유럽 중동부 지역에 최초 진출을 개시한 이후, ABB는 기업의 다수 지분만을 획득한다는 접근을 일반적으로 적용하였다. 만일 ABB가 대상 기업들을 그룹사로 편입하고자 하였을 경우, 소수 지분만을 지닌다면 해당 기업의 특허 기술을 그룹이 활용하기는 쉽지 않았을 것이다.

2단계(1994~1996) : 구조조정, 고객 관계 개선 및 효율성 증대의 시기

1994년에 이르러, ABB는 이미 중동부 유럽 지역 내 45개 계열사, 임직원 2만 5천 명을 거느리고 있었다. ABB의 Barnevik 회장은 "인수 당시에는 모두 잘나가는 기업이라고 할 수는 없지만, 오늘날에는 이들 모두가 평균 이상의 매출과 양호한 수익을 거두는 기업으로 성장하였다. 우리는 자선 사업가가 아니다. 이들은 수익을 거두고 있으며, 이를 통해 우리도 수익을 얻는다"라고 지적하였다. 유럽 중동부 지역의 발전소를 인수함에 따라 "일부 주요 제품의 가격을 50%까지" 인하할 수 있었다. 이들은 자신들의 주력 제품, 즉 산업용 인프라 기반 전기 엔지니어링 제품 및 장치의 수요가 장기간 매우 높은 수준을 유지할 수 있는 지역에 탄탄한 기반을 마련한 것이다.

3단계(1997~2001) : 통합

ABB가 네트워크를 통합해 나아감에 따라 유럽 중동부 지역의 계열사의 성장 구도는 각 계열사가 위치한 국가의 성장 기회에 따라 편차를 나타내기 시작하였다. 이로 인하여 각 지역별 계열사 구도가 개편되기 시작하였는데, 폴란드, 체코, 헝가리가 특히 높은 성장을 구가하고 있었다.

4단계(2001년 이후) : 전력 엔지니어링 분야로부터의 투자 철수

ABB는 유지 보수, 수리, 시설 현대화 분야의 사업 활동을 지속적으로 확대해 나아가고 있었다. 이는 성숙되는 시장에 대응하기 위한 움직임이었다. 이러한 전략적 변화의 기조에 따라 ABB는 알스톰의 전력 엔지니어링 분야에 시행하였던 기존 투자로부터 철수하기에 이르렀다.

● 브라운필드 투자를 통한 구조 조정

1996년도에 이르기까지 ABB는 유럽 중동부 지역의 기업 인수 및 조인트 벤처에 누적 3억 달러가량을 투자한 것으로 추정되고 있다. 해외 분석가들에 따르면 이러한 인수 과정에서 획득한 자산에 비하면 위와 같은 투자비용은 말 그대로 매우 저렴한 가격, '껌값'이라고 전하고 있다. ABB는 단일 인수 건에 2천만 달러가량의 비용을 들이고, 그에 따라 발생하는 위험도 다수의 벤처를 통해 분산시키는 전략을 썼다.

1996년에 이르자, 새로운 계열사들에 힘입어 유럽 중동부 지역 내 ABB의 수주액은 20억 달러에 이르렀다. 그러나 당시 ABB가 진행하였던 설비 및 발전소 인수 투자보다 더욱 중요한 것은 노하우에 대한 투자였다. ABB는 어마어마한 액수의 돈을 교육에 쏟아 부었다. 1996년도에 이르기까지, ABB는 교육훈련에만 4억 달러의 돈을 썼다. 다른 소식통에 따르면 1991~1997년의 기간 동안 ABB는 동유럽 지역 임직원을 대상으로 1인 1일 환산 기준 총 40만 명에게 교육훈련 세미나와 워크숍, 그리고 경영 교육을 제공하였다. 1990년도부터 1996년도까지 6년에 걸쳐 ABB는 유럽 중동부 지역 내 7천 명의 관리자를 교육시켰다. 장기 경영 전략을 뒷받침하기 위해 ABB는 자체적으로 연수원을 건립하기도 하였다. 이러한 교육의 대부분은 바르샤바, 브르노, 그리고 모스크바에 설립한 사내 비즈니스 교육 센터에서 담당하였다.

ABB의 통상적인 전략은 회사 전체를 인수하지는 않는 것이다. 대신 파산 상태에 이른 오래된 기업 중에서도 잠재적으로 수익 창출의 가능성이 있는 사업부만을 골라 인수하였다. 『포춘』지에서 소개하는 바와 같이, 수지가 맞는 사업 거리를 발견하면 ABB의 협상진은 거래 조건을 협의하면서도 한편으로는 사업 계획을 짜고 있었다. 이들은 뒤이어 현지의 관리자들을 물색하고, 이러한 과정에서 기존에 높은 지위를 차지하고 있던 관료적 임원들을 대신해 젊은 인력들을 더욱 선호하게 되었다. ABB의 판단으로 이러한 젊은 인력들이 더욱 적응력이 높았기 때문이다.

일단 경영권을 인수한 다음에는 회사를 수 개의 수익창출원으로 분할하고, 자체 회계시스템(ABACUS)을 도입한 다음, 중급 관리자들에게 영어 교육을 실시하여 스위스 취리히에 위치한 본사와 원활한 의사소통이 가능하도록 하였다. 또한 서유럽 수준의 품질에 도달할 수 있도록 새로운 시험 장비의 도입도 진행하였다.

Barbara Kux는 ABB의 유럽 중동부 사업부를 총괄하면서 회사 최초이자 가장 대규모이고, 또 가장 성공적이었던 조인트 벤처 사업을 폴란드에서 일구어 내었다. 당시 중동부 유럽 지역의 인수합병 초기에 적용되었던 원칙은 다음과 같다.

- 즉각적으로 회사의 조직을 개편하여 수익창출원 중심으로 재조직화하고, 예산을 명확하게 확립하며 엄격한 실적 목표를 적용한다. 또 지휘 체계와 책임의 범위를 정비한다.
- 현지 경영진 내 변화를 주도할 수 있는 핵심 그룹을 선별한다(Kux는 이를 가리켜 '배고픈 늑대들'로 표현하였다). 우선순위가 높은 주요 프로그램을 진행하기 위해 소규모의 팀을 구성하고, 그 성과를 집중적으로 관리한다.
- 전 세계의 노하우를 집약시켜 변화의 과정을 지원한다. 단, 변화의 과정에 직접 개입하거나, 개편 작업을 직접 수행해 버려서는 안 된다.
- 기준을 높게 잡고, 빠른 성과를 요구하라.

ABB의 유럽 중동부 지역 전략은 ABB가 다른 지역에서 사용하였던 전략의 골자를 그대로 따른 것이다.

'ABB가 새로운 기업을 인수할 때마다, 해당 사업부의 관리자들은 2~3명의 전문가로 구성된 팀을 현지로 파견하여 비용을 절감하고 재고를 정리하며, 사업을 정리하고 일부를 하청업체에게 아웃소싱하는 작업을 진행한다. 이들은 공장 간에 제품과 취급 품목을 서로 교환하도록 하여, 규모의 경제를 실현한다. ABB의 전략과 시스템(ABACUS 등의 정보통신 시스템 포함)을 새로이 인수되는 회사에 이식하고, 경험이 많은 ABB 측 관리자가 현업 운영조직을 접수한다. 그리고 기존의 회사 경영진은 ABB의 경영 그룹으로 파견하여 ABB의 회사 운영 노하우를 전수한다. 이러한 과정을 걸쳐 탄생하게 되는 사업부는 하나의 제품군에 특화하기 시작하며, 그와 동시에 현지 시장에 맞추어 ABB의 제품을 고객맞춤형으로 재탄생(커스터마이징)시킨다.

ABB는 계열사 간의 협업을 지원하고, 전 세계 계열사의 학습을 지원하는 것으로 잘 알려져 있다. ABB의 신규 계열사들은 이렇게 경험을 공유하는 과정에서 기존의 다른 ABB 계열사들과 동일한 취급을 받게 된다.

폴란드 우지(Lodz)에 위치한 변전기 생산업체 ABBElta의 구조 개편을 지원하기 위해 ABB는 구조조정 관리자를 선임하였다. 동 관리자는 스위스에 위치한 ABB 계열 변전기 제조업체 중에서 가장 실적이 좋은 업체의 관리자였다. 신임 관리자의 역할은 회사의 폴란드인 사장을 보좌하는 한편, 고위 경영진을 코칭하는 것이었다. 그가 회사를 돕기 위해 했던 일 중의 하나는 스위스에서 옛 동료들을 불러들여 Elta 공장을 2~3일간 보여 주고, 이를 토대로 기존의 전략을 다시 검토하고, 폴란드 임직원들에게 새로운 업무 방식을 제안하는 것이었다. 이러한 노하우 공유 작업이 ABB의 전 세계 네트워크와 맞물리게 된다면, 글로벌한 스케일로 이루어지는 이러한 학습의 가능성은 무궁무진할 것이다.

유럽 중동부 지역 계열사들에게 있어 구조조정이라는 것은 ABB만의 조직적 혁신을 받아들여야 한다는 것을 의미하였다. 이를 살펴보면 다음과 같다.

활동 기반 비용(Activity-Based Costing) ▶ 간접비용을 할당하기 위한 개선된 방법으로, 비용 시스템을 기반으로 활동을 통합시키는 것을 바탕으로 한다.

가치 기반 판매(value based selling) ▶ 제품과 서비스가 고객에게 유용성을 판단하는 도구로서, 이를 통해 비용 효율적인 방식으로 서로 다른 오퍼를 제안하고, 평가하며, 가격을 책정하는 역할을 한다.

균형 성과 카드(balanced score card) ▶ 사업 실적 평가 시스템으로 재무적인 실적과 비재무적 실적(운영실적) 수치를 함께 평가한다. 이들은 혁신, 개선, 고객 만족이며, 전략을 바탕으로 구성된다.

서비스 공유 ▶ 서비스 공유 부문은 행정 관리를 핵심 역량으로 하며, 서로 다른 여러 사업부에게 비즈니스 서비스를 제공한다. 기본 업무 범위는 재무, 회계, 그리고 인사 부분이었다.

● 상호 보완적 네트워크 구성 및 ABB의 중동부 유럽 진출

　ABB가 중동부 유럽으로 진출하는 과정은 일련의 상호 보완적 요인이 작용한 결과라고 할 수 있다. 상호 간의 우호적 협력을 통해 이러한 보완관계가 작용한 결과인 것이다. ABB의 성공의 비결은 경영진, 기업, 그리고 현지 고유의 요인들이 서로 상호 보완적인 관계를 구성하여 얻어진 결과이다. 비전 있는 기업 경영, 그리고 기업의 조직이 중동부 유럽 지역 시장의 환경과 지리적 요인이 지니는 장점과 잘 맞물린 덕분이라고 할 수 있다. 이것은 현지에서 가용한 자원과 기술적 제약, 금융 및 시장 접근성이라는 요소로 인하여 적절한 보완이 이루어지고 있다. 이들 요인들은 서로 간에 긍정적인 영향을 미치고, 이를 통해

서 ABB, 그리고 지역 경제로 하여금 다양한 이점을 누릴 수 있도록 해 주었다. ABB의 입장에서는 새로운 시장이 열린 것이고, 그와 동시에 비용이 적게 소요되는 입지, 특성화된 지식 자산이 입수된 것이라고 할 수 있다. 중동부 유럽 지역의 관점에서 보면 새로운 기술이 유입되었으며, 금융과 새로운 시장이 열림과 동시에 일자리도 늘어났다.

ABB의 성공요인

● 최고위 경영진: 비전과 책임감

ABB의 첫 번째 CEO였던 Percy Barnevik이 ABB의 중동부 유럽지역에 진출하는 과정에서 수행했던 역할은 결정적이었다. 그는 자기 일에 진정한 책임감을 지니고 있었으며, 1990년대를 거치며 최고경영진으로서 중동부 유럽의 투자에 상당한 시간을 투입하도록 하였다. Barnevik 자신의 경우 중동부 유럽 지역에 전체 시간의 1/5을 할애하였으며, ABB의 유럽 지부장의 경우 전체 시간의 1/4을 중동부 유럽 지역에 투자하였다.

서유럽 지역의 경우 12개의 공장이 문을 닫으면서 1만 3,500개의 일자리가 사라졌다. 그러나 이러한 변화는 ABB의 최고경영진이 자주 언급하는 바와 같이 피할 수 없는 것이었으며, 어떠한 조치를 취하였다 하더라도 결국은 일어나고 말았을 일이다. 그리고 이러한 현상은 동유럽 시장의 개방과는 직접적인 연관이 없었다고 이들은 말하고 있다.

● 기업 조직: 비위계적 상호관계 및 매트릭스 구조

경영진이 위험을 감수하고 상응하는 수익을 지향하는 전략적 의사결정 그 자체만으로는 ABB가 동부유럽 시장에서 성공을 거둔 이유를 완전히 설명해

주지는 못한다. 산업 통합의 정도, 혹은 계열사가 현지에 얼마나 잘 적응하느냐는 현지에 진출하는 기업의 조직 구조에 의하여 판가름이 난다. ABB의 조직 구조는 비위계적인 질서를 띠고 있었으며, 위계적인 구조를 갖는 기업에 비해 높은 역량을 발휘할 수 있는 여지가 더욱 많았다는 사실이 중요하다. 이러한 기업 구조 모델에서는 기업이 현지에서 제공되는 기회의 다양성을 활용할 수 있는 가능성이 높아진다. 실제로 ABB는 비용 절감, 시장 개발, 그리고 자산(지식) 개발 전략을 동시에 추진하였다. 비용적 우위, 그리고 현지 엔지니어들의 설계 역량이 주는 가져다주는 장점은 ABB의 전략에 고스란히 반영되어 있다. 전략적인 관점에서 이것은 상호 보완적 전문화라고 말한다. ABB의 경우 이러한 접근은 서로 다른 기능 부문과 활동 부분 간의 연계 강화를 전 세계적으로 실시하는 형태로 나타났다. 실무적으로 이것은 전사적 네트워크를 통해 자원을 서로 조합한다는 것을 의미하였다. 예를 들어 ABB가 아시아에서 대형 프로젝트의 수주를 놓고 경쟁하게 되는 경우 서유럽 및 미국에서 하이테크 시스템 공급 부분을 맡고, 폴란드, 루마니아, 태국, 중국에서 저가 장비를 담당하는 형식으로 팀을 구성한다. 아시아 지역에서 가장 강력한 경쟁 상대인 일본 기업들은 중국, 말레이시아, 베트남 및 다른 여러 나라의 기업과 파트너십을 맺고 있다. ABB의 경우 이러한 조합은 첨단기술과 저비용 생산 능력이 조화를 이루는 것이 되어, 경쟁이 치열한 이 지역 시장에서 살아남을 수 있는 유일한 길을 제시하고 있다.

이러한 연계성의 예시는 태국의 한 정유공장 설계 프로젝트가 될 수 있을 것이다. 본 프로젝트는 체코 공화국의 브르노, 네덜란드의 헤이그, 그리고 텍사스 휴스턴에 근무하는 설계사들이 공동으로 작업하여 진행하였다. 이들은 모두 전자 '워크벤치'를 통해 서로 연결되어 협업할 수 있었다. 전 세계에 걸친 자원을 활용한 또 하나의 프로젝트 예시로 필리핀의 석탄 화력 발전소를 들 수 있다. 동 발전소는 ABB 컨소시엄이 진행하였는데, 미국, 독일, 폴란드, 인도, 말레이시아에 소재하는 ABB 공장들이 컨소시엄에 참여하였다.

중동부 유럽 지역 기업들을 ABB의 네트워크에 편입하는 것은 상호 보완적 전문화에 바탕을 둔 과정으로, 이러한 전문화 과정은 절차상의 장점을 내포하고 있다. 이러한 장점은 단기간에 걸쳐 모방하기가 쉽지 않다. ABB 유럽의 전임 사장인 Eberhard von Koerber가 지적하는 바와 같이, ABB의 유럽 지역 사업부는 포르투갈, 스위스, 독일의 자원을 폴란드, 불가리아, 러시아와 합쳐 세계시장에서 경쟁할 수 있었던 것이다.

이러한 과정을 통하여 ABB는 3가지 전략적 목표를 동시에 추구할 수 있었다. 이는 효율성의 달성, 시장의 개발, 그리고 자산(지식)의 개발이다. Barham과 Heimer가 주장하는 바에 따르면 동부 유럽 지역은 ABB로 하여금 생산 비용을 줄이는 데에 이바지하였을 뿐 아니라, 새로운 제품의 개발에도 도움을 주었다고 한다. ABB 러시아의 조인트 벤처인 Uniturbo와의 합작으로 독자적인 제트엔진 기술을 확보, 대형의 가스 터빈을 더욱 효율적으로 제조할 수 있게 된 것이 그 예이다. 만일 조직의 구조가 철저하게 위계적인 질서를 따르고 있다면, 비용 절감, 시장 개발, 그리고 자산 (지식) 개발이라는 3가지 선택 안을 동시에 추진한다는 것은 생각하기 어려울 것이다.

ABB가 지니는 또 다른 특징은 바로 매트릭스화된 조직구조이다. 이러한 조직구조는 동유럽 지역이 제공하는 각종 이점을 활용하는 데에 매우 유용했다. 매트릭스화된 조직은 고비용 국가와 저비용 국가가 서로 시너지를 낼 수 있도록 하며, 구매비용을 줄이는 데에 기여한다. 따라서 매트릭스 조직은 상호 보완적 전문화 과정에 더욱 유리한 조건을 지니고 있는 것이다. 매트릭스는 마케팅, 기술, 그리고 금융상의 강점을 지니는 고비용 국가와 임금과 자본 비용이 저렴한 개발도상국이 서로 연계될 수 있도록 해 주며, 이러한 연계 과정이 전 세계적 단위뿐 아니라 지역단위로도 이루어질 수 있도록 해 준다.

기업 고유의 특성만을 고찰하는 것으로는 ABB가 동부 유럽 지역에서 성공을 거둔 이유를 설명하기 어렵다. 이러한 장점들은 지역 고유의 단점, 그리고 장점에 의해 상호 보완적인 관계를 지니게 된다. 즉 ABB가 지역 내 기술 자원, 금융 자원 및 시장 접근성 부족 등 지역 기업이 지닌 이러한 문제점들을 해결할 수 있었기에 보완이 가능했던 것이다.

ABB가 중동부 유럽 시장을 빠른 시간 내에 석권할 수 있었던 이유는 기술이 앞서 있었던 측면, 그리고 재무적인 관리를 철저히 시행하였다는 측면에 기인한다. 다른 그 어떤 경쟁업체보다도 ABB는 신속하게 기초 비용을 낮추었다.

각국 정부가 외국인 직접 투자에 목말라 있던 시절, ABB는 현지의 필요에 맞는, 현지의 일자리를 창출할 수 있는 제품을 제시하였으며, 결정적으로 현지 통화로 금융을 제공하겠다고 나섰던 것이다. 이에 대한 대가로 ABB는 전략적인 위치를 점하고 있는 기업들을 매우 싼 가격에 확보할 수 있었다. 인수 가격이 정확히 얼마가 되는지는 아무도 입을 열지 않는다. Zamech는 ABB가 70%의 지분을 소유하고 있는데, 주식의 총액은 고작 5백만 달러밖에 되지 않는다.

또한 중동부 지역은 예전에도, 그리고 지금도 기존의 노후화된 발전 시설을 교체하고자 하는 수요가 넘쳐나고 있다. ABB 유럽의 Eberhard von Koerber 전 사장은 다음과 같이 말하고 있다. "전화, 가정용 전기에서부터 도로, 공항, 산업단지 및 안전한 전력 공급 등 기본 인프라에 대한 수요는 ABB의 핵심 사업 부분과 대부분 맞아떨어졌다." 1991년 『이코노미스트』지는 연구 결과를 인용, 중동부 유럽 지역국가들이 1년에 신규 발전소를 건립하거나 기존의 발전소를 더 효율적으로, 환경친화적으로 리모델링하는 비용으로 14억 달러 가까운 돈을 쓰고 있다고 전하기도 하였다.

중동부 유럽 지역은 ABB에게 있어 주요 신규 시장이 지위를 지니게 되었다. 그리고 이러한 시장은 장기적인 가능성을 함께 지니고 있었다. 경영진의 말을 빌리자면 "폴란드는 정말 꿈과 같은 나라"였다. 1년의 매출액은 6억 달러에 달하였으며, 그 뒤에는 방대한 러시아 시장이 버티고 있었다. 반면 지역 내 기업들을 대상으로는 ABB는 자금의 원천이었으며, 노하우와 수출의 통로를 제공하였다.

시사점

ABB는 기업의 구조조정을 통해 중동부 유럽 지역의 계열사들을 전 세계에 걸친 회사 네트워크로 구성할 수 있었다. 이러한 네트워크는 주로 2원적인 구성을 띠고 있었지만 대학이나 중동부 유럽 지역의 대형 수요가들과도 긴밀한 관계를 형성하고 있었다. 아울러 현지 계열사들의 경우는 ABB 기업 네트워크에 완전히 동화되어 이들이 개선할 수 있는 범위 역시 매우 방대하였다. 그 좋은 예가 폴란드에 위치한 계열사들이다.

유럽 중동부 지역의 시장이 개방되었던 시기는 전 세계적으로 구조조정의 바람이 세차게 몰아치던 시기였고, 유럽의 전력 엔지니어링 산업이 규제 완화와 민영화되어 가고 있던 상황이었다. 이러한 시기 동안 ABB는 아마도 동부 유럽 지역의 기업을 유럽의 산업 네트워크에 수용한 가장 우수한 사례가 될 것이며, 이것은 유럽의 제조업체들에 있어 가장 기본적인 구조조정 모델로 자리 잡게 되었다. 중동부 유럽 지역의 기업들을 글로벌 네트워크에 편입시키는 과정에서 ABB는 Kurz와 Wittke가 말하였던 최저 비용 접근법을 따르는 대신, 상호보완적 전문화라는 접근법을 따랐다. ABB는 임금, 즉 비용이 싸다는 측면으로 노동 집약적인 제품군을 생산함에 있어 서유럽 기준에 미치지 못하는 생산 품질을 상쇄하려 들지 않았고, 다른 기능의 재배치를 배제하지도 않았다. 대안적인 방법이라 할 수 있는 상호보완적 전문화를 선택함으로써, 각종 위험과 기능을 가치 사슬 내에서 재배치하여 위험의 발생을 줄일 수 있었다. 중동부 유럽 지역의 계열사들은 재조직된 제품 및 기술 네트워크상에서 전략적인 위치를 점할 수 있었던 것이다.

또한 중동부 유럽 지역에서 ABB가 개발한 네트워크는 강력한 상호 보완 관계에 기초하고 있었으며, 이러한 상호 보완 관계는 1990년대에 매우 활발한 작용을 보였다. 이러한 상호 보완 작용은 경영진, 회사, 그리고 현지 고유의 요인들이 서로 상호작용하여 이루어진 결과였다. 최고경영진이 지닌 비전과 책임감은 회사가 지닌 비위계적 구성과 매트릭스 구조에 맞물려 상호보완의 효과를 발휘하였다. 회사의 경영진 및 기업 고유의 요인들은 지역이 지니고 있던 금융, 기술, 그리고 수출 시장 접근에 대한 필요성과 상호 보완적인 관계를 구성하기도 하였다.

만일 회사의 구조가 철저하게 위계적인 질서에 기초하고 있었다면, 그래서 계열사들에게 주어진 일만 하도록 강요하는 분위기였다면 이러한 비전과 책임감을 지니고 있었다고 하더라도 같은 효과를 거두기는 어려웠을 것이다. ABB가 현지에 진출하기 위해 사용한 가장 핵심적인 방법은 유휴 생산능력을 최대한 활용하고 충분한 활용이 이루어지지 않고 있던 숙련된 노동력을 활용하며, 이를 통해 고용을 유지하고 수출을 확대하는 결과를 이루어내는 것이었다. 해당 지역이 지닌 저비용, 숙련 노동력, 그리고 현지 시장이라는 이점은 ABB가 저비용 상호 보완적 전문화 전략을 통해 경쟁을 해 나아가야 한다는 니즈를 보완하였는데, 이러한 보완 작용은 서로 다른 지역들이 지니고 있던 다양한 비용 및 기술상 이점을 서로 조합하여 이루어질 수 있었던 것이다.

ABB의 조직이 지니고 있던 비위계적 특성은 시장의 개발, 효율성 그리고 노하우의 확보 노력을 동시에 추진할 수 있도록 하는 원동력이 되었다. 이것은 기술 자원이 값싼 물리적 자산과 함께 확보될 수 있는 지역에서 상황을 보완하는 데에 결정적인 역할을 하였다. 또한 이 지역은 숙련되면서도 저렴한 엔지니어링 서비스 및 현지 시장에 대한 접근도 아울러 얻을 수 있었다. 만일 기업의 구조가 위계적인 것이었다면 또는 해당 지역이 단순히 비용이 낮거나 기술적인 자산만 있는 지역이었다면 이러한 성공은 거두기 힘들었을 것이다.

경쟁 과정이 지닌 역학 관계, 특히 지식 기반의 서비스로 나아가는 과정은 ABB로 하여금 지식과 서비스에 바탕을 둔 사업에 진입하도록 하였다. 이러한 ABB와 동부 유럽지역 간의 상호 보완적 관계는 1990년대에는 높은 효과를 발휘하였으며, 앞으로도 그 효과가 줄어들 수 없을 것으로 보인다. 중동부 유럽 지역이 ABB와 같은 기업이 지식 중심 기업으로 나아가는 데에 있어 얼마나 기여를 할 수 있을지는 현재로서는 불투명하다. 복잡한 형태의 프로젝트, 맞춤형 솔루션의 제공, 그리고 소프트웨어 기반 서비스 등 기업의 무형적 활동이 차지하는 중요성이 증가하면서 중동부 지역 국가들이 과연 국가의 혁신 체계를 얼마나 개선시켜 나아갈 수 있는지의 시험대가 될 것이다. 이러한 개선 노력이야말로 ABB와 같은 기업들이 지니고 있는 니즈를 보완할 수 있는 길이 되기 때문이다. 중동부 지역 유럽 국가들, 예를 들어 헝가리와 같은 나라들이 유럽의 관점에서 매우 중요한 생산 거점이 되고 있다는 징후는 속속 나타나고 있다. 그러나 수익 마진 및 가치 사슬 내의 중심이 비생산 활동으로 옮겨 가고 있는 요즘, 중동부 유럽지역이 장기적으로 성장할 수 있는지를 가늠하는 척도는 해당 지역이 세계 기술 네트워크에 얼마나 잘 자리를 잡는가가 될 것이다. 이것은 유럽의 산업 통합에 있어 장기적으로 매우 중대한 의의를 지니게 될 것이다. ABB를 통한 시사점은 앞으로 기업 전략이 기업과 지역 고유의 장단점 요인 간의 상호 보완적 관계를 적절히 찾아낼 수 있어야 한다는 것이다. 국가차원에서는 중동부 유럽 지역에 '외국인 투자 유치' 위주의 정책을 실시하도록 하는 것보다, 전략과 조직적 측면에서 지역이 지닌 장점과 시너지를 불러일으킬 수 있는 투자자를 선택적으로 받아들일 수 있도록 하는 정책을 추진할 필요가 있다.

참고문헌

Barham, K. & C. Heimer(1998), "ABB. The Dancing Giant. Creating the Globally Connected Corporation", FT. Pitman Publishing, London.

Blanger, Jacques, Christian Breggren, Trsten Borkman & Cristoph Kohler(1999), "Being Local Worldwide: ABB and the Challenge of Global Management", Ithaca and London: ILR Press.

Kurz, Constanze & Volket Wittke(1998), "Using Industrial Capacities as a Way of Integrating the Central and East European Economies', In Zysman, J. and A. Schwartz (Eds.) Enlarging Europe: The industrial foundations of a new political reality", University of California at Berkeley.

Von Koerber, Eberhad(1997), "Enlargement to the East: The Decisive Moment for Europe's Future", hurchill—Symposium 1997, Zurich, September 18, ABB.

ABB 홈페이지 http://www.abb.com

다케다제약 • Takeda

회사 개요 및 현황

다케다약품공업 혹은 다케다제약은 일본 및 아시아 최대의 다국적 제약회사이다. 1925년에 설립되었으나 1781년에 개업한 한방의약품 가게인 오미야가 다케다제약의 시초라 할 수 있다. 제2차 세계대전 직후 발생한 의약품에 대한 폭발적인 수요 덕분에 크게 성장할 수 있었다. 1980년대 말과 1990년대 말에 있었던 신약개발 성공을 바탕으로 아시아 최대 제약회사로 거듭나게 된다.

현재는 심장혈관, 중추신경, 호흡장애, 종양에 관련된 신약을 개발 및 판매하고 있다. 예전에는 우레탄 수지, 동물용 의약품, 비타민과 같은 비의약품 사업 또한 했으나 현재는 의약품 사업에만 집중하고 있다. 해외 7개국에서 R&D 센터를 운영하고 있으며, 18개국에서 제조 공장을 운영하고 있다. 약 70개국에서 자회사를 설립하여 운영 중이며 전체 3만 명 정도의 종업원을 고용하고 있는 기업이다. 매출액 기준으로 전 세계 15위 규모의 기업이었으나 2011년 스위스 제약회사 나이코메드를 인수함으로써 12위 규모까지 상승하였다.

2011년 일본 기업의 해외 M&A는 거래규모 기준으로 역대 최고치를 기록하였다. 동일본 대지진, 내수시장 성장 정체, 엔고 현상 등으로 일본 기업들은 더 이상 국내에만 머무르지 않고 적극적으로 해외진출을 추진하였다. 동일본 대지진 이후 제조업 분야에서는 서플라이체인(공급망)의 안정적인 확보가 중요한 문제로 대두되었다. 자국에서 모든 공급망을 구축한 일본 기업들은 생산에 막대한 차질을 겪게 되었다. 대지진을 경험한 일본 제조업체들은 안정적인 생산 유지를 위한 해외진출의 필요성을 깨닫고 적극적으로 해외로 눈을 돌린다.

일본국제협력은행이 2011년 실시한 설문조사에 따르면, 동일본 대지진을 통해 부품 및 원자재 조달에 지장을 받은 기업의 약 50%는 조달처를 변경하지 않는다는 의견을 보였다. 이는 공급 안정이 예상보다 조기에 회복된 이유도 있지만, 조달처를 변경하려면 납품처의 동의가 필요하다는 현실적인 이유도 있었다. 일본 기업들은 조달처 변경 시 대체품의 품질을 중요시하는 경향을 보였다. 일본 기업의 해외 조달처로서 가장 많은 비중은 중국 기업이 차지하고 있었다. 유럽 및 미국 기업은 화학 분야, 한국 기업은 화학 및 자동차 분야, 대만 기업은 전기전자 분야의 비중이 높았다. 기존에 해외에서 생산라인을 유지하고 있었던 일본기업 95개사를 대상으로 해외 거래처에서 계속 조달할 것인지를 물었는데 60개 업체가 계속 조달할 것으로 응답했다. 국내와 해외로 조달처를 이원화하려는 기업도 볼 수 있었다.

일본 기업들의 해외진출은 동일본 대지진의 학습효과로 가속화되고 있는 경향을 보이고 있다. 또한 최근의 태국 물난리로 토요타 자동차가 생산에 차질을 겪자 해외진출을 통한 리스크 분산의 중요성이 더욱 커졌다. 이렇듯 일본 기업의 해외진출은 신흥국 기업의 해외진출과는 다른 양상을 보이고 있다. 신흥국 기업의 경우 일반적으로 해외기업의 기술력 및 브랜드 인지도를 확보하거나 활용하기 위한 해외진출 양상을 보인다. 이에 반해 일본 기업은 기술력이나 브랜드 확보를 통해 기존의 경쟁력을 강화시키기보다는 기존의 경쟁력을 유지하면서 리스크를 분산하는 경향을 보이고 있다.

지속적인 엔고 현상도 일본 기업에 큰 부담으로 작용하고 있다. 엔고 현상이란 일본의 엔화 가치가 증가하는 현상으로 엔화 환율이 하락하여 일본 기업의 수출경쟁력에 부정적인 영향을 미치고 있다. 엔화 가치가 증가하면 해외에서 일본 기업 제품의 가격이 상승하게 된다. 반대로 엔고 현상이 일본의 해외진출에 큰 도움이 되는 측면이 있다. 엔화 가치가 증가하기 때문에 해외 투자를 위한 현지 화폐 조달 시 비용을 절감할 수 있다. 예를 들어 1달러짜리 기업을 인수하기 위해서는 100엔이 필요한 상황이었는데, 엔화 가치 상승으로 인해 100엔보다 적은 돈으로 1달러의 가치를 조달할 수 있게 된 것이다. 이렇듯 일본 기업의 엔고 현상은 일본 기업의 해외진출에 양날의 검으로 작용하고 있다.

동일본 대지진 당시 발전소가 타격을 입으면서 일본의 경영활동을 위한 전력수급에 차질이 발생했다. 원자력 발전소에 대한 안전점검이 강화됨에 따른 가동 정지도 전력 수급에 큰 부담이다. 신속한 조치로 큰 피해가 발생하지는 않았지만 일본 기업들은 불안요소를 헷지하기 위해 해외로 눈을 돌리고 있다.

일본의 엔고 현상

자료: LG경제연구소

다케다제약의 진출 전략

다케다제약은 2011년 9월 나이코메드(Nycomed)의 전체 주식을 취득한다. 나이코메드는 스위스의 대형 제약업체로 1874년에 설립된 오래된 역사를 가지고 있는 기업이다. 나이코메드 전체 매출의 50%는 유럽 시장에서 발생하고 있으며, 40% 정도는 아프리카, 중남미 등 신흥국에서 매출이 발생하고 있다. 이번 인수거래를 통해 다케다제약은 매출액 기준으로 전 세계 16위에서 10위권으로 상승할 수 있게 되었다. 해당 거래는 당시 일본 제약회사의 해외 인수거래 중 최대 규모로 많은 주목을 받았다.

다케다제약은 나이코메드를 통해 유럽 시장에 진출하는 것을 추진할 수 있고, 기존의 나이코메드의 신흥국 진출을 통해 다케다제약은 수월하게 신흥국 시장까지 진출할 수 있는 해외진출 관점에서는 일석이조의 인수합병 거래이다.

다케다제약의 성공요인

다케다제약의 나이코메드 인수에 대해서 성공 및 실패를 판단하기에는 아직 이른 감이 있다. 하지만 아직까지는 큰 문제없이 순조롭게 인수 후 통합과정(post-acquisition integration)이 진행되고 있다. 지금까지의 다케다제약을 유추해 본다면 긍정적인 결과를 기대해 볼 수 있다. 그 이유는 다음과 같다.

다케다제약을 일본 정상의 제약회사로 만든 것은 전립선암 치료 신약 "루프론(Lupron)"의 성공이다. 결국 제약회사의 성공에는 신약개발이 그 열쇠를 쥐고 있다. 신약개발에는 막대한 R&D 투자가 필요하고 이를 뒷받침할 수 있는 많은 투자자금이 필요하다. 다케다제약의 경우 1980~1990년대의 신약 성공으로 이미 신약개발에 대한 경험과 노하우를 많이 축적하고 있다. 나이코메드의 기술력 및 노하우와 잘 결합시킨다면 충분한 신약 개발 역량을 확장할 수 있을 것이다.

일본은 전 세계에서 가장 빠르게 진행되고 있는 고령화 사회이다. 고령화 사회일수록 의약품에 대한 수요는 필연적으로 증가할 수밖에 없다. 과학기술 및 의학의 발달로 전 세계가 속도의 차이가 있을 뿐 고령화 사회로 향해 나아가는 추세에 있다 일본의 초고령화 사회 현상에 대한 대응은 다케다제약뿐만 아니라 일본 제약업체에게는 큰 자산이다. 고령화 사회로 진행됨에 따라 변화하는 소비자 수요를 미리 경험하고 분석하면서 이에 적합한 상품을 개발할 수 있는 노하우를 축적하게 된다. 고령화 사회를 경험해 본 기업과 아닌 기업은 분명 큰 차이를 가질 것이다.

다케다제약은 나이코메드를 통해 신흥국 시장에 진출할 수 있다. 해외 인수합병 거래는 크게 선진국 기업 인수와 신흥국 기업 인수로 나누어 볼 수 있다. 일반적으로 선진국 기업 인수를 통해 높은 수준의 기술력과 인지도 높은 브랜드를 확보할 수 있다. 해당 나라 시장으로 진출할 수 있지만 주요 목적은 기술력 및 브랜드 확보인 경우가 대부분이다. 신흥국 기업을 인수하는 경우는 현지 기업 인수를 통해 해당 시장에 진입하고자 하는 유인이 가장 크다. 신흥국의 경제 성장에 따른 수요 증가에 신속히 대응하기 위해 인수합병 전략을 사용한다. 신흥국 기업의 경우 기술력 및 브랜드가 선진국 수준은 아니기 때문에 주요 인수 목적은 현지 시장 진입이라 말할 수 있다. 나이코메드 인수거래는 앞에서 말한 선진국 기업의 인수 사례이다. 예상대로 이번 인수를 통해 기술력을 확보할 수 있었으며 나이코메드의 기존 유통망을 활용하여 신흥국까지 진출할 수 있게 되었다. 동시에 유럽 시장과 신흥국 시장까지 진출하게 되어 다케다제약은 해외매출이 개선될 전망이다.

시사점

일본 기업의 경우 자국 상황의 특수성 때문에 다른 나라 기업들의 해외진출과는 다른 형태를 보이고 있다. 가장 최근의 사건 중에서는 동일본 대지진이 일본 기업들의 해외진출에 가장 큰 영향을 미쳤다. 대부분 일본 기업들은 내수시장이 크기 때문에 내수시장만 효과적으로 점유해도 수익성 확보에는 큰 문제가 없었다. 하지만 국내에서만 사업을 영위하던 기업들이 동일본 대지진으로 생산 활동 및 전력수급에 차질이 생기자 급격히 흔들리는 모습을 보였다. 이에 최근 일본 기업들은 보다 안정적인 생산 라인을 유지하기 위해 해외로 진출하는 경향을 보이고 있다. 다케다제약의 경우 스위스 제약회사를 인수함으로써 유럽시장 진출, 기술력 확보, 리스크 분산까지 동시에 확보할 수 있었다.

참고문헌

Heather Cartwright(2011), "Takeda Goes Global with US$13.7 B Nycomed Acquisition", PharmaDeals Review, 2011(5).

Kazuhiro Asakawa and D Eleanor Westnery(2013), "Evolutionary perspectives on the internationalisation of R&D in Japanese multinational corporations", Asian Business & Management, 12, pp.115~141.

Poh-Lin Yeoh(1994), "Speed to Global Markets: An Empirical Prediction of New Product Success in the Ethical Pharmaceutical Industry", European Journal of Marketing, 28(11), pp.29~49.

Seiya Shimanuki and Tomoko Saiki(2012), "Diversity management of patents in M&A-a case of Japanese pharmaceutical firms", International Journal of Intellectual Property Management, 5(3-4), pp.213~226.

토요타 모터스 • Toyota Motors

회사 개요 및 현황

토요타 모터스는 도요다 사키치의 섬유기계회사에서 시작되었다. 그의 아들 도요다 기이치로를 중심으로 자동차 산업에 진출하여 오늘날 토요타 모터스가 되었다. 섬유회사를 운영하고 있던 창업주 도요다 사키치는 철도의 시대 뒤에 자동차의 시대가 올 것을 예상하고 1933년 자동차 부서를 신설하면서 그의 아들 도요다 기이치로에게 자동차 제조에 힘쓸 것을 천명한다. 섬유기계제조의 노하우를 적용하여 1935년 자동차를 만들기 시작하였고, 1937년 토요타 모터스로 분사하였다.

높은 품질과 경영 혁신으로 토요타 모터스는 빠르게 성장해왔다. 일본 기업 특유의 장인정신에 경영기법이 접목되자 토요타 모터스는 승승장구하였고, 1980년대부터는 해외시장으로 눈을 돌려 미국, 유럽 등에 진입하기 시작했다. 꾸준히 성장하던 토요타 모터스는 2008년 처음으로 미국 GM을 제치고 전 세계 자동차 판매량 1위에 등극한다. 하지만 일본 대지진, 태국 홍수, 리콜 사태 등 악재가 겹치면서 2011년에 4위까지 떨어졌으나 2012년 다시 1위 자리를 탈환하였다. 현재 토요타 모터스는 27개국에 50개 자회사를 운영하고 있으며, 160개국에 판매되고 있다.

토요타 모터스의 EU시장 진출 배경

토요타 모터스는 경영학에서 품질관리로 널리 알려져 있다. 그들의 품질관리 기법인 '카이젠(改善·개선)'은 경영학 교재에서 자연스럽게 사용되고 있다. 이렇듯 토요타 모터스를 비롯한 일본 자동차는 전통적으로 우수한 품질을 경쟁력으로 삼는다. 장인정신에 기반을 둔 기술중심 풍토는 일본 자동차 산업의 근간이 되었다.

자국에서 경쟁기업들과의 품질 경쟁으로 토요타 모터스는 우수한 품질을 가지게 되었다. 내수시장에서 안정적인 점유율을 확보한 토요타 모터스는 해외로 눈을 돌리게 된다. 해외 여러 시장 중 토요타 모터스는 미국 시장에 주목한다. 내수시장이 가장 큰 미국 시장을 점유할 수 있다면 엄청난 수익을 기대할 수 있기 때문이다. 마찬가지로 수익성을 확보하려면 고급차종을 많이 판매해야 한다. 고급차 시장은 브랜드 인지도 제고 및 수익성 확보까지 할 수 있는 아주 매력적인 시장이다.

토요타 모터스는 이미 우수한 품질과 합리적인 가격으로 미국 중저가 자동차 시장에서 성공적으로 진입하고 있었다. 하지만 야심차게 진출한 고급차 시장에서 토요타는 참패를 겪는다. 중저가 시장에서의 성공으로 인해 중저가 이미지가 고착화 된 탓이다. 중저가 이미지가 강해진 토요타는 고급차 시장 진입을 위해 특별한 전략을 세운다.

고급차 시장은 중저가 가격대 시장과 달리 감성적인 요인에 영향을 많이 받는다. 예를 들어 토요타가 아무리 벤츠보다 좋은 자동차를 만들어도 사람들은 벤츠의 브랜드와 이미지를 보고 구매한다는 것이다. 따라서 고급차 브랜드들과 경쟁하기 위해서는 토요타 브랜드만으로는 역부족이었다. 결국 토요타 모터스는 고급차용 신규 브랜드 설립이라는 중대한 결정을 내린다.

이렇게 해서 탄생한 브랜드가 "렉서스"이다. 토요타 모터스는 두 브랜드를 철저하게 분리하여 운영하였다. 딜러와 광고 모두 별도로 운영되었다. 렉서스는 미국 시장에서 나아가 전 세계 고급차 시장을 진입하기 위한 토요타 모터스의 히든 카드였다. 신규 브랜드였기 때문에 오히려 기존의 토요타 브랜드보다 인지도가 적었고 판매도 부진했지만, 장기적인 관점으로 추진해 나갔다.

이러한 토요타 모터스의 신규 브랜드 전략은 미국에서 큰 성공을 거둔다. 고급 이미지의 자동차가 우수한 품질까지 갖추고 있으니 소비자의 선택은 증가하였다. 미국의 고급차 시장까지 성공적으로 진입한 토요타 모터스는 눈을 유럽으로 돌린다.

유럽 시장은 미국 못지않게 경쟁이 치열한 시장이다. 높은 기술력과 인지도 높은 브랜드를 가진 독일의 자동차회사들은 토요타 모터스에게 큰 위협이었다. 오랫동안 쌓인 그들의 브랜드 역사로 인해 유럽 시장은 해외 브랜드인 토요타에게 미국보다 험난한 시장이었다. 미국 시장의 경우 미국 자동차와의 품질 차이가 크기 때문에 품질을 중점적으로 강조하더라도 소비자에게 설득력이 있었고, 유럽의 자동차회사와는 미국 시장 내에서 같은 해외기업으로서 경쟁하기가 상대적으로 수월했다. 하지만 유럽 시장은 유럽 자동차회사들이 자국에서 탄탄한 기반을 갖추고 있었고, 품질과 기술력을 갖추고 있었기 때문에 경쟁 우위를 갖추기 쉽지 않았다.

게다가 유럽이라는 지역은 여러 나라의 연합이기 때문에, 해당 나라 및 해당 지역을 이해하는 것도 중요한 과업이다. 아시아 기업으로서 유럽의 문화를 이해하고 적용한다는 것은 결코 쉬운 일이 아니었다. 결국 우수한 품질을 갖춘 토요타 모터스는 성공적인 유럽진출의 핵심을 '문화'라고 판단한다.

토요타 모터스의 진출 전략

토요타 모터스의 해외진출 전략에 있어서 가장 주목할 점은 품질 위주의 마케팅에서 더 나아가 현지화 전략을 적용한 것이다. 그동안 우수한 품질을 경쟁력으로 성장을 이루어냈지만, 여러 나라가 모여 있는 유럽의 경우 품질만으로는 성공적으로 진출할 수 없었다. 토요타 모터스는 유럽 진출을 위해 여러 가지 마케팅 전략을 수행하였다.

토요타 모터스의 유럽 진출에서 주목할 만한 것은 유럽디자인센터를 건립하여 유럽 취향에 적합한 디자인을 추구한 것이다. 다양한 국가로 이루어진 유럽 국가들의 문화와 취향을 이해하기 위해 9개국의 다른 국적을 가진 16명의 디자이너가 유럽용 디자인을 개발하는 데 투입되었다. 유럽디자인센터는 유럽 소비자들에게 어필할 수 있는 디자인을 개발하는 것을 목표로 했다. 기존의 토요타 모터스의 정체성을 지키면서 유럽의 취향을 접목시키려고 노력하였다. 이러한 디자인 전략은 토요타 모터스가 단기간 내에 고급 브랜드 이미지를 형성하는 데 큰 기여를 하였다.

토요타 모터스는 품질로 성장한 브랜드이기 때문에 이러한 품질을 유지 및 공급할 수 있는 안정적인 생산거점이 필요했다. 또한 주문을 받을 때마다 일본에서 수송해 오는 것도 많은 시간과 비용이 소요되었다. 이를 해결하기 위해 토요타 모터스는 프랑스의 PSA와 합작회사를 설립하여 유럽 6개국에 8개의 생산 공장을 설립하였다. 이를 통해 토요타 모터스는 유럽 시장에 안정적으로 자동차를 공급할 수 있었다.

유럽 소비자들은 토요타 모터스에 대해 뛰어난 품질의 자동차를 생산하지만 움직임은 둔하다는 이미지를 가지고 있었다. 이러한 이미지를 개선하기 위해 토요타 모터스는 올림픽에 버금가는 대회인 F1에 스폰서로 참여한다. 독일의 그랑프리(Grand Prix) 팀을 후원하면서 F1의 적극적이고 역동적인 이미지와 함께 토요타 브랜드가 노출되었고, 이는 브랜드 이미지를 개선시키는 데 큰 역할을 하였다.

결론적으로 토요타 모터스는 본인들의 기존 마케팅 방법으로는 유럽 시장에 성공적으로 진출할 수 없다는 것을 인지하고, 과감하게 현지화 전략을 수행하였다. 유럽과 아시아라는 문화적 차이는 디자인과 스포츠 마케팅이라는 문화적 감성적 요소로 극복하였다. 이 같은 성공으로 인해 토요타는 유럽 시장에 성공적으로 진입할 수 있었다.

토요타 모터스의 성공요인

토요타 모터스는 유럽 시장 진출 시 유럽과의 문화적 차이를 이해하고 이를 활용하려고 노력하였다. 앞에서 언급했던 유럽디자인센터 및 스포츠 마케팅 모두 문화적 차이를 감성 마케팅으로 극복한 사례이다.

토요타 모터스가 현지화 전략을 추구하는 것은 큰 실험이었다. 현지화란 표준화에 반대되는 개념으로 현지 진출국 상황에 맞게 상품 및 전략을 변경하는 것이다. 토요타 모터스의 경쟁력의 근간은 강력한 표준화 시스템을 통한 품질 및 원가 경쟁력에 있었다. 그렇기 때문에 표준화 전략에 현지화 전략을 입히기는 어려운 일이다. 현지 상황에 맞게 여러 가지를 변경하다 보면 토요타 모터스가 자랑하는 표준화 시스템이 무너져 버릴 수 있기 때문이다. 하지만 토요타 모터스는 유럽 진출을 위해 과감하게 현지화 전략을 선택했다. 미국 시장에서와 마찬가지로 기존의 토요타 모터스가 가지고 있는 중저가 브랜드 이미지가 제일 걸림돌이었다. 이에 토요타 모터스는 디자인으로 해결책을 모색한다. 유럽디자인센터를 설립하여 유럽 소비자들을 위한 디자인 개발에 착수하였다. 고급스럽고 유럽인 취향에 맞는 디자인은 토요타 모터스가 유럽 시장에 성공적으로 진입하는 데 크게 기여하였다.

토요타 모터스의 스포츠 마케팅도 유럽 소비자를 감성적으로 접근하여 성공한 사례이다. 유럽 시장 내에서 후발주자였던 토요타 모터스는 브랜드를 알리기 위해 노력했다. 여러 가지 방안 중에서 토요타 모터스는 자동차 경주대회인 F1에 참가하기로 결정한다. 기업이 젊고 역동적인 이미지를 획득하고 싶을 때에는 주로 스포츠 팀을 후원한다. 축구 유니폼 정면에 크게 상업 로고가 들어 있는 것도 같은 이유이다. 토요타 모터스는 자동차 제조업체이기 때문에 자동차 경주대회에 참여하는 것이 적합한 전략이었다. F1은 올림픽만큼 유명하고 사람들이 많은 관심을 가지는 이벤트로 이를 통해 유럽 소비자들에게 감성적으로 다가갈 수 있었다.

시사점

그동안 토요타 모터스는 품질 경영으로 자신들의 경쟁력을 구축해 왔었다. 토요타 모터스의 높은 품질과 독일차보다 상대적으로 저렴한 가격은 일본 시장은 물론 해외시장에서도 강력한 경쟁력으로 작용하였다. 마케팅에 있어서 토요타 모터스는 해당 시장을 고려한 현지화 마케팅에 유연한 자세를 보였다. 고착화된 기존의 토요타 브랜드 이미지를 타파하기 위해 "렉서스"라는 완전히 새로운 브랜드를 론칭시켰으며, 유럽 시장에서는 기존의 품질 및 가격경쟁력 위주의 마케팅 전략에서 벗어나 현지 시장에 맞는 디자인을 개발하였다. 이렇듯 토요타 모터스는 세계시장에서 표준화와 현지화 전략을 가장 균형 있게 구사하는 기업이라 할 수 있다. 토요타 모터스는 유럽 시장에 성공적으로 진입하기 위한 현지화 전략을 잘 제시하고 있다.

참고문헌

Robert Lusch, Stephen Vargo, and Alan Malter(2006), "Taking a leadership role in global marketing management", Organizational Dynamics, 35(3), pp.264~278.

Steven Spear and Kent Bowen(1999), "Decoding the DNA of the Toyota production system", Harvard Business Review, September–October.

Takahiro Tomino, Paul Hong, and Youngwon Park(2011), "An effective integration of manufacturing and marketing system for long production cycle: a case study of Toyota Motor Company", International Journal of Logistics Systems and Management, 9(2), pp.204~217.

데이비드 마지(2007), 『토요타는 어떻게 세계 1등이 되었나: 세계 1등 조직, 1등 기업』, Han Eon.

시바타 사마하루 · 가네다 히데하루(2001), 『토요타 최강경영』, 일송미디어.

회사 개요 및 현황

TCL은 중국의 다국적 기업으로 가전제품을 생산하고 있다. 1981년에 설립된 TCL은 처음에는 통신장비 회사로 시작하였다. 산하에 TCL, TCL 멀티미디어 기술, TCL 통신 기술 3개의 기업을 두고 있다. TCL의 주요 제품은 TV, DVD플레이어, 에어컨, 휴대전화 등이 있다. 2000년대 들어서 적극적으로 해외진출을 추진한 TCL은 현재 전 세계 80개 도시에서 자회사를 운영하고 있으며, 18개의 R&D 센터, 20개의 제조 공장을 전 세계에 운영하고 있다.

TCL의 회장 리둥성(Li Dongsheng)은 '용과 호랑이 계획'을 통해 TCL의 글로벌화를 본격적으로 추진하게 된다. '용과 호랑이 계획'이란 세계시장에 경쟁력 있는 사업(용)을 두 개 달성하고, 국내에서는 세 개의 시장 선도 사업(호랑이)을 발굴하는 것을 의미한다. 이러한 계획이 발표된 지 몇 달 지나지 않아 TCL은 프랑스의 가전 업체 톰슨(Thompson)으로부터 TV 사업부를 인수한다. 다음 해에는 통신회사 알카텔(Alcatel)로부터 휴대전화 사업부를 인수한다. 회장의 지시에 따라 야심차게 추진된 TCL의 유럽 진출은 알카텔이 합작회사에서 사업을 철수함으로써 실패로 끝난다.

TCL의 EU시장 진출 배경

중국 기업들이 처음부터 오늘날처럼 해외진출이 활발했던 것은 아니었다. 1990년대 후반까지 기업들의 해외진출 및 투자는 정부의 관리하에 진행되었다. 정부 또는 지방자치단체의 심사를 통과해야만 해외에 투자할 수 있었다. 2000년대에 들어서야 비로소 해외진출을 규제하기보다는 장려하는 분위기로 전환되었다. 심사 절차의 간소화에서 더 나아가 자금 지원 및 세제 관리까지 제공하여 실질적으로 지원하기에 이르렀다. 요즘에는 중국 기업들이 해외진출은 기업성장에 필수적이라는 인식을 가지고 있다. 글로벌 경쟁에서 살아남기 위해서는 해외진출이 필요하다고 느끼기 시작했다.

글로벌 경쟁의 보편화로 중국 기업들이 더 이상 중국 정부의 지원만으로는 살아남기 힘들다는 것을 인식하고 있다. 예전에는 정부의 지원하에 중국에서 외국기업들과 경쟁했었는데, 이제는 중국 경제도 많이 개방됨에 따라 예전만큼의 정부 지원을 기대하기 힘든 상황이다. 실상 에너지, 전력, 통신, 군수와 같은 국가기간산업을 제외하고는 정부의 지원이 많이 줄어든 상황이다. 해외에서의 영업은 중국 정부가 관여할 수 있는 대상이 아니므로 중국 기업들은 글로벌 경쟁력 확보의 중요성을 절감한다.

중국 경제는 G2라고 불릴 만큼 미국 다음으로 많은 GDP를 창출하고 있다. 수많은 다국적 기업들이 중국에 진출하여 치열한 경쟁을 벌이게 되면서 중국 기업들의 경영 환경이 글로벌하게 바뀌었다. 선진국 다국적기업들의 높은 기술력과 브랜드 인지도는 중국 내수시장을 위협하였고, 내수시장을 장악할 정도의 경쟁력을 가지고 있던 중국 기업들은 해외기업들의 진입으로 글로벌 수준의 경쟁력을 요구받게 된다. 중국 기업들은 국내의 자원 및 역량으로는 글로벌 수준을 달성하기까지 많은 시간과 비용이 들어간다는 것을 인식하고 해외 진출을 통해 경쟁력 확보를 추진한다.

시장개방 이후 1990년대까지 중국은 시장과 기술을 교환하는 전략을 추진해 왔다. 외국기업이 중국 시장에 들어오려면 기술을 제공해야 한다는 것이다. 하지만 대부분 외국기업들은 한 단계 낮은 기술을 전달하거나 핵심기술은 본사에서 제공하는 방법 등으로 중국 정부의 이러한 의도를 피해 나갔다. 외국기업들이 중국에서 예상한 대로 움직이지 않자 중국 기업들은 선진 기술력을 확보하기 위해 직접 해외로 진출한다.

기술획득 목적의 해외직접투자는 정치적 이유 때문에 무산되는 경우가 발생하기도 한다. 중국의 통신기업 화웨이는 2008년 미국의 네트워킹 업체인 쓰리콤(3Com)을 인수하려 하였으나 실패하였고, 2010년에는 클라우드 컴퓨팅 업체인 3Leaf의 인수를 시도했으나 성사되지 않았다.

TCL의 진출 전략

2003년 11월 TCL은 프랑스의 가전업체 톰슨(Thompson)의 TV 사업부를 인수한다고 발표한다. TV와 DVD 플레이어 생산을 위한 조인트 벤처를 설립하고 아시아에서는 TCL 브랜드로, 유럽 및 북미에서는 톰슨 브랜드로 TV 시장 공략을 추진하기로 합의한다. 2004년 4월에는 알카텔(Alcatel)의 휴대전화 사업부를 인수하여 휴대전화 제조 역량을 강화한다. TCL은 TV에서의 판매 전략과 비슷하게 국내 제품은 TCL 브랜드를 사용하였고, 해외 판매 제품은 알카텔 브랜드를 사용하는 마케팅 전략을 구사했다.

하지만 TCL과 알카텔의 협력은 1년여 만에 종결되었다. 알카텔이 합작사업의 성과가 부진한 것을 보고 기존 자산가격 대비 80% 할인된 가격으로 보유지분 전부를 합작회사에 매각하고 철수하였다. 알카텔의 휴대전화 사업 철수는 부진한 실적이 결정적이었다. 합작사를 설립한 첫해 2억 8,500만 홍콩 달러의 손실을 기록했다. 하지만 다음 해 1분기에 손실이 3억 200억 홍콩달러로 오히려 손실액이 증가하였다. 부진한 실적을 만회하지 못하자 알카텔은 사업성이 없다고 판단하고 철수 결정을 내렸다.

TCL의 실패요인

알카텔과 톰슨의 인수합병 이후 2005년부터의 TCL의 경영성과는 긍정적이지 않았다. 2005년과 2006년 각종 수익성 지표가 마이너스를 기록하였다. 이후 순자산수익률은 회복세를 보이고 있으나 순이익률은 마이너스를 기록하였다. 매출액증가율도 3년 연속 마이너스를 기록하여 인수합병거래가 시너지보다는 관련 비용 증가로 인해 부담으로 작용하고 있음을 알 수 있다.

TCL은 알카텔과 톰슨 인수를 통해 유럽 시장 진출을 추진했다. 알카텔과 톰슨 모두 기존 유럽 시장에서 어느 정도 브랜드 인지도를 구축하고 있었기 때문에 TCL은 이를 활용하여 효과적으로 유럽 시장에 진출하고자 했다. 특히 톰슨은 세계 TV시장에서 5위권을 기록하고 있었기 때문에 톰슨의 제조기술, 판매망, 브랜드를 효과적으로 이용하고자 했다. 하지만 톰슨의 브랜드는 TCL이 예상했던 만큼 경쟁력을 가지고 있지 않았다. 톰슨에서 내부적으로 매각 결정을 내린 뒤 관리를 소홀히 하는 바람에 예전만큼의 브랜드 파워를 보여 주지 못했다. 당시 톰슨은 비효율적인 생산으로 경영실적이 지속적으로 악화되고 있는 상태였다. 그리고 톰슨은 컬러TV보다 프로젝션TV에 경쟁력을 가지고 있었기 때문에 TCL이 기대하는 수준의 경쟁력 강화에는 미치는 영향은 미미했다.

무엇보다 TCL은 피인수 기업의 현지 브랜드를 적극적으로 활용하는 마케팅 전략을 취했다. 이는 중국의 가전기업 하이얼(Haier)과는 반대되는 전략으로 톰슨 및 알카텔 브랜드로 유럽 시장을 공략하고, 국내는 기존의 TCL 브랜드로 공략하였다. 단기적으로 매출액에 도움이 되었을 수 있으나 장기적으로는 TCL 브랜드의 자생력에 위협을 초래하였다. 기대와 달리 톰슨 및 알카텔의 브랜드가 힘을 발휘하지 못하자 TCL의 경영성과는 더욱 악화되기에 이른다. 이와 반대로 꾸준히 독자 브랜드를 성장시켜 브랜드 인지도를 쌓아온 하이얼은 전 세계 소비자들에게 하이얼 브랜드를 알리는 데 성공한다.

시사점

TCL의 알카텔 및 톰슨 인수는 서로에 대한 준비와 조사가 부족한 상태에서 이루어졌고, 문화적 차이를 통합하는 문제도 수월하지 않았다. 선진국 기업의 기술력과 중국의 노동력을 결합하는 것은 대부분 중국 기업들이 바라는 이상적인 인수합병이다. 하지만 높은 수준의 기술력은 곧 기술 인력의 고임금을 의미한다. 충분한 자금을 준비하지 못한 TCL은 합작회사 설립 후 주요 임원 및 연구원들이 퇴직하는 일이 발생했다. 또한 기존의 알카텔과 톰슨의 문제점을 TCL이 해결하지 못했다. 기술력만 확보하면 되는 것이 아니라 기존의 브랜드를 유지 및 강화시켜야 하는데 TCL은 이를 효과적으로 달성하지 못하였다. 결국 높은 기술력을 가진 선진국 기업의 인수만이 능사가 아니며, 인수 이후의 통합과정과 마케팅 전략이 뒷받침되어야 성공적인 해외진출이 될 수 있음을 알 수 있다.

참고문헌

David Floyd, Barry Ardley, and John McManus(2011), "Can China overcome the difficulties of establishing successful global brands?", Strategic Change, 20(7-8), pp.299~306.

Eunsuk Hong and Laixiang Sun(2006), "Dynamics of Internationalization and Outward Investment: Chinese Corporations' Strategies", The China Quartely, 187, pp.610~634.

Francoise Nicolas(2012), "Chinese ODI in France: Motives, Strategies, and Implications", China Economic Policy Review, 1(1), pp.1~30.

Ping Deng(2007), "Investing for strategic resources and its rationale: The case of outward FDI from Chinese companies", Business Horizons, 50(1), pp.71~81.

Ping Deng(2009), "Why do Chinese firms tend to acquire strategic assets in international expansion?", Journal of World Business, 44(1), pp.74~84.

Ping Deng(2010), "Absorptive capacity and a failed cross-border M&A", Management Research Review, 33(7), pp.673~682.

회사 개요 및 현황

세계 최대의 유통업체인 월마트(Wal-Mart)는 1962년 창업주 샘 월튼(Sam-Walton)이 미국 아칸소(Arkansas) 주의 로저스(Rogers)에서 'Wal-Mart'라는 상호의 소매점을 시작하면서 그 역사가 시작되었다. 창업주인 샘 월튼은 기존의 유통업체 제이씨페니(JC Penney) 지점에서 일하던 종업원이었다. 경영수완이 뛰어났던 월튼은 아칸소 주의 벤 프랭클린(Ben Franklin) 지점을 맡아 주변 사람들의 예상을 뛰어넘는 성공을 거둔다. 월튼은 기존 지점과 재계약을 거부하고 아칸소의 다른 지역에 새 지점을 오픈하여 또다시 성공을 거둔다. 유통업에서의 성공방식을 깨달은 월튼은 프랜차이즈 지점에서 벗어나 본인의 독자적인 유통매장을 1962년에 오픈한다. 5년 만에 지점을 24개로 늘리고 1,200만 달러의 매출을 올리면서, 월튼은 아칸소 지역을 벗어나 미국 전역으로 확장하기 시작했다.

월마트는 월마트 U.S., 샘스클럽, 월마트 인터내셔널의 세 부분으로 운영된다. 2012년 말 기준 월마트 U.S.는 3,981개, 샘스클럽은 창고형 회원제 할인매장으로 620개를 운영 중이며, 월마트 인터내셔널은 전 세계 27개국에 6,025개의 지점을 관리하고 있다. 현재 월마트는 전 세계에서 1만 개가 넘는 점포들을 운영하고 있다. 경우에 따라서는 해외진출 시 업체 이름을 다르게 적용하고 있다. 영국에서는 아스다(Asda)라는 이름으로 영업 중이며, 일본에서는 세이유(Seiyu), 인도에서는 베스트 프라이스(Best Price)로 운영되고 있다. 현재 월마트는 세계 최대의 유통기업으로 성장했으며 2012년 미국 경제전문지『포춘(Fortune)』에서 발표한 매출액 기준 "포춘 글로벌 500"에서 3번째를 기록하였다. 미국에서는 엑슨모빌 다음으로 가장 큰 기업이다.

월마트의 성공은 소비자들이 원하는 것이 무엇인가를 이해함으로써 가능했다. 월마트의 창업자 샘 월튼은 자서전에서 소매점의 성공은 소비자가 원하는 것을 제공하느냐에 달려 있다고 주장한다. 소비자들의 입장에서 생각해 보면 소비자들은 모든 것을 원한다. 풍부하게 갖춰진 질 좋은 상품, 가능한 최저가, 구매상품의 소비자 만족보장, 친절하고 식견이 있는 서비스, 편리한 시간 및 무료 주차, 즐거운 쇼핑 경험 등 소비자가 원하는 모든 것을 줄 수 있었던 것이 월마트의 성공 비결이다.

월마트는 2001년에는 총매출 2,177억 달러(한화 약 283조 원), 2002년에는 총매출 2,445억 달러(한화 약 318조 원)를 기록했으며 2003년에는 미국의 유력 비즈니스 잡지인『포춘』지에 의해 미국에서 가장 존경받는 기업으로 선정되었다.

세계 최대 유통업체인 월마트는 대규모 자본과 세계적 유통망을 등에 업고 다양한 제품을 값싸게 공급하는 전략으로 전 세계 상권을 장악했다. 월마트는 미국에서의 성공을 기반으로 야심차게 유럽 진출을 시도한다. 1997년 독일 시장에 진출해 10년 동안 매장을 85개까지 늘릴 정도로 사업을 키웠지만, 현지화에 실패하고 2006년 10억 달러의 손실을 보고 독일 시장에서 철수했다.

월마트의 EU시장 진출 배경

유럽 진출 이전에도 월마트는 해외진출을 활발하게 진행하고 있었다. 월마트 특유의 성공 방정식인 대량 규모를 통한 질 좋은 상품의 저가로 판매하는 전략은 국적과 문화 차이를 불문하고 소비자들로부터 환영받았다. 유럽의 경우 유럽연합을 통해 유럽의 경제시장이 단일화되면서 월마트의 유럽 진출을 가속화하는 배경이 되었다. 유럽 인구는 미국과 비슷한 수준이며, 평균 소득도 4만 달러 이상이라 월마트로서는 충분히 유럽 시장에 매력을 느끼고 있었다. 유럽 유통업은 미국보다 먼저 발전하였고, 유럽에 많이 보급되어 있어 월마트의 주요 경쟁자가 되었다. 유럽의 유통업체들은 세계 100대 유통업체 중 20% 이상을 차지할 정도로 유럽 업체들이 시장을 선점하고 있었다.

월마트는 유럽 진출의 시작으로 독일에 주목했다. 독일은 경제적으로 잘 발전되어 있고 당시의 인구 8,000만 명은 유럽 최대 규모였다. 월마트는 유럽 진출의 첫 국가로 독일 시장에 주목하여 독일의 문화를 익히고 종업원들을 훈련하여 독일 진출을 준비했다.

월마트의 진출 전략

월마트는 독일에 성공적으로 진출하기 위해 독일 문화를 적극적으로 받아들였다. 통로를 넓히고 계산대를 추가하며 직원을 추가로 고용하며 독일의 문화를 익히려고 노력했다. 월마트 특유의 경쟁력인 저렴한 가격은 그대로 유지하여 독일 시장을 공략했다. 기존 업체들의 복잡한 매장과 불친절한 점원에 익숙해 있던 독일인들은 월마트의 저렴한 가격과 잘 훈련된 판매원들에게 긍정적인 반응을 보였다. 하지만 월마트는 만족할 만큼 수익성을 확보할 수 없었다. 독일 특유의 높은 인건비와 미국만큼 넓지 않은 매장 크기는 충분한 이윤을 창출하기 힘들었다. 강경한 노조와 엄격한 노동법은 월마트의 상황을 더 힘들게 만들었으며 비용의 대부분이 인건비로 계상될 만큼 힘들었다. 또한 기존의 유통업체들과의 인지도 측면에서도 경쟁이 쉽지 않았다. 저렴한 가격에 긍정적인 반응을 보이던 독일 소비자들도 평소 그들의 신념대로 품질을 중시하는 소비 패턴으로 회귀하였다. 결국 낮은 이윤, 낮은 인지도, 엄격한 노동 환경, 소비 행위의 차이로 인해 월마트는 독일 진출 9년 만인 2006년에 독일에서 철수한다.

월마트의 실패요인

월마트는 표준화(standardization) 전략을 추구하는 대표적인 기업이다. 소비자의 기호를 100% 맞추는 것보다, 80%를 맞추더라도 원가절감을 이루어내는 것을 더 선호한다. 따라서 월마트에게는 원가절감이 최대 과제이며 기업의 전략과 조직 운영이 원가절감 위주로 작동한다. 간단히 말해서 미국에서 행하던 판매방식을 해외에서 똑같이 적용하게 되면 추가적인 비용이 발생하지 않는다. 새로운 것이 추가되지 않기 때문에 비용이 발생하지 않으며, 기존의 노하우를 적극 활용할 수 있음에 따라 오히려 관련 비용을 절감할 수도 있기 때문에 표준화 전략을 선호한다.

유통업이라는 업종도 월마트의 표준화를 통한 원가절감 전략에 크게 기여했다. 월마트에서 취급하는 상품들은 소비재이기 때문에 소비자들은 가격에 민감하게 반응한다. 따라서 품질이 조금 떨어지더라도, 소비자 기호를 완벽하게 충족시키지 못하더라도 원가절감을 통해 그보다 더 많은 소비자를 만족시킬 수 있다. 월마트 판매 전략은 빅박스로 대표할 수 있는데, 상품을 박스 단위로 판매하는 것이다. 판매자는 상품을 낱개로 전시하지 않아도 되고, 소비자는 대량구매를 통해 저렴하게 구입할 수 있다. 이러한 월마트의 판매 전략은 미국에서 큰 성공을 거두었다.

하지만 승승장구하던 월마트는 독일에 진출한 지 9년 만인 2006년 철수 결정을 내린다. 미국과는 너무 다른 경영 환경이 월마트의 발목을 잡았다. 독일 정부의 적극적인 유통시장 규제도 월마트에는 큰 부담으로 작용하였다. 월마트는 자국 및 해외시장에서 미끼상품 전략(Loss-Leader)을 자주 사용한다. 미끼상품 전략이란 특정 제품을 매우 저렴하게 판매하여 고객을 끌어 모으는 마케팅 전략을 의미한다. 예를 들어 미끼상품을 원가 이하로 판매해서 손해가 발생하더라도 매장으로 유인된 고객들이 다른 제품에서 손해금액 이상의 이윤을 제공해준다면 업체 입장에서는 오히려 이익이다. 우리나라에서 가장 크게 성공한 미끼상품으로는 롯데마트의 "통큰 치킨"이 있다. 당시에는 프랜차이즈 치킨업체에서 반발을 일으킬 정도로 국내에는 큰 반향을 불러왔다.

독일에서는 이러한 미끼상품 전략이 불법으로 규정되며 공정경쟁법 위반으로 처리되었다. 월마트는 독일 진출 초기에 평소대로 미끼상품 전략을 실행하였고, 이에 기존의 독일 대형마트들도 고객을 뺏기지 않기 위해 저가 경쟁에 뛰어들었다. 생필품들이 기존 가격 대비 75%까지 떨어질 정도로 경쟁이 치열해지자, 중소 유통업체들은 극심한 피해를 입었다. 결국 독일 정부는 이러한 저가 경쟁이 시장의 질서를 해친다고 판단하여 월마트를 비롯한 대형마트에 거액의 과징금을 부과했다.

독일은 전통적으로 노동자의 권리가 우선시되는 나라이다. 독일 유통업체의 영업시간은 일주일에 최고 80시간으로 유럽에서 가장 짧다. 일요일과 공휴일에 영업을 하면 법적 제재를 받는다. 우리나라의 경우 주말과 공휴일에 가장 많은 고객이 몰리는 것을 고려했을 때 독일의 노동환경이 얼마나 엄격한지 알 수 있다. 휴일 동안에 발생할 이익보다 휴일에 쉬지 못하는 유통업체의 노동자들이 더 중요한 것이다. 2006년에는 규제가 완화되었지만 기본적인 틀은 유지되고 있다. 이러한 노동환경은 노동자의 권익을 보호하면서 동시에 중소 유통업체들을 보호할 수 있다. 정해진 시간에 정해진 조건하에서 경쟁하도록 유도

하면서 대형업체들의 자본력을 어느 정도 무마시키는 역할을 수행하고 있다. 결국 미국에서 하던 방식인 낮은 임금과 장시간 노동을 할 수 없었던 월마트는 경쟁력을 확보하는 데 어려움을 겪었다.

시사점

월마트는 미국에서의 성공한 비즈니스 모델을 그대로 유럽에 적용하려다 실패한 사례이다. 무엇보다 독일 정부의 유통업 규제는 월마트의 손발을 묶어 버렸다. 미끼상품을 판매할 수 없고, 장시간 노동을 할 수 없는 월마트는 경쟁력을 확보하기 쉽지 않았다. 또한 독일 소비자들의 구매 문화도 미국의 그것과 상이했다. 가격이 싸다고 무조건 이용하는 것이 아니었다. 월마트의 독일 시장에서의 실패는 해외시장에 성공적으로 진입하려면 그 나라의 규제와 문화에 대한 이해가 필수적이라는 것을 알려준다.

참고문헌

Gunnar Trumbull and Louisa Gay(2004), "Wal-mart in Europe", Harvard Business School, 20 July 2004.

Jack Ewing(2005), "Wal-Mart: Struggling In Germany", Businessweek, Bloomberg, 11 Apr. 2005.

Mark Landler(2006), "Wal-Mart Gives up Germany", New York Times, 28 July 2006.

Michael Barbaro(2006), "GERMANY: Wal-Mart Finds That Its Formula Doesn't Work in All Cultures", CorpWatch, 1 Aug. 2006.

회사 개요 및 현황

1923년 월트와 로이 디즈니 형제가 창립한, 캐릭터·미디어·테마파크 사업 등을 영위하는 종합 엔터테인먼트 그룹인 월트디즈니의 본사는 미국 캘리포니아 주 버뱅크에 위치하고 있다.

월트디즈니는 빨간 셔츠와 노란 신발의 〈미키마우스〉가 큰 성공을 거둔 것을 비롯, 〈백설공주〉(1937), 〈피노키오〉(1940), 〈신데렐라〉(1950), 〈메리포핀스〉(1964) 등의 애니메이션을 통해 꿈과 환상을 심어 주었다.

1995년 7월 캐피털시티스-ABC를 190억 달러에 매수하였으며, 같은 해 8월 연예인력중개회사인 크리에이티브 아티스츠 에이전시를 운영한 오비츠를 2인자로 영입하여 영화와 ABC를 총괄하게 하였다. 영화·TV·홈비디오 제작 및 유통뿐만 아니라 디즈니랜드(1955)·디즈니랜드파리(1992, 지분 39%)·도쿄디즈니랜드(로열티) 등의 주제공원과 하키팀(마이티 덕), 출판(히페리온), 음악(할리우드레코드), 캐릭터상품, 호텔(딕시랜드스 호텔 등), 외식업 등에 진출하고 있다.

월트디즈니 EU시장 진출 배경

1983년 4월에 문을 연 일본의 동경 디즈니랜드는 월트디즈니사 최초의 본격적인 해외사업이다. 이것이 큰 성공을 거두자 월트디즈니는 자연스럽게 유럽을 다음 목표로 정한다. 1980년대에 유로디즈니(Euro Disney)를 기획할 때만 해도 이 사업은 거의 보증수표처럼 보였다. 경제호황을 누리고 있는 유럽인들은 여가활용에 돈을 많이 쓰고 있었고, 유럽에는 디즈니가 계획하고 있는 것만큼 큰 테마 공원이 없었다. 게다가 디즈니라는 상표가 유럽의 구석구석까지 잘 알려진 것은 두말할 것도 없다.

유로디즈니는 파리 시의 동쪽 32Km 거리에 있는 마르느-라-바레(Marne-la-Vallee)의 총면적 586만 평으로 파리 시의 1/5에 필적하는 거대한 곳이다. 총 투자액은 223억 프랑이 들었으며, 5개의 주제공원(Theme Park·Main Street, Adventure Land, USA Frontier Land, Fantasy Land, Discovery Land)으로 구성되어 있고, 부대시설로 6개의 호텔, 골프장, Bueana Vista 호수 등을 갖추어 1992년 4월에 개장하였다. 글로벌 기업의 이와 같은 거대한 기획과 엄청난 규모에도 불구하고, 개장 초기에는 유럽인들과 매스컴의 냉담한 반응으로 진통을 겪으며 계속 적자를 기록했다. 유로디즈니는 전략면에서도 여러 요인에 실패하였다고 한다. 여기서는 실패의 주요 요인과 월트디즈니의 경영진이 인식하지 못한 문화적 차이에 대해 알아보기로 한다. 시장에서는 상충되는 두 전략이 모두 고려되어야 하므로, 국가와 지역적 범위의 제약을 뛰어넘는 접근방법 외에 시장의 상이한 특성을 반영한 전략적 접근방법 역시 살펴보도록 한다.

• 유로디즈니의 전경

월트디즈니의 실패요인

● 내부 요인

유로디즈니의 건설이 발표될 즈음 프랑스 내에서 이를 미국의 문화 침략이라고 보고 비판하는 목소리가 있었다. 따라서 월트디즈니는 유로 디즈니랜드를 미국 디즈니랜드와 비슷하게 지었지만 프랑스인의 기호에 맞추기 위한 여러 가지 변화를 시도했다.

고상한 것을 좋아하는 프랑스인들의 입맛에 맞추기 위해 메인스트리트(Main street)를 빅토리아풍으로 화려하게 꾸미고, 건축의 세세한 부분에까지 신경을 썼다. 프랑스의 공상과학 소설가 쥘 베른(Jules Verne)의 소설과 레오나르도 다 빈치(Leonardo da Vinci)의 과학 이론에 바탕을 둔 디스커버리 랜드(Discovery land), 더불어 유럽의 역사와 프랑스의 문화 영화를 상영하는 극장과 피노키오가 이탈리아인, 신데렐라가 프랑스인, 피터팬이 영국인이라는 점을 강조하여 유럽인들의 거부감을 없애는 데 애쓰기도 하였다. 또한 프랑스의 추운 겨울날씨를 감안, 실내오락시설을 늘리고, 불을 피울 수 있는 장소도 많이 만들었다.

유로디즈니는 직원들을 뽑는 데도 서로 다른 언어를 쓰는 유럽의 특징을 고려하였다. 유로디즈니의 직원들은 반드시 프랑스어 외에 유럽언어 중 한 가지 이상을 할 줄 알아야 했으며, 해당 언어 국가의 핀을 꽂고 다녀야 했다. 또 모든 고용인들은 EU Passport를 소지하거나 프랑스 정부로부터 노동허가를 받은 사람이어야 했다. 이러한 방법들을 통한 많은 노력에도 불구하고 미국식 사고방식은 유로디즈니 초기 실패의 요인으로 자리 잡게 된다.

유로디즈니의 성공을 지나치게 낙관한 월트디즈니는 이로 인한 재정적, 전략적 실수를 많이 하게 되었다. 예를 들어 1980년대 부동산 붐이 계속되리라는 낙관적인 생각에 자산을 부동산으로 대체하고 부채를 즉시 갚아 버렸는데 부동산 시장의 불황이 겹쳐 재정악화를 초래하였다.

월트디즈니-는 총 건설액 40억 달러 중 29억 달러를 11%의 높은 이자율에 빌렸다. 여기다가 테마파크를 완벽에 가까운 예술품 수준으로 만들려는 월트 디즈니의 욕심으로 공사가 중첩, 수정되는 바람에 예산이 턱없이 낭비되고 부채는 늘어만 갔다.

월트디즈니는 음식과 기념품에 대한 소비자 1인당 지출비용을 33달러로 계산하였으나 입장료를 높게 책정하는 바람에 관객들은 놀이기구를 타는 데에 시간을 소비하였고, 그만큼 쇼핑에 시간을 덜 투자하는 바람에 예상보다 12%를 적게 소비하였다.

월트디즈니의 경영진들은 투자자들과 제대로 의사소통을 하지 않아 자사의 신뢰를 떨어뜨렸다. 또한 언론의 질문에 응답을 잘 하지 않는 등 제대로 대응하지 않아 언론 매체를 통해 월트디즈니의 명성을 살리는 데 실패했다.

● 외부 요인

유로디즈니 경영자들은 테마파크 개장에만 너무 신경을 쓴 나머지 유럽의 경기 침체 조짐을 깨닫지 못했다. 경기 침체로 인해 유럽인들의 가처분 소득이 줄어서, 유럽인들은 휴가비로 많은 돈을 쓰는 것을 꺼리게 되었다.

월트디즈니는 올랜도에 있는 디즈니월드와 도쿄 디즈니랜드에서 했던 실수를 되풀이하지 않기로 했다. 그중 하나는 테마파크 주변 호텔들을 다른 회사가 세우는 것을 허락하지 않는 것이고 나머지 하나는 도쿄 디즈니랜드처럼 소유권을 넘기고 단지 로열티만 받지 않아야 한다는 것이다. 월트디즈니는 많은 부동산을 매입, 개발하여 비싸게 팔아 수익을 남기려 했으나, 부동산시장의 붕괴로 팔 수 없게 되어 재정적 부담을 초래하게 되었다.

유로디즈니의 높은 입장료는 유럽 관광객들이 유로디즈니 대신 미국 디즈니랜드를 선택하게 했다. 또 유로디즈니가 개장할 당시 프랑스의 프랑이 시장에서 강세였기 때문에 항공비, 숙박비를 포함한 패키지 상품에 있어 미국 디즈니랜드 상품이 가까이에 있는 유로디즈니 상품보다 오히려 쌌다. 게다가 유럽 몇 몇 나라들의 불안한 경제상황으로 인해 유럽에서는 예상치 못한 환율 변동이 유발되었고 이에 부담을 느낀 유럽인들은 미국 디즈니랜드를 선호했다.

1992년 미국과 프랑스 간의 농산물 무역 협상 내용에 분개한 프랑스 농민들은 유로디즈니를 미국의 상징이라 여겨 유로디즈니 입구에서 농성에 들어갔다. 이것은 입구를 혼잡하게 만들었고, 관객들은 불편을 느꼈다.

또한 유럽인들은 월트디즈니의 유럽 진출에 관해서 문화적 제국주의의 성향이 있다고 믿고 있었으며 미국인 회사의 스타일은 뻔뻔하고 거만하다고 생각했다. 월트디즈니의 한 실무자는 "우리가 하라는 대로 하라, 우리가 최고니까" 이렇게 말했는데 이것이 상황을 더욱 악화시켰다.

● 월트디즈니 경영진의 유럽문화 인식 부족

성공적인 개장을 위한 월트디즈니의 막대한 노력과 공격적인 마케팅에도 불구하고 유로디즈니의 개장 첫해 입장객수는 예상보다 20%가 적었다. 입장객 중 프랑스인이 차지하는 비율은 겨우 29%로 예상치인 50%를 크게 밑돌았다. 이로 인해 호텔, 레스토랑을 비롯한 주변의 휴양시설의 수입도 줄어들게 되었고, 유로디즈니의 주가도 큰 폭으로 하락해 월트디즈니는 큰 손실을 보게 되었다. 이를 뒷받침하는 월트디즈니 경영진의 유럽문화 인식 부족에 대한 주요 요인은 다음과 같다.

유럽 성인들은 놀이공원을 그렇게까지 좋아하지는 않는다. 이들은 특히 겨울에는 다른 형태의 여가활동을 선호했다. 또 유럽의 부모들은 미국의 부모들과는 달리 놀러 가기 위해서 자녀들을 학교에 결석하게 놔두지 않는다. 미국에 있는 디즈니랜드, 도쿄 디즈니랜드가 사람들이 새로운 여가활동을 물색할 때 만들어진 것에 반해, 유럽에는 이미 그들만의 여가 문화가 오랜 역사를 가지고 형성되어 있었다.

또한 유로디즈니의 경영진은 유럽 관광객들이 유로디즈니에 여러 날 머물며 시설을 이용하리라 생각했으나 유럽의 휴가 활용 스타일은 여러 곳을 둘러보는 것으로 보통 손님들은 하루 정도 머물고 다른 곳으로 떠났다. 따라서 호텔, 레스토랑 등의 수입은 예상보다 훨씬 낮았고, 투숙관리를 위한 전산설비 비용만 증가하게 되었다. 유로디즈니사의 경영진은 공원의 크기와 화려함을 강조함으로써 유럽인들이 중시하는 감성적 측면을 소홀히 하였다. 이러한 미국적 접근은 미국의 제국주의 성향을 느끼게 함으로써 유럽을 모욕하는 듯한 인상을 들게 하였다.

그리고 유로디즈니는 레스토랑에서 술을 판매하지 않았다. 이는 식사 시 와인과 맥주를 곁들이는 프랑스인의 문화에 배치되는 일이었다. 게다가 프랑스를 방문하는 다른 유럽인들은 프랑스의 와인을 마시는 것도 관광의 일부라 생각했다. 유로디즈니는 유럽인들이 아침을 식당에서 해결하지 않는다고 예상하고 식당의 규모를 줄였으나 실제로는 개업 후 많은 사람들이 붐비게 되었다. 또한 미국인들은 놀이공원에서 돌아다니며 핫도그나 샌드위치를 하나 먹는 것으로 점심식사를 대신하지만 유럽인들은 편안한 자리에서 제대로 된 점심식사를 하고 싶어 한다. 유로디즈니는 이를 미리 대비하지 못해 충분한 시설을 갖추지 않았고, 이로 인해 대기시간이 길어져 손님들은 큰 불편을 겪게 되었다. 또 유럽인 종업원들은 바쁠 때 더 많이 일해야 한다는 것을 이해하지 못해 계속되는 러시아워에 제대로 적응하지 못하고 불만을 토로하게 되었다.

유로디즈니사의 경영진은 유럽인들의 개인적 성향을 잘 인식하지 못했다. 경영진들은 종업원들에게 미국에서 하던 것처럼 '디즈니 스마일'을 강요했고, 외모에 대한 엄격한 규칙을 적용했다. 귀걸이 크기, 머리 색깔, 매니큐어 색깔, 옷 청결 등에 관해 매우 까다로운 규정을 정했다. 유럽인들에게는 이런 자유롭지 못한 복장규정이 맞지 않았고, 직원들은 이것이 프랑스 노동법을 어겼다고 제소하기까지 했다.

월트디즈니의 혁신과 변화

월트디즈니의 장밋빛 예상은 완전히 빗나갔다. 1992년 4월 12일 파리 근교에 위치한 유로디즈니가 개장한 후 첫 1년 동안 이곳을 찾은 방문객의 수는 목표치인 1천1백만 명을 능가한다. 그럼에도 불구하고 1994년에는 이미 3억 2천만 달러의 손실이 발생했고, 방문객의 수는 1993년에 비해 10%나 줄었으며, 주가는 곤두박질쳤다.

월트디즈니는 채권은행단의 도움을 받는 것 외에 경영진을 유럽인으로 대거 교체하고, 과감한 원가절감 조치를 취했으며, 가격·제품 등의 마케팅 측면에서도 변화를 일으켰다. 그 결과 1995년에 처음으로 약 2천만 달러의 이익을 내는 등 사정이 조금씩 나아지고 있다.

● 프랑스식 종업원 체제

유로디즈니의 책임자를 프랑스인인 Philippe Bourguignon으로 교체하였으며, 문화적 차이를 고려하지 않은 고용자 관리로 인해 야기된 노동분쟁을 해결하기 위해 미국식 근무방법에서 탈피, 좀 더 프랑스적인 방법을 추구하여 고용인들로부터 큰 호응을 얻었다. 이에 따라 엄격한 복장규정을 완화하고 티켓 판매와 기념품점 근무를 번갈아가며 할 수 있는 복합 근무제도를 도입했다.

● 식사 습관 이해

유럽식 식사 습관에 맞추기 위해 아침식사 배달 서비스를 마련하고 레스토랑 시설을 확충하였으며 공원 내의 레스토랑에서도 주류 판매를 허가하였다.

● 기타

프랑스의 수도에 근접해 있다는 것을 강조하고 더 많은 프랑스인들을 끌어들이려는 목적으로 유로디즈니를 '디즈니랜드 파리'로 비공식적으로 개칭하였

으며, 유로디즈니를 가족 단위의 휴가기간을 즐기기 위해 가는 곳으로 마케팅
하던 것을 수정하여, 유럽인의 관광 스타일에 맞추어 이스라엘이나 아프리카,
아시아의 장기 유럽 여행객들을 위해 유럽여행에서 꼭 방문해야 하는 명소로
마케팅을 펼쳤다.

시사점

다양한 분야에 걸친 디즈니의 위기 극복 노력의 결과 수익성이 크게 개선되어
1994년에는 손실이 1.8억 프랑으로 줄고, 1995년에는 마침내 처음으로 이익을
남기게 되었다. 그 뒤 계속되는 발전을 거듭한 유로 디즈니는 현재 유럽 최대의
관광 명소로 부상하고 있다. 유로디즈니의 사례를 통해 문화적 환경에 따른 경
영전략의 중요성을 파악할 수 있다. '테마파크'라는 상품 자체가 그 지역 시장
의 문화에 아주 가깝게 접근해야만 성공할 수 있는 사업이기 때문일 것이다.

참고문헌

Robin Allan(1999), "Walt Disney and Europe", Illustrated. London & Sydney, John Libbey &
Company. Ltd.
The Walt Disney Company http://thewaltdisneycompany.com

EU시장
공략을 위한
십계명

EU시장 공략을 위한
십계명

이상으로 EU시장에 진출한 26개 기업들이 어떠한 전략을 갖고, 어떠한 방법으로 EU시장에 진출하였으며, 나아가 현지 시장 내에서의 경영활동, 즉 경영전략은 어떻게 수행되어 왔는지를 살펴보았다. 26개 기업을 유형별로 살펴보면 미국, 일본 등 선진국 기업 5개사, 중국 및 인도의 개도국 기업 14개사, EU 역내 기업 1개사를 비롯하여 한국 기업 6개사가 포함되어 있다.

사례들은 산업적으로도 세재, 화장품 등의 소비재 산업에서부터 전기전자, 중공업, 의료산업 등 자본집약적 산업, IT, 엔터테인먼트 및 유통산업 등 첨단 산업에 이르기까지 다양한 산업에 속해 있는 기업을 포괄하고 있다.

나아가 여기에 수록된 사례들은 시장진출의 방식에 있어 수출, 현지법인 설립은 물론, 합작투자, 인수 및 단독투자 등 국제경영에서 다루는 다양한 시장 진출 방법을 통해 EU시장에 진입한 기업들의 글로벌화에 대한 것으로 선진국 및 개도국의 다국적기업들이 어떻게 선진국 시장이라 할 수 있는 EU시장에 접근하고 있는지를 축약적으로 보여 주고 있다.

　대부분의 사례가 성공적인 EU시장 진출에 대한 것이나 실패 사례도 일부 포함하여 EU시장에 진출해 있거나 이제 진출을 모색하고 있는 한국 기업에 대해 의미 있는 시사점을 도출하고자 하였다. 특히 사례를 선정함에 있어 가능한 한 2000년도 이후의 시점에서 EU시장 진출이 본격화한 기업을 선별하여 시의성을 높이려 하였다.

수록 사례 현황

No	대상기업	본국	산업	제품	주요 진출국가	주요 진출형태
1	오스템임플란트	한국	의료	치과(임플란트)	독일	수출, 현지판매법인
2	아모레퍼시픽	한국	소비재	화장품, 향수	프랑스	생산/판매법인
3	삼성전자	한국	중공업	LCD 패널	슬로바키아	단독투자
4	엔씨소프트	한국	엔터테인먼트	온라인게임	유럽	현지법인
5	넥슨	한국	엔터테인먼트	온라인게임	유럽	수출, 현지법인
6	홍진HJC	한국	소비재	오토바이 헬멧	프랑스, 독일 등	현지법인
7	위프로(Wipro)	인도	IT	IT서비스, 아웃소싱	영국, 독일, 헝가리 등 다수 국가	현지법인, 인수
8	타타 스틸 (Tata Steel)	인도	중공업	철강	영국, 네덜란드, 독일 등	인수
9	타타 티(Tata Tea)	인도	식품	음료	영국	인수
10	타타 모터스 (Tata Motors)	인도	중공업	자동차	영국	인수
10	바라트 포지 (Bharat Forge)	인도	중공업	자동차 부품 (금속성형)	독일, 영국, 스웨덴, 스코틀랜드	수출, 인수
11	란박시(Ranbaxy Laboratories)	인도	의료	제약	프랑스	인수
12	ONGC	인도	자원개발	천연자원	영국	인수
13	수즐론 에너지 (Suzlon Energy)	인도	중공업	발전	독일	인수
14	하이얼 그룹 (Haier Group)	중국	전기전자	가전제품	유고, 네덜란드, 이태리	합작투자, 인수
15	레노보 그룹 (Lenovo Group)	중국	IT	컴퓨터	독일	현지법인, 인수
16	화웨이(Huawei)	중국	IT	통신	네덜란드	현지법인
17	중국석유화공 (Sinopec)	중국	중화학	석유화학	스위스	인수
18	중국국제해운 (CIMC)	중국	소비재	컨테이너	영국	인수
19	P&G	미국	소비재	소비재	독일	현지법인

20	ABB	스웨덴스위스	중공업	에너지, 엔지니어링	동유럽	인수/단독투자
21	다케다제약 (武田薬品工業株式会社)	일본	의료	제약	스위스	인수
22	토요타 모터스 (Toyota Motors)	일본	중공업	자동차	프랑스	현지법인
23	TCL	중국	IT	전자	프랑스	인수
24	월마트(Walmart)	미국	유통	유통	독일	현지법인
25	월트디즈니 (Walt Disney)	미국	엔터테인먼트	놀이공원, 만화영화, 캐릭터제품	프랑스	수출

이들 26개 기업의 사례를 통해 도출한 EU시장 진출을 위한 십계명은 다음과 같다.

● 기업 특유의 경쟁우위로 무장하라

기업 특유의 경쟁우위는 국제경영에 있어 기업의 해외직접투자를 이론적으로 뒷받침해온 핵심적 요인 중의 하나이다. 특히 선진국 기업의 해외투자는 이들 기업이 기술, 제품 및 브랜드력 등 차별적이고 핵심적인 역량을 독점적으로 소유하고 있기 때문에 가능하다는 것이다.

그러나 개도국의 기업에 있어서도 이러한 기업 특유의 경쟁우위를 보유하는 경우 선진국 시장에 보다 효과적으로 진출할 수 있음이 이번 사례를 통하여 확인되었다.

인도 기업인 위프로에 있어 지속적인 경쟁우위 요인은 글로벌 경쟁기업에 비하여 저가격의 서비스를 제공하는 데 있다. 위프로는 자체적인 혁신과 기술개발을 통해 수행하는 해외 프로젝트의 90%를 본국인 인도에서 처리하고 단지 과업의 10% 정도만을 해외의 현장에서 수행할 수 있는 체제를 확립하였다. 이를 통해 위프로는 비용을 30% 절감할 수 있게 되면서 지속적인 경쟁력을 유지할 수 있게 되었다.

인도 기업인 타타 스틸은 본국 내 저소득층(Bottom of Pyramid)의 수요에 대응하면서 원가절감 및 생산 공정의 혁신을 꾸준히 이루어 온 결과 강력한 비용우위를 유지하게 되었다. 특히 타타 스틸은 100년이 넘는 기간에 걸쳐 본국 내 다양한 이문화적 요소들을 극복하면서 지속적 성장을 이루어 왔으며 기업의 재무 건전성을 확보해 왔다. 즉, 타타 스틸의 경우 언제든지, 어느 곳이든지 해외시장에 진출할 수 있는 조직경영 능력을 축적해 왔으며, 이는 타타 스틸이 EU시장에 성공적으로 진출할 수 있는 경쟁우위 요인이 되었다.

한국 기업인 오스템이 보유한 경쟁우위는 지속적인 기술개발 능력과 비용우위의 유지이다. 오스템은 매출액의 10% 이상을 연구개발에 투자하며 고객의 수요를 창출하고 시장을 선도할 수 있는 제품을 개발해 나가는 기술력을 보유하고 있다. 이를 통해 제품의 다양성과 호환성을 구비하여 수요자가 원하는 제품을 선택할 수 있는 폭을 넓히며 글로벌 기업과의 경쟁에 대처해 나가고 있다. 이러한 연구개발 투자에도 불구하고 오스템은 글로벌 경쟁기업 대비 30% 정도 저렴하게 공급을 하는 월등한 가격경쟁력을 보유하고 있다.

● 철저한 현지화를 추구하라

다국적기업의 글로벌 경영은 표준화와 현지화의 정도와 범위를 어떻게 설정하고 시행할 것인가로 요약된다. 이 중 현지화 전략은 국가별로 존재하는 경영환경의 차이를 인정하고 개별국가의 상황에 맞게 경영전략을 시행하는 것을 의미한다.

한국 기업인 삼성전자의 경우 EU시장 내 시장점유율 확대와 고객지원의 최적화를 달성하기 위하여 모기업의 개입이 필요한 일부 요소를 제외한 사항은 슬로바키아의 투자공장에 위임하여 현지 실정에 가장 적합하고 고객의 요구에 부응하는 생산 및 판매 체제를 가동하는 철저한 현지화 전략을 시행하였다.

한국 기업인 넥슨은 유럽 시장이 45개국이 넘는 다국가, 다문화, 다언어 시장이기에 단일 시장이 아니라는 점에 주목하여 현지화가 성공의 관건임을 간파하였다. 철저한 현지화를 위해 넥슨은 유럽 소비자의 니즈에 맞춰 까다로운 유럽 게이머들의 입맛에 맞는 서비스를 제공하는 한편, 결제수단도 선불카드, 신용카드, 이-핀(E-PIN) 등 30개가 넘게 다양화하여 제공하고 있다.

인도 기업인 타타 스틸은 코러스를 인수한 후 코러스로부터 기술, 전문성 및 베스트 프랙티스(Best Practices) 등의 전수를 위하여 코러스 경영진을 그대로 활용하는 정책을 취하였다. 이는 인력의 현지화를 넘어 생산 및 마케팅 등 경영 활동 전반에 대한 현지화를 경영전략으로 채택한 사례라 할 수 있다.

인도기업인 위프로나 바라트 포지의 경우 모기업 역할을 하는 해외자회사를 통해 유럽 내 자회사를 소유하는 지배구조의 형태를 통해 해외 자회사를 운영해 나가고 있다. 이러한 해외 자회사 운용 전략은 모기업 중심에서 벗어나 현지 시장의 실정을 비교적 정확히 파악하고 있는 해외 자회사가 유럽 내 타 자회사의 설립 및 운영에 대한 의사결정권을 부여받고 있는 것이라 분석된다. 즉, 유럽 내 해외 자회사의 운영은 철저한 현지화 전략의 일환으로 추진되고 있다 할 것이다.

● 브랜드 가치를 확보하라

성숙기 단계에 접어든 가전제품, 컴퓨터 등의 하드웨어 분야의 신흥 글로벌 기업의 경우 해외시장 진출 시 최대의 난제는 제품력과 기술력에 있어 경쟁력을 보유하고 있음에도 불구하고 OEM 방식의 타사 브랜드를 수용할 것이냐, 아니면 자사의 고유 브랜드를 적극적으로 확립해 나갈 것이냐 하는 것이다.

중국 기업인 레노보의 경우 선진기업의 인수를 통한 브랜드 인지도를 획기적으로 높이는 전략을 펼쳤다. 레노보는 IBM의 개인용 컴퓨터 사업부를 인수함으로써 글로벌 브랜드로 도약한 이후, 유럽 시장에서는 최대의 전자기기 복합 유통판매 기업인 메디온을 인수하여 브랜드의 확산을 도모하였다. 나아가 월드 축구스타인 호나우딩요를 홍보에 활용하며 레노보를 세계적 브랜드로 키우기 위한 지속적인 노력을 기울이고 있다.

중국 기업인 하이얼은 설립 초기부터 브랜드 확립을 위해 노력하였다. 초기에는 본국 내 브랜드 확립에 치중하여 냉장고 브랜드 1위 기업으로 성장하였다. 1990년대 후반부터 글로벌화를 시작한 이후에도 자사 브랜드 제품의 판매 전략을 고수하며 2000년대 초반까지 글로벌화 단계를 성공적으로 실현하였다. 2000년대 후반부터는 경영전략의 목표를 글로벌 브랜드 확립으로 설정할 정도로 고유 브랜드 확립에 적극적으로 나서왔다. 이러한 노력을 통해 하이얼은 유로모니터에 의해 백색가전 브랜드 1위의 브랜드로 선정(2010)되는 결과를 이루어 내었다.

인도 기업인 타타 스틸은 세계 제56위의 철강기업이었으나 2007년 세계 제9위의 철강기업인 코러스를 인수함으로써 일약 세계 5위의 철강기업으로 도약하는 한편, 코러스가 기확립한 브랜드를 활용하게 되면서 기업과 제품의 브랜드를 글로벌시장에 각인시킬 수 있었으며, 강력한 글로벌 브랜드를 확립하게 되었다.

한국기업인 오스템의 경우 임플란트 분야의 후발 신생기업임에도 불구하고 세계적 규모의 통합적, 체계적 교육 마케팅 활동을 정기적으로 개최하면서 빠른 기간 내에 기업 및 제품의 브랜드 인지도를 높여 나갈 수 있었다.

● 표준화를 넘어 글로벌 표준을 주도하라

한국 기업인 오스템은 축적된 임상시험 결과와 기술역량에 기반을 둔 제품을 무기로 글로벌화 초기부터 표준화 전략을 추진하였다. 그러나 오스템의 진정한 목표는 단순한 글로벌 표준화 전략을 넘어 자사의 제품 및 기술이 세계의 표준으로 인정받아 임플란트 분야에 있어 글로벌 표준을 주도해 나가는 데 있다.

이를 위하여 오스템은 세계 표준이 될 수 있는 기술과 제품을 개발하기 위해 노력해 왔다. 마케팅 활동에 있어서도 오스템은 국내 및 해외에서 종합학술대회 성격의 행사인 AIC 미팅을 통해 해외 치과의사들을 대상으로 시술 시연(Live Surgery)을 비롯하여, 수년간의 임상실험 발표, 신뢰성 연구결과, 신제품의 사용법과 강의, 장단점 등에 대한 제품, 기술 및 브랜드를 홍보해 왔다. 이러한 미팅의 개최로 오스템의 제품 및 기술 수준은 세계 최고 수준으로 인정받아가며 유럽 시장, 나아가 세계시장 내 임플란트의 표준을 주도해 나가는 기업으로 성장하고 있다.

● 틈새전략이 성공의 루트다

일반적으로 틈새시장(Niche Market) 전략은 마케팅 활동에 있어 시장 전체를 타깃으로 삼지 않고, 다른 기업과 직접 경쟁을 벌이지 않아도 될 시장 세그먼트, 즉 적소(適所, Niche)를 찾아내 경영자원을 그곳에 집중적으로 투하하는 전략을 일컫는다.

인도 기업인 위프로의 경우에는 전략적 파트너를 선정하고, 해외기업을 인수하는 데 있어 틈새전략을 시행하여 EU시장에 성공적으로 진출하였다. 위프로는 글로벌 경쟁기업의 입장에서는 관심을 두지 않을 소규모 유럽 기업들 중에서 위프로가 관심을 가지는 분야에 있어 고도의 전문 인력을 구비하고 괄목할 만한 성과를 내고 있는 소기업을 인수하는 전략을 취하였다.

● 새로운 비즈니스 모델을 창출하라

비즈니스 모델이란 어떤 제품이나 서비스를 고객에게 어떻게 제공하고, 어떻게 마케팅하며, 어떻게 수익을 올리면서 고객에게 가치를 제공할 것인가 하는 계획 또는 사업 아이디어를 의미한다.

인도 기업인 바라트 포지는 고객이 원하는 바를 파악하여 제품의 콘셉트를 구성하여 디자인함은 물론 제품을 만든 후 검사, 유효성 테스트를 거쳐 완성품을 공급하는 비즈니스 모델(Full Service Supplier)을 갖추었다. 이는 고객을 선도(lead)하고, 고객의 니즈와 욕구를 충족(customize)시키는 완결적 서비스 모델로 바라트에 있어 진정한 경쟁력의 원천으로 작용하였다.

한국 기업인 오스템의 경우에는 교육연수 시스템인 AIC를 통해 고객의 교육을 통한 수요 창출이라는 선순환 마케팅 비즈니스 모델을 구축하였다. 이를 통해 고객과 건강한 파트너십(Win-Win) 관계를 강화해 나갈 수 있었으며 고객이 원하는 제품의 개발은 물론, 고객의 수요를 창출하고 시장을 선도할 수 있는 제품을 개발해 나갈 수 있었다. 아울러 유럽의 임플란트 회사에서는 임플란트 제품 그 자체만을 판매하는 데 비해 오스템에서는 주 제품인 임플란트와 엑스레이, 소독기, 임플란트 도구 등 관련 의료기기를 패키지로 판매하는 사업 모델을 도입하였다.

● 기업가 정신이 정답이다

기업가 정신(Entrepreneurship)의 요체는 혁신성, 위험감수성 및 선제성이다. 신흥 글로벌 기업, 그중에서도 급속한 글로벌화를 이룬 본글로벌 기업의 경우 기업가 정신으로 무장된 CEO의 역할이 무엇보다도 중요한 요소이다.

중국 기업인 레노보의 CEO는 기업의 혁신성을 강조하기 위해 회사명을 레전드에서 레노보(Legend의 Le-와 라틴어의 새로움을 의미하는 novo의 합성)로 개명하였다. '중국 기술 전설의 주역'으로 선정(하버드 비즈니스 스쿨 케이스, 2001)되기도 한 그는 인력자원의 중요성을 깊이 인식하고 기업 지배구조와 인센티브 제도를 통해 직원들이 회사의 발전에 공헌하는 시스템을 구축하여 『이코노미스트』에 의해 중국 내 '기업문화 혁신'의 리더로 선정(2001)되는 등 혁신적 경영에 앞장서 왔다. 아울러 당시로서는 글로벌 관련 업계를 경악시키면서 IBM의 개인용 컴퓨터 부문을 $12.5억에 인수하는 등 시장에 선제적으로 대응하는 과단성을 보였다.

인도 기업인 위프로의 경우 6시스마를 도입한 세계 최초의 IT 서비스 기업 (1997), 세계 최초 SEI CMM/CMMI Level 5 적용 IT 서비스 기업(2002), 최초의 BS15000 인증 기업은 물론 IT 서비스 분야에 '린 제조기법(Lean Manufacturing Techniques)' 도입의 선구자 등 동종 업계에서는 혁신적이고 선제적인 경영활동을 시행해왔다. 특히 위프로의 CEO는 미래의 트렌드를 예견하여 주력 업종을 전환하고, 사업의 방향을 혁신하는 결단을 과감히 시행하여 성공을 거두었다.

한국 기업인 오스템의 CEO는 기업가(Entrepreneur)의 전형이라 할 수 있다. 그는 끊임없이 제품 및 공정의 혁신(innovative)을 통해 신제품은 물론, 인체 적합성 신물질을 개발하여 왔으며, 기술개발과 신기술의 채택, 나아가 국내는 물론, 해외시장인 신시장을 개척하는 데 따른 위험을 능동적으로 감수(risk-taking)하여 왔다. 나아가 교육 마케팅이라는 새로운 영업방식을 통해 시장의 변화에 선제적으로 대응해 오는 한편, 시장의 변화를 주도적으로 이끌어 왔다 (proactive).

● 전략적 자산 확보로 경쟁우위를 창출하라

기업이 해외시장에 진출하는 동기 중 하나는 자사에 부족한 자원으로 본국 내에서 확보가 불가능한 전략적 자산을 해외시장에 진출함으로써 확보하는 것으로 이를 통해 기업은 경쟁우위를 새롭게 구축하거나 강화시켜 나간다. 이는 상대적으로 기술, 마케팅, 경영기법 등 전략적 자산이 부족한 개도국 기업의 선진시장 진출의 주요한 동인으로 작용하고 있다.

인도 기업인 타타 스틸은 코러스 인수를 통해 고부가 가치 제품과 관련한 기술, 브랜드는 물론 경영, 시장 및 제조와 R&D 측면의 전략적 자산을 확보할 수 있었다. 위프로의 경우는 비록 소기업이지만 기술적 전문성을 확보하고 있는 유럽의 기업을 인수함으로써 전략적 자산을 확보해 나갔다. 바라트 포지역시 유럽 시장 진출에 있어 자사의 핵심역량을 보완, 발전시킬 수 있는 독일의 선두기업을 대상으로 인수활동을 펼쳤다.

중국 기업인 레노보는 기술 및 브랜드는 IBM, 유통 및 판매 채널은 메디온을 각각 인수하여 확보하는 전략을 펼쳤다. 하이얼은 냉장고와 관련한 선진 기술은 독일 기업과의 전략적 제휴를 통해, 가전제품과 관련한 기술 및 제조역량은 이태리 기업을 인수함으로써 확보하였다.

● 차별화 없인 성공도 없다

마이클 포터는 비용우위와 차별화를 경영의 근본적 전략으로 간주한다. 경쟁기업과 차별화된 제품 및 서비스의 제공은 경쟁에서 이기고 각 시장 내 틈새시장을 발굴하고 선점해 나가는 계기를 제공하게 된다.

한국 기업인 아모레 퍼시픽은 프랑스 향수 시장에 진출하면서 제품의 용기, 포장은 물론, 당시 남녀 공용의 향수에서 여성 전용의 향수로 차별화시켜 성공을 거둘 수 있었다. 홍진HJC의 경우에는 미국 시장 진출은 성공적이었으나 유럽 시장 진출에 있어서는 중국 제품과의 차별화에 실패하여 별다른 성과를 거두지 못하였다.

● 철저한 사전준비와 검토가 실패를 방지한다

한국 기업인 삼성전자의 슬로바키아 내 생산공장 투자는 10개월이 넘는 기간에 걸쳐 조직적 차원에서의 조사와 검토, 그를 위한 인력 및 비용의 투입, 현지국 정부와의 협상을 통한 인센티브 확보 및 투자위험 해소 등의 과정을 밟아 이루어졌기 때문에 해외직접투자의 전형적이고 모범적인 사례라 할 만하다. 주도면밀한 사전준비와 타당성, 수익성, 전략적 효과성 등에 대한 철저한 검토를 거쳐 해외시장 진출이 이루어지는 경우 성공의 가능성이 보다 높으며, 진출 실패의 위험이나 실패에 따른 위험을 최소화할 수 있을 것이다.

조직역량이 아직은 미약하고, 자금력 등에 문제가 있는 중소기업의 경우라도 해외시장 진출을 위해서는 국내의 정부기관이나 경제 관련 유관기관의 협조를 받아 사전준비와 검토에 만전을 기해야 할 것이다.

박영렬

현 연세대학교 경영대학 교수. 1995년 연세대학교에 부임하여 대외협력처장, 동서문제연구원장, 연세-SERI EU 센터 소장을 역임하고 현재는 경영대학 학장 겸 경영전문대학원 원장을 맡고 있다. 연세대학교 경영학과를 졸업하고 University of Illinois at Urbana-Champaign에서 경영학 석사 · 박사학위를 받았다. University of Illinois at UC에서 객원조교수(1993~1994), University of Washington에서 객원교수(2002~2003)를 지냈다.

신현길

현 KOTRA 연구위원. 1983년부터 KOTRA(대한무역투자진흥공사)에 재직하는 동안 독일 프랑크푸르트 및 폴란드 바르샤바 무역관 실무자로 근무하였으며, 이후 독일의 하노버 무역관장, 뮌헨 무역관장, 하노버 EXPO 2000 한국관 관장을 거쳐 이집트의 카이로 무역관장을 역임하였다.
2012년에는 서울과학종합대학원(aSSIST)에서 경영학 박사학위를 취득하였으며, 한국국제경영관리학회로부터 '2013년도 최우수 박사학위 논문상'을 수상하였다. 현재 서울과학종합대학원 겸임교수로 활동하고 있다.